한국어교실 엿보기

한국어교육열린연구회 저

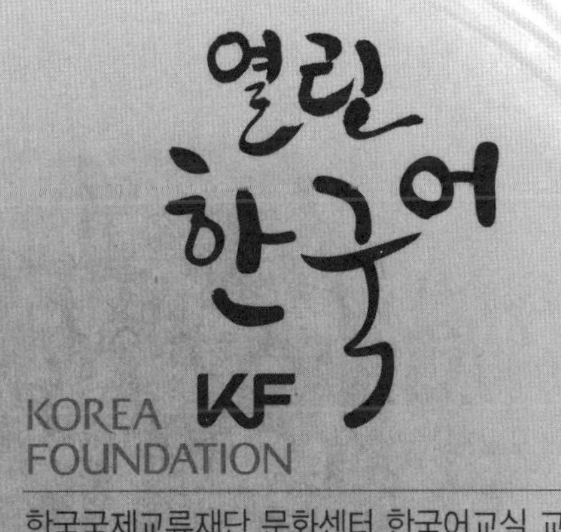

한국국제교류재단 문화센터 한국어교실 교재

천 성 옥

한국외국어대학교 대학원 글로벌문화콘텐츠학과 박사 과정
이화여자대학교 국제대학원 한국학과 한국어교육 석사
현 인덕대학교 국제교육센터 한국어 전임 강사
전 한국국제교류재단 문화센터 한국어교실 팀장
Master Topik 중 고급 온라인 강의
저서: 「열린한국어」 입문서·초·중급 및 활동지
「한국어교실 엿보기」 초·중급(교사용 지침서)
「거침없이 한국어」 1·2·3권
(MBC 시트콤 〈거침없이 하이킥〉으로 배우는 한국어)
「TOPIK 실전모의고사」(2015)
「TOPIK 만점에 도전하라」 초·중·고급
「TOPIK 어휘로 잡아라」 초·중·고급
「TOPIK 한 번에 패스하기」 중급
「즐거운 한국어 문법」 초·중·고급
「셰프 한국어」(광고로 배우는 한국어/교사용 지침서)

정 미 진

가톨릭대학교 한국어교육학과 박사 과정
현) 법무부 사회통합프로그램 기본소양평가 구술시험관
현) 가톨릭대학교 한국어교육센터 결혼이민자 한국어교실 교사
현) 한국국제교류재단 문화센터 한국어교실 교사

1판 1쇄 2012년 1월 9일
1판 5쇄 2022년 12월 9일

글쓴이 한국어교육열린연구회

펴낸이 박민우
기획팀 송인성, 김선명, 김선호
관리팀 임선희, 정철호, 김성언, 권주련
편집팀 박우진, 김영주, 김정아, 최미라, 전혜련

펴낸곳 (주)도서출판 하우
주소 서울시 중랑구 망우로 68길 48
전화 (02)922-7090
팩스 (02)922-7092
홈페이지 http://www.hawoo.co.kr
e-mail hawoo@hawoo.co.kr
등록번호 제475호

값 20,000원
ISBN 978-89-7699-869-9

교사용 지침서 중급

한국어교실 엿보기

『열린한국어』 수업 지침서 (중급)

- 책 구성 -

1. 수업 목표 및 학습 문법

2. 교실에 들어가기 전에

3. 문법 수업은 이렇게
   도입 및 제시 → 연습 → 활용 → 주의

4. 함정을 피해 가려면

5. 문법 돋보기

6. 활동은 이렇게

7. 어느 날 교실에서

「수업 지침서」의 특성 및 활용법

이 책은 『열린한국어』를 가지고 수업하는 교사들을 위한 수업 지침서로서 교재 내용에 대한 상세한 설명과 원활한 수업 운용을 위한 방법을 제시하고 있다. 또한 『열린한국어』를 교재로 사용하지 않더라도 한국어 필수 문법의 도입 및 제시, 연습, 활용 등을 상세하게 기술하고 있어 한국어를 가르치는 초보 교사들이나 기존 교사들에게도 유용한 수업 안내서가 될 것이다.

1 수업 목표 및 학습 문법

해당 단원에서 학습할 문법 항목과 수업에서의 학습 목표를 제시하고 있다. 단원에서 다루는 어휘와 표현, 기능을 다루었고 수업에 필요한 자료를 미리 준비할 수 있게 하였다.

2 교실에 들어가기 전에

교사가 수업 전에 단원에 대한 예비지식이나 문법에 대한 자세한 내용 등을 숙지할 수 있도록 준비하는 단계로, 항목마다 알고 있어야 할 내용과 주의 사항을 확인하고 검토할 수 있다.

3 문법 수업은 이렇게

도입 및 제시: 해당 단원의 문법을 제시하기에 앞서 학습자들의 배경지식과 앞으로 배워야 할 내용을 자연스럽게 이끌어 내기 위한 단계로 교사가 칠판에 판서해야 할 주요 내용을 칠판 그림을 통해 제시해 주고 있어 초보 교사도 어렵지 않게 수업을 시작하고 운용할 수 있다.

연습: 어휘와 문법을 연습할 수 있게 함으로써 수업한 내용을 교실 안에서 숙지할 수 있도록 한다.

활용: 학습한 문법을 활용할 수 있는 단계로 교실에서의 활동을 친절하게 제시하고 있다. 또한 활동지를 제시하여 교사가 교실에 들어가기 전 복사하여 준비할 수 있다.

주의: 해당 문법에 대한 주의 사항을 미리 인지하여 수업에서의 오류를 방지할 수 있다.

4 함정을 피해 가려면

학습자들이 보이기 쉬운 문법 오류를 자세하게 기술하고 이를 방지할 수 있는 교수 방안을 제시하였다. 또한 해당 문법과 유사한 표현을 제시하고 비교하여 해당 표현이 가지고 있는 변별적인 의미와 기능을 제시함으로써 교사가 보일 수 있는 교수 오류까지 미연에 방지할 수 있게 하였다.

5 문법 돋보기

앞서 다루었던 학습 문법에 대한 기본적인 지식 외에 좀 더 심화된 내용을 자세하게 다루고 있어, 수업의 질을 높이고 싶은 교사들이나 문법적으로 심화된 내용을 알고 싶은 학습자들에게도 유용한 내용이 될 수 있게 하였다.

6 활동은 이렇게

매 단원의 교실 활동을 제시하고 활동지를 별책으로 수록하여 다양하게 수업을 운영할 수 있게 하였다.

7 어느 날 교실에서

교실에서 벌어진 일들과 일화를 기술한 수업일지의 실제 예를 보여 주어 현장감을 살리고자 하였다. 또한 수업 후의 소감을 통해 수업 중 일어날 수 있는 일에 대한 대비를 할 수 있게 하였다.

8 별책 부록 활동지

교실 활동의 해당 활동지로 교사가 수업 전에 미리 복사하여 수업 시간에 활용할 수 있게 하였다.

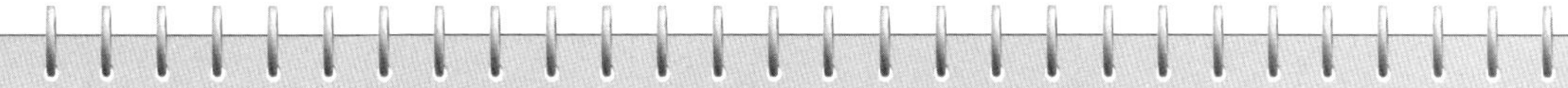

『열린한국어』 본 교재 구성 및 수업 방법.

학습 문법: 해당 단원의 학습 문법을 제시합니다.

준비하기: 단원에 들어가기 전에 미리 배경지식이나 함께 생각할 것들을 이야기합니다.

본문 확인하기: 본문 대화문을 읽고 내용을 확인합니다.

어휘와 표현: 본문 대화문에 포함된 새 어휘와 표현을 제시합니다.

어휘 알기/표현 알기: 단원의 주제에 맞는 새 이휘(초급)와 표현(중급)을 학습합니다.

문법 알기: 단원의 학습 문법에 대한 예문을 제시하고 활용 형태를 정리합니다.

문법 익히기: 단원의 학습 문법에 대한 연습 문제를 통해서 문법을 익힙니다.

듣기: 단원의 주제와 관련하여 학습 문법이 포함된 내용으로 듣기 문제를 풀어 봅니다.

말하기: 단원의 주제와 관련하여 확장된 말하기를 연습합니다.

읽고 쓰기: 주제나 문법에 맞는 읽기와 쓰기를 연습하여 언어 기능의 균형을 맞춥니다.

날개 달기: 단원의 주제에 맞는 활동을 제시하여 교실 수업을 보다 재미있게 만듭니다.

표현 넓히기: 주제와 관련된 표현을 좀 더 확장할 수 있도록 다양한 정부를 제공합니다.

문화 알기(초급): 주제와 관련된 한국의 문화를 소개하여 학습의 흥미를 향상시킵니다.

발음(초급): 초급에서 필요한 발음의 정보를 제시함으로써 발음 연습이 가능합니다.

차례

단원	주제	제목	학습 문법	관련 기능
1	한국 생활	한국 친구를 사귀게 됐어요	-는 데다가 -기는 하지만 -게 되다 -기 위해서	장점과 단점 말하기 변화 설명하기 목표와 노력하는 일 말하기
2	건강	빨리 나았으면 좋겠다고 했어요	-는다고 하다 -냐고 하다	다른 사람의 말 전달하기 인터뷰 질문 말하기 인터뷰 내용 발표하기
3	직장 생활	오늘 회의는 여기서 마치도록 합시다	-는 게 어때요? -는 게 좋겠어요 -거든요 -도록 하다	조언하기 의견 조정하기 제안하기 거절하기
4	모임	친구가 오라고 해서 가 봤어요	-으라고 하다 -자고 하다	규칙 정해서 발표하기 추천 받은 내용 발표하기 계획 세우기
5	여가	연극을 봤는데 정말 볼 만했어유	-을 만하다 -더라고요 -을 걸 그랬어요	후회 표현하기 위로하기 제인하기 경험 말하기
6	외모와 성격	성격이 밝고 솔직해서 친구가 많은 편이에요	반말 -는 편이다 -을 정도	비교해서 말하기 다른 사람 소개하기 정도 표현하기
7	사고	기다리다가 눈이 빠질 뻔했어요	-다가 -을 뻔했다 -을까 봐(서)	경험 말하기 조심하는 일 말하기
8	교통	지하철은 막히지 않고 빠르잖아요	-잖아요 -느라고 -을 텐데	설득하기 사과하기 변명하기

단원	주제	제목	학습 문법	관련 기능
1	부탁	주말에 볼 수 있게 이메일을 보내 놓을게요	–게 –어 놓다 –을 테니까	부탁하기 준비할 일을 메모하기
2	집안일	아침 일찍부터 온 가족을 깨우셨어요	–이/히/리/기/우/추– (명사)을/를 시키다 –게 하다	부탁하기 조언하기
3	학습	열심히 공부해야지요	–기는요 –어야지요 –을수록	칭찬에 응답하기 의견 제시하기 조언하기
4	추억	친구하고 자주 듣던 노래거든요	–던 –곤 하다 –어 버리다	지난 일 말하기 추억의 장소와 사람 소개하기
5	사건	창문이 열려 있었어요	–이/히/리/기– –어지다 –어 있다	상황 묘사하기 사건 설명하기
6	계획	대학원에 지원을 해 볼까 해요	–자마자 –으려다가 –을까 하다	계획 말하기 계획의 결과 말하기
7	약속	출장 준비를 하다 보니 시간 가는 줄 몰랐어요	–다 보니(까) –는 줄 알다/모르다	약속하기 변명하거나 핑계 대기
8	감정	예매해 봤자 뒷좌석밖에 없을 거예요	–는다면서요? –을 수밖에 없다 –어 봤자	들은 말 확인하기 감정 표현하기 경험 말하기

열린한국어 (중급 3) 단원 구성

단원	주제	제목	학습 문법	관련 기능
3-1	여행	연휴가 시작되는 대로 여행을 갈까 해요	-는다고요? -을걸요 -는 대로	정보 확인하기 제안하기
3-2	날씨와 생활	아침에는 날씨가 좋더니 갑자기 비가 오네요	-더니 -는다면 -기보다는 -을지도 모르다	달라진 점 말하기 설득하기 짐작 말하기
3-3	습관	계속 담배를 피우다가는 건강이 나빠지고 말 거예요.	-다가는 -고 말다 -더라도	예상되는 결과 말하기 실수 말하기 결심 말하기
3-4	소비	작년에 샀던 건데 잘 안 쓰게 돼서 버리려고 해요	-었던 -든지 -는데도 이라도	경험 말하기 선택 말하기 제안하기
3-5	오해와 다툼	짜증을 좀 냈더니 화가 났나 봐요	-던데요 -었더니 -나 보다	추천하기 짐작 말하기
3-6	주거 환경	원룸을 찾는 대신 하숙집을 구하는 게 더 좋지 않을까요?	-는 바람에 -는 대신(에) -기만 하다	이유 말하기 차선책 말하기 요청하기
3-7	대중문화	한국뿐만 아니라 해외에서도 인기가 많아요	-을 뿐(만) 아니라 -을 리가 없다 -는 만큼	선호 표현하기 의견 제시하기
3-8	현대사회	이웃끼리 인사를 하기는커녕 서로 본 척도 안 해요	-기는커녕 -는 척하다 -기는 해도	경험 말하기 설득하기

1-1 한국 친구를 사귀게 됐어요

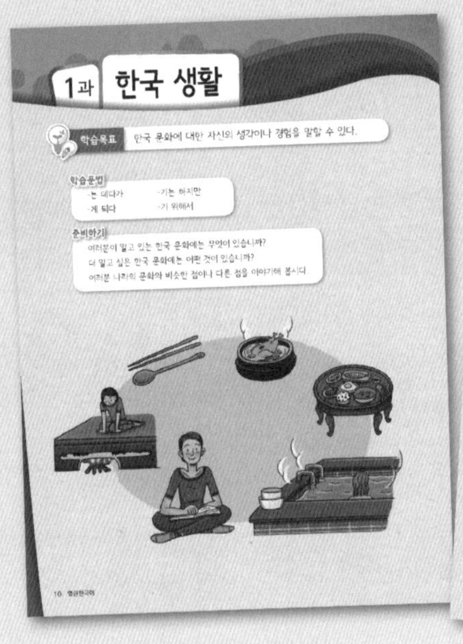

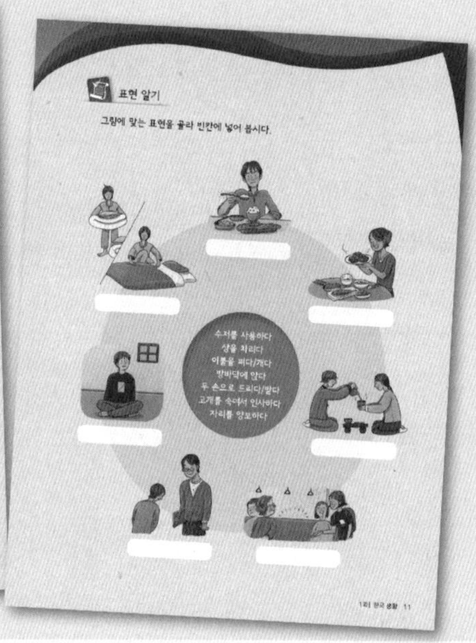

학습 문법	–은/는 데다가	–기는 하지만	–게 되다	–기 위해서

수업 목표	장점과 단점을 말할 수 있다. 예상되는 변화를 바탕으로 조언을 할 수 있다. 목표와 노력하는 일을 말할 수 있다.

수업 자료	활동지 –은/는 데다가 –기는 하지만 –기 위해서 날개 달기–설문지

 ## 교실에 들어가기 전에

	확인할 내용	네	아니요
1	'–은/는 데다가'의 활용을 정확하게 제시할 수 있다.		
2	'–은/는 데다가'와 '–기는 하지만'의 의미 특성과 담화 기능을 제시할 수 있다.		
3	'–게 되다'의 기본적인 의미를 제시할 수 있다.		
4	목적을 나타내는 다른 문법 항목과 '–기 위해서'의 쓰임의 차이를 제시할 수 있다.		

1. '-은/는 데다가'의 활용을 정확하게 제시할 수 있다.

동사 현재 있다/없다	-는 데다가	오늘은 비가 오**는 데다가** 바람도 많이 불어요. 밥을 잘 못 먹**는 데다가** 잠도 잘 못 자니까 건강이 나빠지지요. 그 식당은 음식이 맛있**는 데다가** 값도 싸요.
동사 과거	-(으)ㄴ 데다가	칭찬을 들**은 데다가** 선물도 받아서 기분이 좋아요. 늦게 출발**한 데다가** 길도 막혀서 약속에 늦었어요.
형용사	-(으)ㄴ 데다가	그 친구는 성격이 좋**은 데다가** 노래도 잘해서 인기가 많아요. 이사할 집이 깨끗**한 데다가** 교통도 편리해서 마음에 들어요.
(명사)이다	인 데다가	요즘은 시험 기간**인 데다가** 할 일도 많아서 바빠요.

2. '-은/는 데다가'와 '-기는 하지만'의 의미 특성과 담화 기능을 제시할 수 있다.

　　다음 예문에서 보듯이 '-은/는 데다가'와 '-기는 하지만'의 선행절에는 말하는 사람이 후행절의 내용보다 기본적인 것이라고 생각하는 내용이 옵니다. 이러한 의미 특성 때문에 다른 사람이 한 말을 인정하면서 그 말과 비슷하거나 다른 의견을 덧붙이는 담화 기능을 합니다.

　　가: 그 식당은 음식 값이 비싸지요?
　　나: 음식 값이 비싼 데다가 주인도 불친절해서 손님이 별로 없어요.

　　가: 그 식당은 음식 값이 비싸지요?
　　나: 음식 값이 비싸기는 하지만 음식이 맛있어서 손님들이 아주 많아요.

3. '-게 되다'의 기본적인 의미를 제시할 수 있다.

　　'-게 되다'는 기본적으로 외부적인 상황에 의해서 어떠한 결과가 나타나게 되었음을 표현합니다.

　　차가 자꾸 고장이 나서 차를 바꾸게 되었어요.
　　아버지께서 직장을 옮기셔서 이사를 가게 되었어요.

4. 목적을 나타내는 다른 문법 항목과 '-기 위해서'의 쓰임의 차이를 제시할 수 있다.

　　목적을 나타내는 다른 어미로는 '-으려고'가 있습니다. '-기 위해서'는 '-으려고'보다 격식적이고 문어적인 상황에서 더 자주 쓰이는 경향이 있습니다.

　　밥을 먹기 위해서 식당에 가요.
　　밥을 먹으려고 식당에 가요.
　　오늘 행사를 축하하기 위해서 각국에서 많은 손님들이 오셨습니다.
　　오늘 행사를 축하하려고 각국에서 많은 손님들이 오셨습니다.

문법 수업은 이렇게

<table>
<tr><td colspan="2">**-은/는 데다가**</td><td>교재 13쪽</td></tr>
</table>

<table>
<tr><td rowspan="1">도입
및
제시</td><td>

한국 생활의 좋은 점과 힘든 점을 이야기해 봅니다.

교 사   한국에서 한국말을 배우면 어떤 점이 좋아요? 한국 사람하고 이야기를 많이 할 수 있어서 좋지요?

학습자   네.

교 사   또 좋은 점이 있어요?

학습자   한국 문화도 배울 수 있어서 좋아요.

교 사   한국 사람하고 이야기를 많이 할 수 있는 데다가 한국 문화도 배울 수 있어서 좋아요.

교 사   한국에 처음 왔을 때 어떤 점이 힘들었어요? 한국말을 잘 못해서 힘들었지요?

학습자   네.

교 사   또 어떤 점이 힘들었어요?

학습자   가족들하고 친구들이 없어서 힘들었어요.

교 사   한국말을 잘 못하는 데다가 가족들하고 친구들이 없어서 힘들었어요.

</td></tr>
</table>

연습

① 사람들이 많이 가는 식당/가게는 어떤 곳인지 이야기해 봅니다.

그 식당/가게는 _________은/는 데다가 ________아/어요.
[예] 그 식당은 음식이 맛있는 데다가 가격이 싸요.

② 내가 좋아하는 운동선수, 배우, 가수는 어떤 사람인지 이야기해 봅니다.

________은/는 _________은/는 데다가 _________아/어요.
[예] 박지성 선수는 축구를 잘하는 데다가 성격도 좋아요.

활용   칭찬 릴레이 **활동지 96쪽 '-은/는 데다가'**

도입 및 제시

한국 생활의 좋은 점과 힘든 점을 이야기해 봅니다.

교 사　한국에서 한국말을 배우면 한국 사람하고 이야기를 많이 할 수 있어서 좋아요.
　　　　안 좋은 점도 있어요?
학습자　처음에는 한국말을 잘 모르니까 힘들어요.
교 사　한국 사람하고 이야기를 많이 할 수 있어서 좋기는 하지만 처음에는 한국말을 잘
　　　　모르니까 힘들어요.

> 한국에 가족들이 없어서 외롭기는 하지만 친구들이 있어서 괜찮아요.
> 한국 문화를 잘 모르기는 하지만 계속 배우면 되니까 괜찮아요.
> 한국 음식이 입에 맞지 않기는 했지만 자꾸 먹으니까 지금은 좋아졌어요.

연습

고향 친구가 한국 생활에 대해서 물어보면 어떻게 이야기할지 말해 봅니다. 학습자가 '–은/는 데다가'와 '–기는 하지만'을 모두 활용하여 자신의 생각을 자유롭게 말할 수 있도록 합니다.

"＿＿＿＿＿＿＿＿＿＿은/는 어때요? ＿＿＿＿＿＿＿＿＿＿＿＿＿＿＿?"

한국 사람	친절해요
한국 날씨	좋아요
한국 음식	맛있어요
한국의 교통	편리해요
한국어 공부	재미있어요
한국어 선생님	친절해요
한국 생활	힘들어요

[예] 한국 사람이 친절하기는 하지만 모르는 사람에게는 인사를 잘 안 하는 것 같아요.

활용

순발력 테스트 　활동지 97쪽 '–기는 하지만'

주의

들은 이야기를 인정하고 다른 의견을 말할 때에는 앞의 이야기를 반복하기보다는 '그렇기는 하지만'이라고 표현한다는 점을 알려 줍니다.

도입 및 제시	한국에 오기 전과 지금, 달라진 점이 있는지를 이야기해 봅니다. 교 사 한국에 오기 전과 지금 달라진 점이 있어요? 학습자 한국에 오기 전에는 한국 음식을 안 먹어 봤어요. 지금은 자주 먹어요. 교 사 한국에 와서 한국 음식을 자주 먹게 됐어요. 한국에 와서 한국 문화를 배우게 됐어요. 한국에 와서 한국말을 잘할 수 있게 됐어요. 한국에 와서 한국 친구를 많이 사귀게 됐어요.

연습	상황을 설정하고 문법을 활용하여 말할 수 있도록 합니다.
	
	교 사 결혼을 하기 전에는 친구들을 자주 만났어요. 그리고 집에 늦게 들어갔어요.
	       결혼을 한 후에 어떻게 달라졌을까요?
	       [예] 친구들을 자주 못 만나게 됐어요.
	           집에 일찍 들어가게 됐어요.
	교 사 담배를 많이 피웠어요. 운동을 안 했어요. 술도 자주 마셨어요. 그래서 건강이
	       나빠졌어요. 어떻게 했을까요?
	교 사 취직을 하기 전에는 늦게 자고 늦게 일어났어요. 여행을 자주 다녔어요.
	       취직을 하면서 어떤 점이 달라졌을까요?
	
	※ 기본적으로는 교사가 제시하는 언어적 표현을 활용하여 말할 수 있도록 하지만 경우에 따라서는 학습자가
	스스로 생각한 내용을 말하도록 유도할 수 있습니다.
	
	[예] 교 사 취직을 한 후에 또 어떤 점이 달라졌을까요?
	     학습자 스트레스를 많이 받게 됐을 거예요.

활용	'예상되는 변화를 바탕으로 조언하는 말'을 연습합니다. (교재 20쪽 참고)

주의	형용사의 경우에는 '–게 되다'보다는 '–어지다'로 표현하는 것이 자연스럽습니다. 다음과 같은 예문을 통해 차이를 제시합니다. 학습자 한국에 오기 전에는 한국 친구가 없었어요. 그런데 지금은 한국 친구가 많아요. 교 사 한국에 와서 한국 친구를 사귀게 됐어요. 지금은 한국 친구가 많아졌어요.

도입 및 제시

어떤 일의 목적을 이야기해 봅니다.

교 사 여러분은 한국어를 어떻게 공부해요?
학습자 한국 친구하고 자주 이야기해요.
교 사 왜 한국 친구하고 자주 이야기해요?
학습자 한국말을 잘하고 싶어요.
교 사 한국말을 잘하기 위해서 한국 친구하고 자주 이야기해요.

> 건강을 지키기 위해서 몸에 좋은 음식을 먹어요.
> 감기에 걸리지 않기 위해서 예방 주사를 맞았어요.
> 한글날은 한글을 만든 것을 기념하기 위해서 만든 날이에요.

연습

① '−기 위해서'를 활용하여 '나만의 한국어 공부 방법'을 말해 봅니다.

교 사 한국말을 재미있게 공부하기 위해서 어떻게 해요?
교 사 단어를 잘 기억하기 위해서 어떻게 해요?
교 사 쓰기를 잘하기 위해서 어떻게 해요?
교 사 한국 사람들이 생활에서 쓰는 말을 배우기 위해서 어떻게 해요?

② 예상되는 부정적 결과를 막기 위해서 어떻게 해야 할지를 말해 봅니다. **활동지 98쪽 '−기 위해서'**

활용

① 목표로 했던 일과 목표를 이루기 위해 노력했던 일을 생각해서 말해 봅니다. 학습자가 자신의 경험을 바탕으로 자유롭게 이야기할 수 있도록 합니다. 교사의 경험을 예로 들어 말해 주는 것도 좋습니다.
[예] 다이어드 경험, 시험 준비 경험.
또는, 목표를 세우고 앞으로 노력할 일을 정해 봐도 좋습니다.

② 친구에게 조언하는 말을 연습해 봅니다.

가: 한국말을 배우기 위해서 어떻게 하는 것이 좋아요?
나: 재미있게 공부하는 방법을 찾는 것이 가장 중요해요.

가: 한국 생활에 잘 적응하기 위해서 어떻게 하는 것이 좋아요?
나: 친구를 많이 사귀면 빨리 적응할 수 있을 거예요.

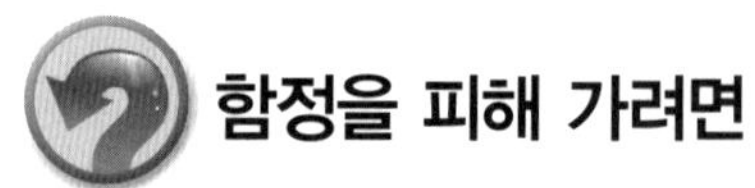
함정을 피해 가려면

─은/는 데다가

'─은/는 데다가'와 '─기는 하지만'을 공부한 학습자들은 ①과 같은 문장을 만들기도 합니다.

① 그 가수는 얼굴이 잘생긴 데다가 노래도 잘해서 인기가 많아요.
② 그 가수는 노래를 잘하는 데다가 얼굴도 잘생겨서 인기가 많아요.

①은 문법적으로는 문제가 없는 문장입니다. 그러나 그 의미가 다소 어색합니다. '가수가 노래를 잘한다'는 것은 가수가 갖추어야 할 기본 자질이므로 여기에 더해서 얼굴까지 잘생기면 더 좋다는 의미가 되어야 자연스럽습니다. 이렇게 '─은/는 데다가'의 선행절에는 말하는 사람이 생각하기에 후행절보다 기본적이고 일반적인 것이 와야 합니다.

'─은/는 데다가'의 의미적 특성을 고려하면 한 문장의 예문을 제시하기보다는 대화를 통해 의미 특성과 담화 기능을 분명하게 제시하는 것이 좋습니다. 다음의 두 도입을 비교해 봅시다.

③ 그 식당은 음식이 맛있는 데다가 값도 싸요.

④ 가: 그 식당은 음식이 맛있지요?
　　나: 네. 음식이 맛있는 데다가 값도 싸요.

③의 도입에서는 '─은/는 데다가'의 의미 특성이 분명하게 드러나지 않습니다. 그러나 ④와 같은 도입에서는 말하는 사람이 보다 기본적이라고 생각하는 내용이 '─은/는 데다가'에 선행한다는 것, 대화상에서 상대방의 의견을 일단 인정한다는 것을 파악하기가 상대적으로 더 쉽습니다. 이렇게 문법을 도입하면 비슷한 의미를 가진 '─고'와의 차이점도 보다 명확하게 드러나게 됩니다.

⑤ 그 친구는 성격이 좋은 데다가 똑똑해요.
⑥ 그 친구는 똑똑한 데다가 성격도 좋아요.
⑦ 그 친구는 성격이 좋고 똑똑해요.
⑧ 그 친구는 똑똑하고 성격이 좋아요.

⑤와 ⑥의 차이점은 무엇을 더 기본적인 것으로 생각하는가에 있습니다. ⑤에서는 '성격이 좋다'는 사실이, ⑥에서는 '똑똑하다'는 사실이 더 기본적인 것으로 생각됩니다. 반면에 '─고'가 사용된 ⑦과 ⑧의 문장에서는 선, 후행절의 내용이 비슷한 비중을 차지합니다.

–게 되다

'–게 되다'가 기본적으로 외부 상황에 의한 결과를 의미하기 때문에 관용적으로 '겸손'을 표시하기 위해 쓰이는 경우가 있습니다. 분명히 말하는 사람의 의지나 바람이 개입되었는데도 이를 부인하는 듯한 느낌으로 '–게 되다'를 쓰는 경우입니다. 다음의 대화는 이러한 상황을 잘 보여 줍니다.

① 가: 한국 문화를 많이 아시는 것 같아요.
　 나: 네, 호주에 있을 때 한국 친구가 있었어요. 그 친구 덕분에 한국 문화를 잘 알게 됐어요.

② 가: 한국어가 참 많이 늘었네요.
　 나: 칭찬해 주셔서 고맙습니다. 선생님 덕분에 한국어를 잘하게 됐습니다.

③ 가: 저희 두 사람이 결혼을 하게 되었습니다. 결혼식에 오셔서 축하해 주셨으면 좋겠어요.
　 나: 정말 축하해요. 결혼식에 꼭 갈게요.

실제 수업에서는 '변화'에만 초점을 두고 의미 및 기능을 연습합니다. 학습자에게 '–게 되다'의 관용적인 쓰임이 어려울 수 있기 때문입니다. 하지만 위의 예문과 같은 상황에 노출되어 본 학습자의 질문에 대비하기 위해서는 교사가 미리 그 쓰임을 파악하고 있을 필요가 있습니다.

–기 위해서

'–기 위해서'만으로 쓰일 때에는 목적의 의미가 강하지만 보조사 '는'이 붙어 '–기 위해서는'이 되면 목적의 의미보다는 '조건'의 의미기 디 강해집니다. 후행절이 선행절의 행동에 대한 조건의 의미가 강할 때에는 선행절에 '–기 위해서'가 결합되면 어색한 문장이 됩니다.

한국 문화에 빨리 적응하기 위해서 한국 사람들을 자주 만났다.

한국 문화에 빨리 적응하기 위해서는 한국 사람들을 자주 만나야 한다.
?한국 문화에 빨리 적응하기 위해서 한국 사람들을 자주 만나야 한다.

한국 문화에 빨리 적응하기 위해서는 한국 사람들을 자주 만나는 것이 좋다.
?한국 문화에 빨리 적응하기 위해서 한국 사람들을 자주 만나는 것이 좋다.

활동은 이렇게

-은/는 데다가
〈활동지 96쪽〉

칭찬 릴레이!

순서대로 돌아가며 옆에 앉은 사람의 좋은 점을 칭찬해 봅시다.

[예] 수지 씨는 키가 큰 데다가 날씬해요.

-기는 하지만
〈활동지 97쪽〉

순발력 테스트!

'그렇기는 하지만'을 활용해서 반대되는 의견을 빠르게 말하는 사람이 승리합니다.

〈도움말〉
학생들에게 게임의 방식을 설명하고 미리 준비할 시간을 충분히 주세요.
(1) 학생들 두 명이 한 모둠이 됩니다.
(2) 교사는 활동지 97쪽의 주장을 제시합니다.
(3) 학생들은 '그렇기는 하지만'을 활용해서 반대되는 의견을 말해야 합니다. 먼저 반대되는 의견을 말한 학생이 승리합니다.
(4) 토너먼트 식으로 최후의 승자를 결정합니다.

-기 위해서
〈활동지 98쪽〉

조언하기

하면 안 되는 일을 말해 봅시다.

그림을 보고 친구에게 조언을 해 봅니다.
[예] 건강을 지키기 위해서 담배를 끊으세요.

날개 달기(설문지)
〈활동지 99쪽〉

설문지

설문 조사를 통해서 한국어를 배우는 학생들이 한국 생활과 문화를 어떻게 생각하는지 알아봅니다.

어느 날 교실에서 – 수업일지의 실제

수업 중에 학생이 "선생님, '-지만'과 '-기는 하지만'이 뭐가 달라요?"라고 질문을 했습니다. 순간, 난감했습니다. 보통은 '-지만'과 '-기는 하지만'의 의미가 확실하게 구분되지 않기 때문입니다. 그러나 다음의 두 예문을 비교해 보면 미세한 차이가 발견되기도 합니다.

> 가: 그 식당은 값이 너무 비싸요.
> ① 나: 그렇지만 음식이 맛있어요.
> ② 나: 그렇기는 하지만 음식이 맛있어요.

①과 ②의 문장은 모두 상대방의 의견에 반대되는 내용을 말하고 있지만 ①보다는 ②가 상대방의 입장을 조금 더 배려하는 듯한 느낌을 주게 됩니다. 따라서 상대방과 반대되는 의견을 말할 때 무조건 '-지만'을 쓰는 것보다 '그렇기는 하지만'이라는 표현을 사용하는 것이 좋다는 점을 교수·학습할 필요가 있습니다. 문법이나 어휘의 의미와는 별개로 말하는 상황이나 친분 관계, 이해관계 등에 따라 표현을 달리해야 한다는 것이 참 어려운 것 같습니다.

다른 선생님들의 댓글

> 의미가 비슷한 문법 항목을 비교·설명하려면 정말 난감하지요. 고생 많으셨습니다.

> 역시 한 문장으로는 의미 차이를 명확하게 설명하기가 어려운 듯하네요.
> 대화를 통해서 맥락이나 분위기를 잘 전달하는 것이 중요하겠어요.

> '그렇지만'이나 '그렇기는 하지만'과 같은 말을 가르쳐주는 것도 필요하군요.
> 수업 시간에 명확하게 제시하지 않으면 학생들이 잘 쓰지 못하는 것 같아요.

1-2 빨리 나았으면 좋겠다고 했어요

학습 문법	–는다고/다고 하다	–냐고 하다
수업 목표	들은 이야기를 다른 사람에게 전할 수 있다.	
수업 자료	활동지 –는다고/다고 하다1, 2 –냐고 하다 날개 달기–엽서 쓰기	

 ## 교실에 들어가기 전에

	확인할 내용	네	아니요
1	간접화법의 쓰임을 제시할 수 있다.		
2	평서문의 간접화법 형태를 정확하게 제시할 수 있다.		
3	의문문의 간접화법 형태를 정확하게 제시할 수 있다.		

1. 간접화법의 쓰임을 제시할 수 있다.

다른 사람이 한 말을 듣고 이를 또 다른 사람에게 전달하는 방법은 다음의 두 가지가 있습니다.

> 선생님이 학생들에게 말합니다. "다음 주에는 수업이 없어요."
> ① 선생님이 "다음 주에는 수업이 없어요."라고 했어요.
> ② 선생님이 다음 주에는 수업이 없다고 했어요.

자신이 들은 말을 ②와 같이 전달하는 것을 간접화법이라고 합니다.

2. 평서문의 간접화법 형태를 정확하게 제시할 수 있다.

평서문의 간접화법은 시제와 서술어의 유형에 따라 형태가 달라지기 때문에 교사는 이를 명확하게 파악하고 있어야 합니다.

	현재	과거	미래
동사	–(느)ㄴ다고 하다	–았/었다고 하다	–(으)ㄹ 거라고 하다
형용사	–다고 하다		
(명사)이다	(이)라고 하다	이었/였다고 하다	일 거라고 하다

3. 의문문의 간접화법 형태를 정확하게 제시할 수 있다.

의문문의 간접화법 형태는 기본적으로 다음과 같습니다.

	현재	과거	미래
동사	–느냐고 하다 –냐고 하다	–았/었느냐고 하다 –았/었냐고 하다	–(으)ㄹ 거냐고 하다
형용사	–(으)냐고 하다 –냐고 하다	–았/었느냐고 하다 –았/었냐고 하다	–겠느냐고 하다 –겠냐고 하다
(명사)이다	(이)냐고 하다	이었/였느냐고 하다 이었/였냐고 하다	–

의문문의 간접화법은 입말에서는 '–냐고'로도 자주 쓰입니다. 학습 환경에 따라 '–느냐고'와 '–냐고' 중에서 '–느냐고'의 형태를 먼저 교수·학습하고 '–냐고'를 제시할 수도 있습니다. 다른 방법으로 '–냐고'를 중심으로 교수·학습하고 '–느냐고' 는 다른 사람이 말을 이해하는 차원에서 알아 두도록 하면 형태 변화에 대한 학습자들의 부담을 줄일 수 있습니다.

문법 수업은 이렇게

도입 및 제시

평서문 현재의 간접화법: –는다고 하다

짝 활동으로 학습자들이 서로에 대해서 인터뷰를 하게 합니다. 인터뷰의 대답에 '동사, 형용사, (명사)이다'가 골고루 사용될 수 있도록 질문을 구성합니다.

<인터뷰 질문>

동사   무슨 일을 해요?
    시간이 있을 때 주로 무엇을 해요?

형용사   한국 친구가 많아요?
    한국 생활이 어때요?

(명사)이다   고향에서 유명한 곳은 어디예요?
    좋아하는 한국 음식은 뭐예요?

학습자들에게 짝이 어떤 대답을 했는지를 물어보고, 그 대답을 간접화법으로 바꾸어 제시합니다. '들은 말을 다시 이야기할 때 이 문법을 말한다'는 것을 명시적으로 보여 줍니다.

평서문 과거의 간접화법: –았/었다고 하다

학습자들에게 ① 지난 주말에 무엇을 했는지, ② 한국에 오기 전에 무엇을 했는지 질문합니다. 대답을 'ㅇㅇ 씨는 –았/었다고 해요.'로 바꾸어 말하면서 문법을 도입합니다.

평서문 미래의 간접화법: –을 거라고 하다

학습자들에게 이번 주말에 무엇을 할지를 물은 후, 그 대답을 'ㅇㅇ 씨는 –을 거라고 해요.'로 바꾸어 말하면서 문법을 도입합니다.

연습

여러 친구들과 만나기로 했습니다. 그 모임에 못 가게 되는 이유를 생각해 보고 이를 간접화법의 형태로 바꾸어 말해 봅니다.

________ 씨가 오늘 약속에 못 온다고 했어요. ______________고 해요.

몸이 아프다
바쁜 일이 있다
시험/발표 준비를 해야 한다
고향에서 부모님이 오신다

활용

추천하기 **활동지 100쪽 '–는다고/다고 하다1'**

소개 받은 사람과 인사하기 **활동지 101쪽 '–는다고/다고 하다2'**

주의

형태 변화가 어렵게 느껴질 수 있으므로 과거형을 제시할 때에는 '–았/었어요'를, 미래형을 제시할 때는 '–(으)ㄹ 거예요'를 강조합니다. '–았/었다고', '–(으)ㄹ 거라고'를 기억하는 데 도움이 될 수 있습니다.

도입 및 제시	친구가 여행을 갔다 왔습니다. 여행을 다녀온 친구에게 무엇을 질문할지 함께 이야기해 보고 이를 간접화법으로 바꾸어 제시합니다. '동사/형용사/(명사)이다'와 시제가 골고루 섞일 수 있도록 학습자의 대답을 유도합니다. 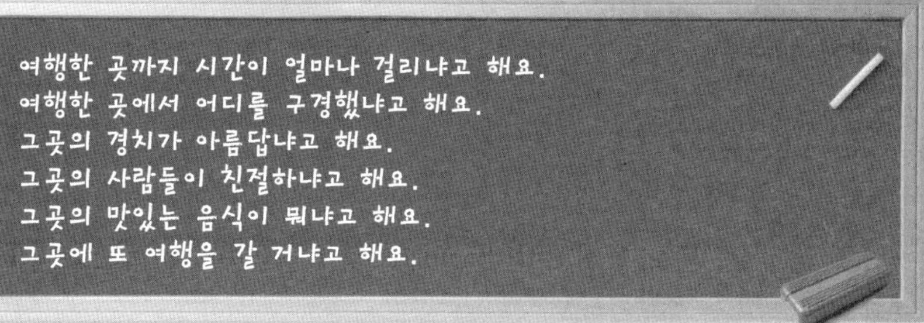

연습	① 다른 사람을 처음 만났을 때 어떤 질문을 주고받는지 이야기해 봅니다. [예]　이름이 뭐냐고 해요. 　　　어느 나라 사람이냐고 해요. 　　　무슨 일을 하냐고 해요. 　　　어디에 사냐고 해요. 　　　한국에 언제 왔냐고 해요. 　　　시간이 있을 때 주로 무엇을 하냐고 해요. ※ 이러한 연습을 통해서 '질문을 받은 사람이 간접화법 문장의 주어일 때는 문장의 높임법이 실현되지 않는다'는 것을 파악할 수 있도록 합니다. [예]　그 사람이 저에게 "성함이 어떻게 되세요?"라고 물었어요. 　　　→ 그 사람이 저에게 이름이 뭐냐고 물었어요. 　　　그 사람이 저에게 "한국에 언제 오셨어요?"라고 물었어요. 　　　→ 그 사람이 저에게 한국에 언제 왔냐고 물었어요. ② 우리 반 친구들에게 물어보고 싶은 것을 이야기해 봅니다. **활동지 102쪽 '–냐고 하다'** [예]　○○ 씨 가방이 참 예뻐요. 어디에서 샀냐고 물어보고 싶어요. 　　　○○ 씨는 오늘 수업에 지각을 했어요. 왜 지각을 했냐고 물어보고 싶어요.

활용	유명한 사람을 인터뷰한다면 무슨 질문을 할지를 생각해서 말해 봅니다.

주의	『열린한국어』에서는 학습 부담을 줄이기 위해 '–냐고'를 중심으로 교수합니다. 하지만 학습자가 '–느냐고'의 형태를 듣고 이해를 할 수 있어야 하므로 이를 알려 주어야 합니다. '–냐고 해요'의 형태 변화가 익숙해진 후에는 '–해요' 대신에 '물어봐요'를 사용할 수 있다는 것을 제시할 필요가 있습니다. '–냐고 물어봐요.'

함정을 피해 가려면

자기

한국어는 문장의 주어가 자주 생략되는 언어이기 때문에 간접화법에서도 주어가 생략된 형태로 문장을 제시하고 이를 간접화법으로 전환하는 연습을 자주 하게 됩니다. 그러다 보면 놓치게 되는 것이 '나/저'의 형태가 '자기'로 바뀐다는 것입니다. 그러나 '자기'가 자주 생략되며, 말하는 상황에 따라 쓸 수 없는 경우가 많으므로 이를 제시할 때에는 다음과 같은 점을 염두에 두어야 합니다.

① '저는'은 '자기는'으로 바뀌지만 자주 생략됩니다.

미카: 저는 아침을 안 먹어요.
→ **미카 씨가** (자기는) 아침을 안 먹는다고 **했어요.**

② '제가'는 '자기가'로 바뀝니다.

미카: 제가 요리를 하면 남편은 설거지를 해요.
→ **미카 씨가** 자기가 요리를 하면 남편은 설거지를 한다고 **했어요.**

③ '제(저의)'는 '자기(의)'로 바뀝니다. 또는 말하는 사람의 이름이나 말하는 사람을 부르는 말을 그대로 씁니다.

미카: 제 동생이 저보다 키가 커요.
→ **미카 씨가** 자기 동생이 자기보다 키가 크다고 **했어요.**
→ **미카 씨가** 미카 씨 동생이 미카 씨보다 키가 크다고 **했어요.**

④ 말한 사람이 나이가 많거나 지위가 높은 사람일 때에는 '자기'라는 말을 쓰지 않습니다. 말하는 사람을 생략하는 것이 자연스럽습니다. 생략하지 않는 경우에는 호칭을 그대로 씁니다.

아버지: 나는 오늘 좀 늦을 거야.
→ **아버지께서** (아버지께서는) 오늘 좀 늦을 거라고 **하셨어요.**

과장: 그 회사에서 나한테 직접 연락을 할 거예요.
→ **과장님께서** 그 회사에서 과장님께 직접 연락을 할 거라고 **하셨어요.**

문법 돋보기

간접화법의 범위

　간접화법은 기본적으로 듣거나 본 내용을 다른 사람에게 전달하기 위한 것입니다. 그러나 간접화법이 사용되는 범위는 이보다 넓습니다. 다음의 예에서 볼 수 있듯이 자신의 생각이나 느낌, 자신이 한 말도 간접화법의 대상이 됩니다.

　날씨가 흐린 것을 보고 곧 비가 올 것 같다고 생각했다.
　날씨가 꽤 쌀쌀하다고 느꼈다.

　가: 그래서 뭐라고 하셨어요?
　나: 이번 주까지는 일을 마무리하겠다고 했어.

간접화법의 줄임형

　입말에서는 다음과 같이 '-다고 해요'는 '-대요', '-냐고 해요'는 '-내요', '-라고 해요'는 '-래요', '-자고 해요'는 '-재요'의 형태로 줄여 쓰는 것이 일반적입니다.

　정훈 씨가 지금 밥을 먹고 있다고 해요.
　정훈 씨가 지금 밥을 먹고 있**대요**.

　정훈 씨가 회의가 언제냐고 해요.
　정훈 씨가 회의가 언제**내요**.

　정훈 씨가 지금 오는 중이라고 해요.
　정훈 씨가 지금 오는 중이**래요**.

　정훈 씨가 저녁을 같이 하자고 해요.
　정훈 씨가 저녁을 같이 하**재요**.

　그러나 이러한 줄임형은 '하다'에만 해당되는 것이기 때문에 기본적으로는 '-다고 해요'의 형태를 먼저 교수·학습하고 이를 자연스럽게 활용할 수 있게 되면 줄임형을 제시하는 것이 바람직합니다.

활동은 이렇게

〈활동지 100쪽〉

-는다고/다고 하다1

한번 해 보세요!

추천을 해 봅시다.

활동지에 있는 정보를 활용해서 친구에게 추천을 합니다.

〈활동지 101쪽〉

-는다고/다고 하다2

소개 받은 사람과 인사하기

소개 받은 친구와 인사를 나누어 보세요.

〈도움말〉

친구를 통해 알게 된 사람과 인사를 할 때 전형적으로 쓰이는 표현 '말씀 많이 들었습니다. −다고 들었습니다'를 미리 제시합니다.

⑴ 활동지에 다른 사람에게 소개하고 싶은 친구에 대해서 씁니다.

⑵ 교사는 활동지를 거두어 서로 다른 학생에게 줍니다.

⑶ 받은 활동지에 쓰여 있는 친구가 되어서 인사를 나누어 봅니다.

〈활동지 102쪽〉

-냐고 하다

질문과 대답

누가 어떤 질문을 했어요? 질문에 뭐라고 대답했어요?

학생들끼리 묻고 답한 내용을 간접화법을 통해서 다시 말해 봅니다.

〈활동지 103쪽〉

날개 달기(엽서 쓰기)

엽서 쓰기

라디오 방송국에 보낼 엽서를 써 봅시다.

듣고 싶은 음악을 신청하는 엽서를 쓰고 그 내용을 간접화법으로 말해 봅니다.

 # 어느 날 교실에서 – 수업일지의 실제

    우리 반 학생들끼리 서로 질문하고 대답한 말을 간접화법으로 바꾸는 연습을 하고 있었습니다. 한 학생이 "○○ 씨는 학생이에요?"라고 물었고 질문을 받은 학생이 "네."라고 대답을 했습니다. 이 말을 간접화법의 문장으로 바꾸어야 하는데 그때서야 제가 '네', '아니요'를 어떻게 바꾸어야 하는지를 안 알려 주었다는 것을 알게 됐네요.

    '네'는 '맞다고 했어요.'로 '아니요'는 '아니라고 했어요'로 바꾼다는 것을 알려 주었습니다.

    연습을 계속하다가 이번에는 또 '(명사)이/가 아니다'를 연습하지 않았다는 것을 알게 됐지요. 다음과 같이 제시하고 연습을 하게 했습니다.

"(명사)이다" → (명사)이라고 했어요.
"(명사)이/가 아니다 → (명사)이/가 아니라고 했어요.

    '이라고, 는다고, 다고……'의 형태만 신경을 쓰다 보니까 다른 작은 부분들을 놓쳤던 것 같습니다. 항상 수업 전에 준비를 하고 계획을 해도 부족한 것 같아요.

다른 선생님들의 댓글

▶ 수업을 하다 보면 빠진 부분들이 꼭 하나씩 생기기 마련이지요.
그런 부분을 채워 가는 게 경험이 쌓이는 거겠지요? 파이팅~!

▶ -이라고, -는다고, -다고, -었다고, -을 거라고, -냐고……
평서문과 의문문의 간접화법 형태가 너무 많아서 학생들이 싫어하지 않았어요? ^^

▶ 간접 인용의 경우는 나중에 응용 형태도 많으니까 처음에 도입할 때 잘 해 놓지 않으면 점점 힘들어져요.

1-3 오늘 회의는 여기서 마치도록 합시다

학습 문법	–는 게 어때요?/좋겠어요	–거든요 –도록 하다
수업 목표	추천이나 조언을 할 수 있다. 이유를 들어 거절할 수 있다. 당부나 권유를 말할 수 있다.	
수업 자료	활동지 –는 게 어때요?/좋겠어요1, 2 –거든요	

 **교실에 들어가기 전에**

	확인할 내용	네	아니요
1	'–는 게 어때요?'와 '–는 게 좋겠어요'의 쓰임을 제시할 수 있다.		
2	'–거든요'의 기본 의미와 쓰임을 제시할 수 있다.		
3	'–도록 하다' 활용형의 쓰임을 제시할 수 있다.		

1. '–는 게 어때요?'와 '–는 게 좋겠어요'의 쓰임을 제시할 수 있다.

이 두 문법 항목은 기본적으로 제안을 표현하는 데 쓰입니다.

> 날씨가 좋으니까 산책을 하는 게 어때요?
> 지금은 길이 막히니까 지하철을 타는 게 좋겠어요.

'–는 게'는 '–는 것이'의 줄임 형태입니다. 입말에서는 '–는 게'의 형태로 자주 쓰이지만 글말이나 격식적인 자리에서는 '–는 것이'의 형태로 쓰는 것이 좋습니다. 글말에서 제안이나 필요성을 말할 때에는 '–는 것이 좋다/바람직하다'의 형태로 사용됩니다. 이처럼 '–는 게'의 후행절에는 '좋다, 바람직하다, 어렵다, 힘들다' 등의 형용사가 올 수 있습니다.

2. '–거든요'의 기본 의미와 쓰임을 제시할 수 있다.

선행 발화의 이유를 제시할 때 씁니다.

> 휴대폰을 새로 살 거예요. 지금 쓰고 있는 것이 고장 났거든요.
> 친구가 화가 많이 났어요. 제가 약속에 많이 늦었거든요.

제안이나 부탁을 할 때 또는 제안이나 부탁을 거절할 때 이유를 표현합니다.

> 이 책으로 한번 공부해 보는 게 어때요? 설명이 쉽고 예문이 많거든요.
> 노트북 좀 빌려 줄 수 있어요? 제 컴퓨터가 고장이 났거든요.
> 미안해요. 같이 못 갈 것 같아요. 다음 주에 중요한 회의가 있어서 준비를 해야 하거든요.

3. '–도록 하다' 활용형의 쓰임을 제시할 수 있다.

'–도록 하다'는 '–도록 하세요', '–도록 합시다'와 같이 활용되어 쓰입니다. 두 형태 모두 격식적인 자리에서 자주 쓰입니다. 따라서 병원이나 사무실 등 격식적인 상황에서 명령이나 제안을 하는 사람이 쓰는 표현으로 제한하는 것이 좋습니다.

> 〈의사〉 　　　약을 꼭 먹노록 하세요.
> 　　　　　　무리하지 말고 푹 쉬도록 하세요.
>
> 〈직장 상사〉 내일까지 회의 자료를 준비하도록 하세요.
> 　　　　　　중요한 행사니까 꼭 참석하도록 합시다.
>
> 〈방송〉 　　　이번 겨울에는 독감이 유행할 수 있습니다. 미리 독감 예방주사를 맞도록 합시다.
> 　　　　　　감기에 걸리지 않기 위해서 손발을 깨끗이 씻도록 합시다.

문법 수업은 이렇게

도입 및 제시

상대방의 고민을 듣고 조언이나 제안을 할 때 어떻게 하면 좋은지 이야기해 봅니다.

교 사　한국어 공부를 시작한 친구가 여러분에게 이야기해요. "한국어를 잘하려면 어떻게 해야 해요?" 어떻게 이야기해 줄 거예요?

학습자　한국 친구하고 매일 이야기를 하세요.

교 사　○○ 씨가 친구에게 이야기합니다. '한국 친구하고 매일 이야기를 하는 게 어때요?', '한국 친구하고 매일 이야기를 하는 게 좋겠어요.'

> 쉬운 한국어책을 읽는 게 어때요?/좋겠어요.
> 한국어로 일기를 쓰는 게 어때요?/좋겠어요.
> 한국 드라마나 영화를 보면서 한국어를 공부하는 게 어때요?/좋겠어요.
> 단어장을 만드는 게 어때요?/좋겠어요.

연습

고민이 되는 일과 해결 방법에 대해서 함께 이야기해 봅니다. (교재 50쪽 참고)

활용

① 고민 쪽지 쓰기　활동지 104쪽 '–는 게 어때요?/좋겠어요1'

② 돌잔치, 결혼식, 집들이에 대한 읽기 자료를 읽고 선물을 추천해 봅니다.
활동지 105쪽 '–는 게 어때요?/좋겠어요2'

주의

한번 시도해 보는 것이 좋겠다는 의미로 '–아/어 보는 게 어때요?/좋겠어요'의 형태로도 자주 쓰인다는 것을 함께 제시할 필요가 있습니다.

한국어교실에 다녀 보는 게 어때요?
한국어교실에 다녀 보는 게 좋겠어요.

이 책으로 한번 공부해 보는 게 어때요?
이 책으로 한번 공부해 보는 게 좋겠어요.

<table>
<tr><td rowspan="3">도입
및
제시</td><td colspan="2">다른 사람의 제안이나 부탁을 거절해야 하는 상황에서 어떻게 말할지 이야기해 봅니다.</td></tr>
</table>

도입 및 제시

다른 사람의 제안이나 부탁을 거절해야 하는 상황에서 어떻게 말할지 이야기해 봅니다.

교 사 다음 주에 시험이 있어서 이번 주말에 공부를 해야 해요. 그런데 친구가 주말에 같이 여행을 가자고 해요. 어떻게 말할 거예요?

학습자 미안해요. 다음 주에 시험이 있어서 공부를 해야 해요.

교 사 친구에게 말합니다. '미안해요. 주말에 여행을 갈 수 없어요. 다음 주에 시험이 있어서 공부를 해야 하거든요.'

> 내일 공항에 가요. 부모님께서 오시거든요.
> 이번 주말에 열심히 공부를 할 거예요. 다음 주에 시험이 있거든요.
> 수업에 못 가요. 출장을 가야 하거든요.
> 이번 주에는 만날 수 없어요. 친구하고 여행을 가기로 했거든요.

연습

① 조언을 해야 하는 상황에서 이유를 어떻게 말할지 이야기해 봅니다. (교재 54쪽 참고)

② 친구가 무슨 일이 있냐고 물어볼 때 어떻게 대답할지 이야기해 봅니다.

가: 오늘 ＿＿＿＿＿＿＿＿＿아/어 보여요. 무슨 일이 있어요?

　　피곤하다
　　기분이 좋다
　　안색이 안 좋다
　　바쁘다

나: ＿＿＿＿＿＿＿＿＿＿＿＿＿＿＿＿거든요.

　　어제 밤늦게까지 영화를 봤다
　　시험을 잘 봤다
　　술을 많이 마셨다
　　중요한 회의가 있다

활용

고향 친구에게 조언하기 　활동지 106쪽 '–거든요'

주의

'아니다, 싫다' 등의 부정어와 '–거든요'가 결합하는 경우 거절의 의사를 보다 강하게 표현하는 경향이 있습니다. 드라마와 같은 실제 발화에서 '아니거든요, 싫거든요, 됐거든요.'와 같은 발화가 자주 등장하므로 이러한 발화에 대한 주의를 당부합니다. 더불어 '–거든요'를 말할 때 억양에 주의해야 합니다. 끝을 강조하면서 올리는 억양으로 발화하지 않도록 주의합니다.

도입 및 제시

의사가 어떤 당부를 하는지 이야기해 봅니다.

교 사   운동을 안 해서 건강이 안 좋아요. 의사가 어떻게 말해요?
학습자   운동을 하세요.
교 사   의사가 말합니다. '운동을 하도록 하세요.'

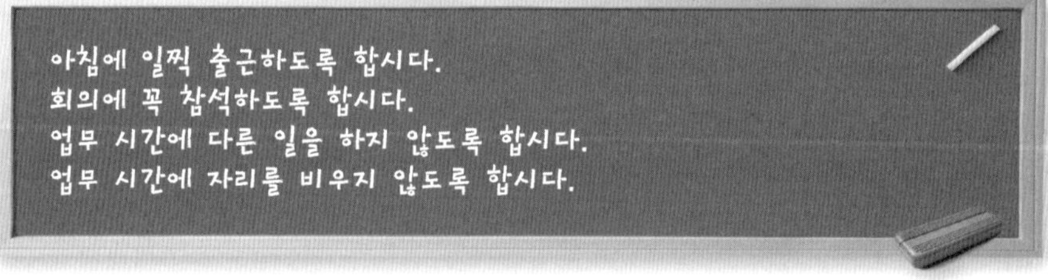

직장에서 지켜야 할 일들을 상사가 부하 직원에게 어떻게 말하는지 이야기해 봅니다.

교 사   직장에서 지켜야 하는 일은 어떤 것이 있어요?
학습자   회사에 늦으면 안 돼요.
교 사   상사가 부하 직원에게 말합니다. '아침에 늦지 않도록 합시다.'

연습

① –도록 하세요: 선생님이 학생에게 하는 당부의 말에는 무엇이 있는지 이야기해 봅니다.

[예] 숙제를 꼭 하도록 하세요.

② –도록 합시다: 기숙사 규칙을 이야기해 봅니다.

[예] 건물 안에서는 담배를 피우지 않도록 합시다.

활용

직장 상사와 부하 직원이 되어 역할극을 해 봅니다. (교재 58쪽 참고)

함정을 피해 가려면

–는 게 어떨까요?

제안을 하는 표현으로 보통은 '–는 게 어때요?/좋겠어요'를 교수·학습하지만 좀 더 완곡하게 자신의 의사를 전달해야 할 필요가 있을 때는 '–는 게 어떨까요?'를 씁니다.

① 회의 시간을 좀 미루는 게 어때요?
② 회의 시간을 좀 미루는 게 어떨까요?
③ 회의 시간을 좀 미루시는 게 어때요?
④ 회의 시간을 좀 미루시는 게 어떨까요?

①~④를 비교해 보면 ②와 ④가 좀 더 자신의 의사를 조심스럽게 말한다는 느낌을 줍니다. 말하는 상대와 상황에 따라서 '–는 게 어때요?/좋겠어요' 대신에 '–(시)는 게 어떨까요?'를 써야 한다는 것을 교수할 필요가 있습니다. '–을까'가 지금 정해지지 않은 일에 대한 추측의 의미를 지니기 때문에 말하는 사람의 의견을 조금 더 완곡하게 전달하는 기능을 하게 됩니다.

'–거든요'의 억양

모든 발화는 억양에 따라 전달하고자 하는 내용의 의미와 느낌이 달라집니다. 그러나 '–거든요'는 억양의 실현에 특히 영향을 많이 받는 문법 형태라고 할 수 있습니다.

① 휴대폰을 새 것으로 바꿔 보세요.
② 아직 쓸 만하거든요.

①과 같은 발화에 ②와 같은 대답을 한다고 생각해 보면 '–거든요'를 어떻게 발화하는지에 따라 전달되는 느낌이 분명하게 달라진다는 점을 알 수 있습니다. ②에서 '–거든요'를 강조하면서 끝을 올리게 되면 상대방의 제안을 강하게 거부한다는 느낌을 줍니다. 이와 함께 ④와 같이 상대방의 질문 자체가 불쾌하다는 느낌을 주기도 합니다.

③ 점심 안 먹어요?
④ 아까 먹었거든요.

따라서 '–거든요'를 발화할 때는 끝을 강조하면서 올리지 않도록 가르쳐야 할 필요가 있습니다.

–거든요

'–거든요'의 기본적인 기능은 이유를 표현하는 것입니다. 그래서 보통은 제안이나 부탁을 하는 말 뒤에 그 이유를 제시할 때 씁니다. 그러나 제안 혹은 부탁하는 말을 하기 전에 제안이나 부탁의 배경을 제시하는 기능을 하기도 합니다.

① (택시 운전기사에게)
제가 수업에 늦었거든요. 빨리 좀 가 주세요.

② (세탁소에서)
제가 이 옷을 모레 꼭 입어야 하거든요. 내일까지 좀 부탁드려요.

③ (친구에게)
다음 주에 말론 씨랑 같이 공원에 가기로 했거든요. 같이 갈래요?

때에 따라서는 다음의 예에서처럼 화제를 도입하는 기능도 합니다.

④ 가: 내가 어제 백화점에 갔거든. 그런데 거기에서 지훈이를 만났잖아.

⑤ 가: 나 어제 시험 봤거든.
나: 그래? 어떻게 됐어?
가: 합격했어.

④나 ⑤와 같은 발화는 말하는 이가 듣는 사람에게 어떠한 사실을 알려 주려고 한다는 것을 표현하게 됩니다. '–거든요'가 이와 같은 기능을 할 때는 끝을 강조하면서 올리는 상향식 억양으로 실현됩니다.

'–거든요'는 연결형 어미 '–거든'의 쓰임이 변화한 것이라고 볼 수 있습니다. '–거든'이 연결형으로 쓰일 때는 후행절에 명령, 제안의 발화가 주로 옵니다. 현재 시제에서는 '–거든'이 연결형 어미로 실현되는 일이 많지 않으므로 차후에 '표현' 보다는 '이해'의 문법 형태로 교수하는 것이 좋습니다.

내일 날씨가 좋거든 같이 공원에 가 보자.
배가 고프거든 냉장고에 넣어 둔 음식을 먹어라.

-는 게 어때요?/좋겠어요1

〈활동지 104쪽〉

고민 쪽지 쓰기

친구의 고민에 대해 해결 방법을 생각해 봅시다.

〈도움말〉

⑴ 교사가 학생들에게 종이를 나누어 줍니다.

⑵ 학생들은 종이에 현재 자신이 고민하고 있거나 걱정되는 일을 씁니다. 이름은 쓰지 않습니다.
 교사가 예를 보여 주어도 좋습니다. 고민 쪽지를 다 쓴 학생은 쪽지를 접어서 교사에게 제출합니다.

⑶ 교사는 쪽지를 모두 거두어서 섞은 후 학생들에게 다시 나누어 줍니다.

⑷ 학생들은 받은 고민 쪽지에 해결 방법을 적습니다.

⑸ 교사는 고민 쪽지를 다 거두어 읽은 후에 재미있는 고민과 해결 방법을 소개해 줍니다.

-는 게 어때요?/좋겠어요2

이럴 때는

'읽기 자료'를 읽고 친구에게 조언해 주세요.

① 읽기 자료를 함께 읽습니다.
② 읽기 자료를 보고 질문하고 대답합니다.

-거든요

한국 생활의 비법

친구에게 한국 생활에 꼭 필요한 것을 알려 줍니다.

① 한국 생활을 하는 데 꼭 필요하다고 생각하는 것들이 있는지 이야기해 봅니다.
② 고향에 있는 친구가 한국어를 배우기 위해서 한국에 온다고 생각해 보고 미리 준비해야 할 것들을 이야기해 봅니다.
  [예] 한국의 겨울 날씨가 정말 춥거든요. 그러니까 두꺼운 옷을 준비하는 게 좋겠어요.

 # 어느 날 교실에서 – 수업일지의 실제

오늘 수업의 목표 문법은 '-거든요'! 제시도 잘하고 연습도 잘하고……. 문제없이 술술 넘어가고 있다고 생각했는데, 저를 당황시킨 우리 학생의 한마디~

"선생님, '됐거든요'는 뭐예요?"

헉~! 도대체 이런 말은 어디서 듣고 오는 건지요? 이야기를 듣고 보니 드라마에서 여자 주인공이 자주 하는 말 중의 하나가 '됐거든요'래요. 그러고 보니까 '됐거든요', '아니거든요', '싫거든요' 이런 말을 드라마에서 자주 들은 것 같기도 하네요.

어쨌거나 그래서 의도치 않게 '됐거든요', '아니거든요', '싫거든요'를 공부하게 됐네요. '됐다'와 같은 부정어에 '-거든요'가 결합할 때는 부정의 의사가 좀 더 강하게 전달되는 것 같다고 이야기했지요.

그런데 수업을 끝내고 생각해 보니까 부정어만 그런 것은 아니더라고요. 맥락에 따라서 부정어가 아니더라도 '-거든요'를 올리면서 강조하며 말하면 이유를 강하게 표출하면서 상대방의 관심까지 차단하려는 의도가 읽히는 것 같아요. 역시 중요한 것은 상황과 맥락입니다.

다른 선생님들의 댓글

▶ '-거든요'를 수업할 때 억양에 신경을 더 많이 써야겠네요.

▶ 저는 왠지 '아니거든요'류를 더 많이 들었던 것 같은데요. 한국어 교재에는 안 나오잖아요.
역시 교재는 현실이랑 달라요.

▶ 교재에 일상적인 언어 사용 양상을 다 담아낼 수는 없겠지요. 드라마를 보면서 한국어를 공부하다니,
역시 훌륭한 학생들입니다.

1-4 친구가 오라고 해서 가 봤어요

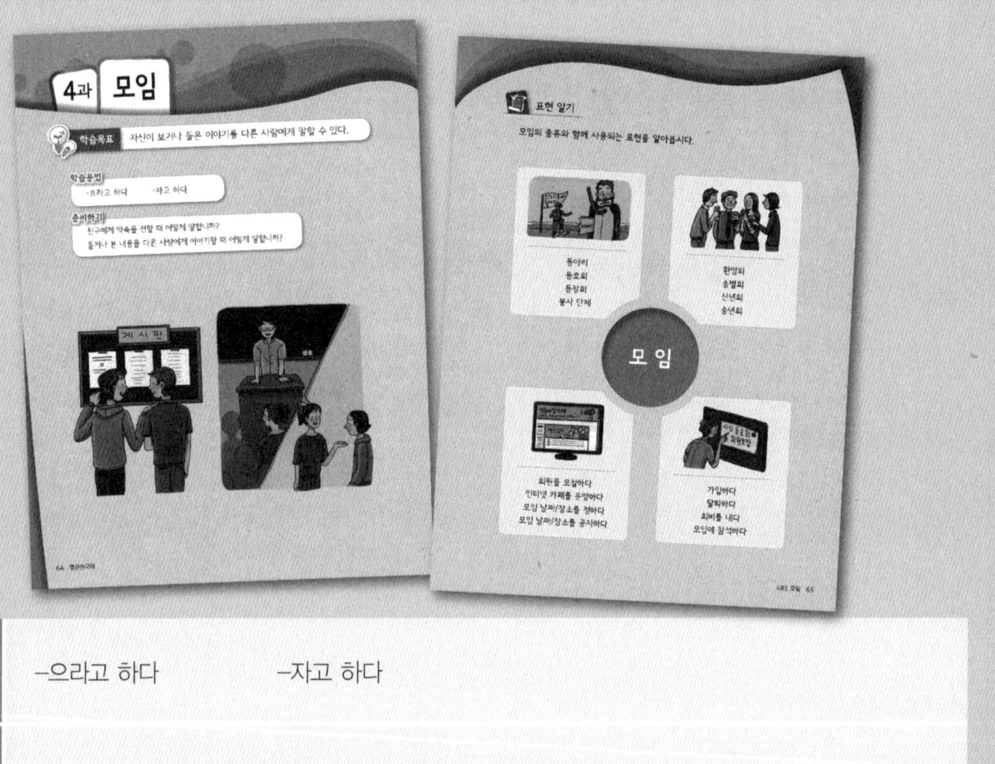

학습 문법	–으라고 하다 –자고 하다
수업 목표	들은 이야기를 다른 사람에게 전할 수 있다.
수업 자료	활동지 –으라는 뜻/의미/말1, 2 –자고 하다 날개 달기–동아리

 ## 교실에 들어가기 전에

	확인할 내용	네	아니요
1	'–으라고'와 '–자고'가 쓰이는 상황을 구별하여 제시할 수 있다.		
2	들은 말을 간접화법으로 전할 때 높임법이 상황에 따라 다르게 표현된다는 것을 제시할 수 있다.		
3	'–아/어 달라고'와 '–아/어 주라고'의 쓰임을 구분하여 제시할 수 있다.		

1. '-으라고'와 '-자고'가 쓰이는 상황을 구별하여 제시할 수 있다.

'-으라고'는 명령문의 간접화법에, '-자고'는 청유문의 간접화법에 쓰입니다. '명령문'이나 '청유문'과 같은 문법 용어를 쓰지 않고 예문과 상황 설명을 들어 두 문법 형태를 구분해 주도록 합니다.

① 의사가 운동을 자주 하라고 해요.
② 친구가 같이 도서관에 가자고 해요.

①의 '하다'는 듣는 사람이 혼자 할 행동이지만 ②의 '가다'는 친구와 내가 함께 할 행동이라는 점을 구분하여 제시하도록 합니다.

2. 들은 말을 간접화법으로 전할 때 높임법이 상황에 따라 다르게 표현된다는 것을 제시할 수 있다.

간접화법은 말을 듣는 사람의 입장에서 이야기의 내용을 다시 구성하여 전달하는 것이므로 높임법의 실현에 주의해야 합니다.

① 의사가 나에게 "따뜻한 물을 많이 드세요."라고 해요.
→ 의사가 나에게 따뜻한 물을 많이 마시라고 해요.

② 의사가 할아버지께 "따뜻한 물을 많이 드세요."라고 해요.
→ 의사가 할아버지께 따뜻한 물을 많이 드시라고 해요.

①과 ②의 예에서처럼 말하고 듣는 사람들의 관계에 따라 높임법의 실현이 달라질 수 있습니다.

3. '-아/어 달라고'와 '-아/어 주라고'의 쓰임을 구분하여 제시할 수 있다.

상황에 따라 '주다'와 '-아/어 주다'는 '-아/어 주라고'가 아니라 '-아/어 달라고'로 바뀝니다. '-아/어 달라고'는 말하는 사람에게 어떤 일을 해 줄 것을 요청하는 말을 전달할 때 사용합니다. 반면에 '-아/어 주라고'는 말하는 사람이 아닌 제3자에게 어떤 일을 해 줄 것을 요청하는 경우에 씁니다. 보다 자세한 설명은 '문법 돌보기'를 참고해 주십시오.

수지 씨가 (나에게) 책을 빌려 달라고 해요.
수지 씨가 (나에게) 왕강 씨에게 책을 빌려 주라고 해요.

수지 씨가 (나에게) 책 좀 달라고 해요.
수지 씨가 (나에게) 왕강 씨에게 책 좀 주라고 해요.

–으라고 하다

교재 67쪽

도입 및 제시

선생님이 학생에게 한 말을 간접화법으로 바꾸어 제시합니다.

교 사 제가 오늘 여러분에게 말해요. '숙제를 꼭 하세요.' 오늘 수업에 안 온 친구가 있어요. 그 친구에게 선생님이 한 말을 이야기해 주고 싶어요. 친구에게 어떻게 말해요?
학 생 선생님이 '숙제를 꼭 하세요.' 말했어요.
교 사 네. 선생님이 숙제를 꼭 하라고 해요.

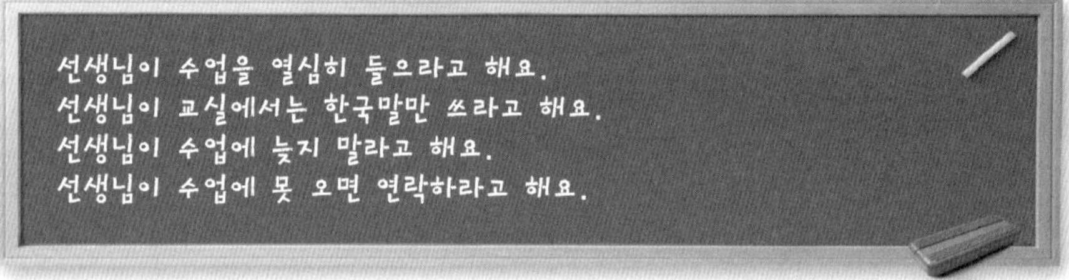

아이들이 엄마에게 자주 하는 부탁을 간접화법으로 바꾸어 제시합니다.

교 사 아이들이 엄마에게 자주 하는 부탁은 어떤 것이 있어요?
학 생 장난감을 사 주세요.
교 사 아이가 엄마에게 장난감을 사 달라고 말해요.

※ 이러한 도입을 통하여 '주다'와 '–아/어 주다'는 '달라고'와 '–아/어 달라고'의 형태로 변화한다는 것을 제시해야 합니다.

연습

① 의사가 환자에게 어떤 말을 하는지 이야기해 봅니다.

의사가 환자에게 ＿＿＿＿＿＿＿＿＿＿＿＿＿＿＿＿＿＿＿＿＿(으)라고 해요.

운동을 하다
약을 꼭 먹다
주사를 맞다
술을 마시지 말다
담배를 피우지 말다
무리하지 말고 쉬다

② 다른 사람에게 자주 하는 부탁에는 어떤 것이 있는지 이야기해 봅니다.

___________에게 ____________________(아/어) 달라고 해요.

친구	책을 빌려 주다
엄마	아침에 깨워 주다
아빠	용돈을 주다
직장 동료	서류를 복사해 주다
남편/아내	집안일을 해 주다

① 여행지 추천하기

짝 활동으로 자신의 나라에서 어떤 곳에 여행을 가면 좋은지, 그 이유는 무엇인지, 어떤 음식을 먹으면 좋은지 등을 이야기하게 합니다. 짝에게 어떤 곳을 추천 받았는지를 발표해 봅니다.

[예] 율리아 씨가 러시아에 가면 상트페테르부르크에 꼭 가 보라고 했어요. 상트페테르부르크에서 아름다운 궁전과 박물관을 많이 볼 수 있다고 했어요.

② 문법을 확장하여 '–으라는 말/뜻/의미이다'를 제시합니다. 이 문법을 활용하여 표지판, 몸짓, 속담의 의미를 설명해 봅니다. 활동지 107, 108쪽 '–으라는 뜻/의미/말1, 2

※ ②의 경우 학습자들이 '–으라고 해요'의 형태에 익숙해진 후에 활용을 하는 것이 좋습니다.

다음과 같은 예문을 통해 학습자들이 '–아/어 달라고'와 '–아/어 주라고'를 구별하여 쓸 수 있도록 합니다. 단, 두 표현을 한꺼번에 제시하면 학습의 부담이 커지므로 먼저 '–아/어 달라고'를 충분히 연습한 후에 '–아/어 주라고'를 제시하는 것이 좋습니다.

선생님이 "연필을 빌려 주세요."라고 했어요.
→ 선생님이 연필을 빌려 달라고 했어요.

선생님이 저에게 "마이클 씨에게 연필을 빌려 주세요."라고 했어요.
→ 선생님이 저에게 마이클 씨에게 연필을 빌려 주라고 했어요.

도입 및 제시

이번 주말에 약속이 있는지, 약속을 어떻게 정했는지에 대해서 이야기해 봅니다.

교 사   이번 주말에 약속이 있어요?
학습자   친구하고 영화를 보기로 했어요.
교 사   ○○ 씨가 '영화를 봐요.'라고 친구에게 말했어요?
학습자   네.
교 사   ○○ 씨가 친구에게 영화를 보자고 했어요.

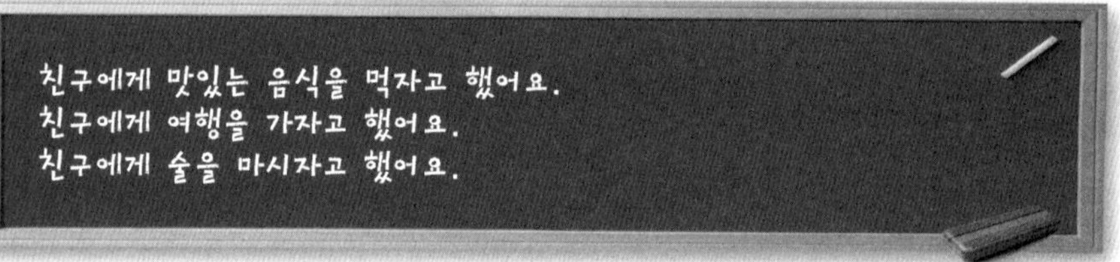

※ 약속이 없는 경우에는 친구와 함께 해 보고 싶은 일을 물어보고 이를 간접화법으로 제시할 수 있습니다.

[예] 친구하고 같이 등산을 가고 싶어요. 친구에게 등산을 가자고 할 거예요.

연습

① 친구의 생일입니다. 친구의 생일 파티를 언제 어디에서 할지, 무엇을 준비할지 친구들과 이야기를 했습니다. 친구들과 이야기한 내용을 간접화법으로 말해 봅니다. (교재 74쪽 참고)

② 약속을 미루거나 취소할 때 어떻게 말하는지 이야기해 봅니다.

[예] 친구가 이번 주말에 같이 여행을 가자고 했어요. 그런데 이번 주말에는 시험 준비를 해야 해서 다음 주에 가자고 했어요.

친구가 오늘 같이 영화를 보자고 해요. 오늘은 한국어 수업에 가야 하니까 다음에 만나자고 했어요.

활용

① 우리 반 친구들과 함께 놀러 가려고 합니다. 언제, 어디로, 어떻게 갈지 모둠으로 이야기해 보고 이야기한 내용을 발표해 봅니다.

② 계절에 따른 주의 사항 말해 보기 **활동지 109쪽 '─자고 하다'**

※ 학습 상황에 따라서는 표현이 다소 어려울 수 있으므로 미리 어휘를 점검하세요.

함정을 피해 가려면

① 친구가 "이번 주말에 영화를 볼까요?"라고 했어요.
②-1 친구가 이번 주말에 영화를 볼 거냐고 했어요.
②-2 친구가 이번 주말에 영화를 보자고 했어요.

간접화법을 교수·학습하다 보면 학습자들은 종종 ①과 같은 발화를 ②-1처럼 표현하기도 합니다. 의문문이라는 문장의 형식적인 측면에만 관심을 두기 때문입니다. 그러나 ①과 같은 발화는 듣는 사람에게 어떤 행동을 함께 할 것을 제안하는 발화이므로 ②-2가 더 적절한 전환이라고 볼 수 있습니다.

③ 친구가 "돈을 좀 빌려 줄 수 있어요?"라고 했어요.
④-1 친구가 돈을 좀 빌려 줄 수 있냐고 했어요.
④-2 친구가 돈을 좀 빌려 달라고 했어요.

③의 발화는 ④-1과 ④-2로 모두 전환이 가능합니다. 그러나 이 역시 말하는 사람의 의도를 고려하면 돈을 빌리고자 하는 의도가 읽히므로 ④-2 로 전환하는 것이 더 적절합니다.

⑤ 친구가 "다음부터는 늦지 않을게요."라고 약속했어요.
⑥ 친구가 다음부터는 늦지 않겠다고 약속했어요.

⑦ 친구가 "토요일 10시에 만나요."라고 약속했어요.
⑧ 친구가 토요일 10시에 만나자고 약속했어요.

⑤와 ⑦의 예문은 똑같은 인용 동사 '약속하다'를 쓰는 경우입니다. 그러나 말을 하는 사람의 의도가 무엇인가에 따라서 사용되는 문법 형태가 달라집니다. ⑤는 말하는 사람의 의지를 전달하는 것이므로 '-다고'를, ⑦은 말하는 사람과 듣는 사람에게 모두 어떤 행동을 할 것을 요구하는 청유문이므로 '-자고'를 쓰는 것이 보다 적절합니다.

위의 예에서 보이는 것처럼 간접화법을 사용하여 들은 말을 전달할 때는 문장의 형식적인 측면만이 아니라 내용적인 측면과 발화의 맥락을 모두 고려하도록 교수해야 합니다.

 문법 돋보기

'-아/어 주라고'와 '-아/어 달라고'

'-아/어 주라고'와 '-아/어 달라고'의 쓰임을 구분하기 위해서 교사들이 일반적으로 하는 설명은 '-아/어 달라고'는 말하는 사람과 듣는 사람, 두 사람만 있을 때 쓰고, '-아/어 주라고'는 말하는 사람과 듣는 사람 이외에 또 다른 사람, 즉 세 사람이 있을 때 쓴다는 것입니다. 이러한 설명이 편리한 면이 있기는 하지만 실제 '-아/어 주라고'와 '-아/어 달라고' 의 쓰임을 보면 조금은 다른 양상이 포착됩니다.

① 아내가 남편에게 아이들을 돌봐 달라고 해요.
② 아내가 남편에게 아이들을 돌봐 주라고 해요.

①과 ②에서 좀 더 자연스럽게 느껴지는 것은 ①입니다. 말하는 사람과 듣는 사람 이외의 제3자가 있음에도 불구하고 '-아/어 주라고'보다는 '-아/어 달라고'가 더 자연스럽게 느껴집니다. 이러한 양상을 보면 단순히 제3자의 유무만으로는 '-아/어 주라고'와 '-아/어 달라고'의 쓰임을 구분하기가 어렵다는 것을 알 수 있습니다.

'-아/어 주라고'와 '-아/어 달라고'를 구분하기 위해서는 부탁의 행위가 누구에게 혜택이 되는가를 따져 보아야 합니다. 즉, 말하는 사람의 입장에서 듣는 사람에게 부탁하는 행위가 말하는 사람 자신에게 이득이 되면 '-아/어 달라고'를 씁니다. '달다'의 사전적인 의미가 말하는 이가 듣는 이에게 특정한 행동을 해 줄 것을 요구하는 것이기 때문입니다. 반면에 '-아/어 주라고'는 부탁하는 행위가 말하는 사람이 아닌 제3자에게 수혜가 될 때 씁니다. 앞의 예문에서 역시 말하는 사람인 아내가 자신을 위해서 아이들을 좀 돌봐 달라는 의미가 읽히므로 ①이 보다 적절하게 느껴지는 것입니다.

이러한 이유로 다음의 두 예문 모두 상황에 따라서 가능한 표현이 됩니다.

③ 친구가 나한테 전화 좀 받아 달라고 해요.
④ 친구가 나한테 전화 좀 받아 주라고 해요.

③은 말하는 사람인 나를 위해서 전화를 받아 달라는 의미가 되고, ④는 전화를 건 사람을 위해서 전화를 받아 달라는 의미로 해석할 수 있습니다.

활동은 이렇게

어떤 뜻일까요?

표지판과 몸짓의 의미를 설명해 봅시다.

다양한 표지판 그림을 제시하여 학습자들이 표지판의 의미를 설명해 보도록 합니다.

　　[예] 엘리베이터 문이 열리니까 문에 손을 대지 말라는 뜻이에요.

〈도움말〉

⑴ 간접화법을 모두 활용하여 한국어에서 자주 사용되는 몸짓의 의미를 설명해 보는 활동을 해도 좋습니다.

　　[예] 머리 위로 양팔로 하트를 만들어 보이면서 '사랑한다는 뜻이에요.'

⑵ 몸짓의 의미가 한국어와 자국어에서 어떻게 달라지는지 설명해 보는 활동으로 확장할 수 있습니다.

재미있는 한국어 속담

한국어 속담의 의미를 설명해 봅시다.

〈도움말〉

⑴ 학습자들의 수준에 맞는 한국어 속담을 준비합니다.

⑵ 속담을 제시하고 어떤 의미일지 생각해 봅니다. 학습자의 수준에 맞지 않는 어려운 어휘가 있을 때는 그 의미를 제시해 줍니다.

⑶ 속담의 의미를 확인해 보고 학습자의 나라에도 비슷한 의미의 속담이 있는지를 이야기해 봅니다.

　　[예] 바늘 도둑이 소도둑 된다. → 나쁜 습관은 고치기 어려우니까 빨리 고치라는 말이에요.

〈활동지 109쪽〉

주의 사항 말하기

계절에 따른 주의 사항을 말해 봅시다.

① 활동지를 읽고 계절에 따른 주의 사항을 말해 봅니다.
　[예] 봄과 가을에는 날씨가 건조하니까 산불이 나지 않도록 주의하자고 해요.
② 활동지에 주어진 정보 외에 학습자가 생각하는 다른 주의 사항을 말해 봅니다.

〈도움말〉
텔레비전이나 라디오에서 실제로 방송되는 주의 사항을 듣고 말해 보거나 활동을 위해 도입하는 자료로 활용할 수 있습니다.

날개 달기(동아리)

〈활동지 110쪽〉

동아리 홍보하기

동아리 홍보문을 만들어 봅시다.

〈도움말〉
(1) 취미나 하고 싶은 일이 비슷한 학습자들끼리 한 모둠이 됩니다. 또는 모둠끼리 의논해서 활동을 정할 수도 있습니다.
(2) 활동지의 동아리 홍보문을 참고하여 홍보문을 만들어 봅니다. 되도록 큰 종이(A3)를 준비하여 학습자에게 나누어 주고 글과 그림 등을 넣어 홍보문을 만들 수 있게 합니다.
(3) 완성한 홍보문으로 동아리를 홍보하는 발표를 하도록 합니다.
(4) 가장 흥미롭게 홍보문을 만든 모둠에게 상을 주면 학습자들의 동기를 북돋울 수 있습니다.

어느 날 교실에서 – 수업일지의 실제

열린한국어

간접화법을 수업할 때는 보조 교사가 있는 수업 구조가 정말 유용한 것 같아요. 보조 교사가 이야기하는 것을 보고 교사가 그 내용을 학습자에게 다시 이야기해 주면 학습자가 쉽게 이해를 할 수 있으니까요.

'–아/어 주라고'와 '–아/어 달라고'를 구분하는 것은 학습자들이 항상 어려워하지요. 이럴 때 가장 좋은 것은 학생들을 직접 앞으로 나오게 해서 역할극을 시켜 보는 것입니다. 처음에는 교사도 함께 참여하여 극의 상황을 만들어 보고 다음에는 학습자들만 시켜 봅니다.

> 의사(학습자 1): 김 간호사! (환자를 가리키며) 이 환자에게 약을 주세요.
> 간호사(학습자 2): 네, 선생님 알겠습니다.
> 환자(학습자 3): (아픈 사람처럼 의자에 앉아 있음)
>
> 교사: 의사가 간호사에게 약을 주라고 했어요.
>
> 손님: 여기요, 반찬 좀 더 주세요.
> 음식점 주인: 네, 잠깐 기다리세요.
>
> 교사: 손님이 반찬 좀 더 달라고 했어요.

화자의 입장에서 어떤 사물이 필요할 경우에는 '(–아/어) 달라고'를 쓰고, 제3자가 필요한 경우에는 '(–아/어) 주라고'를 쓴다는 것으로 구분해서 알려 줄 필요가 있는 것 같아요.

다른 선생님들의 댓글

- 간접화법의 형태 변화를 학생들이 어려워해서 늘 고민이 돼요.
- 네. 맞아요. 처음에 '–아/어 주라고'와 '–아/어 달라고'의 차이를 학생들이 이해를 못 하더라고요. 역시 역할극이 좋은 방법인 것 같아요.
- 역할극을 시키려고 하면 재미있어하는 학생들이 있고 수줍어서 하기 싫어하는 학생도 있어요. 어렵지만 이것을 잘 이끌어 가는 것도 교사의 능력이겠지요.

1-5 연극을 봤는데 정말 볼 만했어요

학습 문법	–을 만하다　　　　　–더라고요　　　　　–을 걸 그랬어요
수업 목표	자신이 경험한 것을 바탕으로 추천할 수 있다. 자신이 경험하여 알게 된 정보를 이야기할 수 있다. 경험에 대한 느낌과 생각을 표현할 수 있다.
수업 자료	활동지　–을 만하다　–더라고요　–을 걸 그랬어요

 ## 교실에 들어가기 전에

	확인할 내용	네	아니요
1	'–을 만하다'의 의미를 구분하여 제시할 수 있다.		
2	'–더라고요'의 기본적인 의미를 제시할 수 있다.		
3	'–을 걸 그랬어요'의 의미와 쓰임을 제시할 수 있다.		

1. '–을 만하다'의 의미를 구분하여 제시할 수 있다.

기본적으로 '–을 만하다'는 결합하는 내용이 어떤 가치가 있음을 나타냅니다. 그러나 발화의 배경 또는 상황이나 맥락에 따라서 가치의 정도는 크게 달라질 수 있습니다.

① 그 식당 음식이 진짜 먹을 만해요. 꼭 한번 드셔 보세요.
② 그 식당 음식이 그렇게 맛있지는 않아도 먹을 만해요.

①의 예문에서 전달되는 정보는 '그 식당 음식이 정말 맛있어서 다른 사람에게 권하고 싶다'는 것입니다. 그러나 ②의 예문은 '그 식당 음식 맛이 나쁘지는 않다. 그냥 괜찮은 수준이다' 또는 '맛은 없어도 못 먹을 정도는 아니다'는 것을 말합니다. 이렇게 '–을 만하다'는 어떤 맥락에서 사용되는가에 따라 결합되는 내용의 가치가 달라지므로 맥락 정보를 충분히 제시할 필요가 있습니다. 처음에는 ①의 의미를 기본적으로 제시하고 의미 숙달이 이루어진 후에 ②의 의미를 제시하는 것도 한 방법입니다. 『열린한국어』는 기본적으로 ①의 의미를 중심으로 학습하도록 구성되어 있습니다.

또한 '–을 만하다'는 어떤 행동을 할 충분한 이유가 있다는 것을 표현하기도 합니다.

③ 그 사람이 너무 심한 말을 했어요. 소연 씨가 화를 낼 만했어요.

2. '–더라고요'의 기본적인 의미를 제시할 수 있다.

'–더라고요'는 자신이 과거에 본 것 또는 경험으로 알게 된 정보를 전달하는 문법 형태입니다. 따라서 '내가 봤는데, 내가 들었는데, 내가 –아/어 봤는데'와 같은 표현과 어울립니다. 어떤 일을 이미 경험했다면 그 경험을 통해 어떠한 의견을 가지게 되는 것이 일반적이므로 '생각보다'와 같은 표현과도 어울립니다. 따라서 이러한 표현과 함께 예문을 제시하는 것이 좋습니다.

아까 봤는데 소연 씨가 혼자 밥을 먹더라고요.
아침에 일기예보에서 들었는데 오늘 비가 온다고 하더라고요.
청계천에 가 봤는데 사람이 정말 많더라고요.
동대문 시장의 옷값이 생각보다 싸지 않더라고요.

3. '–을 걸 그랬어요'의 의미와 쓰임을 제시할 수 있다.

'–을 걸 그랬어요'는 과거에 자신이 한 일에 대한 후회를 표현합니다. 일반적인 후회 상황을 예문으로 들어 문법을 도입하는 것이 좋습니다. 이때, '–을 걸 그랬어요'에 결합되는 정보는 실제로 그렇게 하지 않은 것을 말합니다. 즉, 다음의 예문은 말하는 사람이 '공부를 열심히 하지 않았다', '병원에 가지 않았다'는 것을 말합니다.

공부를 안 해서 시험을 잘 못 봤어요. 공부를 열심히 할 걸 그랬어요.
병원에 안 가서 감기가 심해졌어요. 병원에 갈 걸 그랬어요.

문법 수업은 이렇게

<table>
<tr><td colspan="2" align="center">**–을 만하다**</td><td align="right">교재 83쪽</td></tr>
</table>

도입 및 제시	고향에서 여행을 갈 만한 곳이나 먹을 만한 음식에 대해서 이야기해 봅니다. **교 사** 헤우 씨, 제가 베트남에 여행을 가고 싶어요. 베트남에서 어디를 여행하면 좋아요? **학 생** 하롱베이에 가 보세요. **교 사** 하롱베이에 가면 어떤 점이 좋아요? **학 생** 경치가 아름다워요. **교 사** 하롱베이는 경치가 아름다워서 가 볼 만해요.

연습	주말에 할 일을 물어보고 대답해 봅니다. 가: ________________(으)려고 해요. ________________을/를 좀 추천해 주세요.

친구하고 맛있는 음식을 먹다	먹을 만한 음식
책을 읽다	읽을 만한 책
음악을 듣다	들을 만한 음악
공연을 보다	볼 만한 공연
여행을 하다	여행을 할 만한 곳
쇼핑을 하다	쇼핑을 할 만한 곳

나: ________________이/가 ________________(으)ㄹ 만해요.

활용	운동이나 취미를 추천하기 **활동지 111쪽 '–을 만하다'**

주의	'–을 만하다'는 맥락 정보에 상대적으로 더 민감한 문법 형태입니다. '–을 만하다'에 결합하는 정보가 추천의 가치가 있는 것으로 제한하여 제시하도록 합니다.

도입 및 제시

교사가 쉬는 시간이나 수업 시작 전에 본 학습자의 행동을 이야기합니다.

교 사 수업 전에 제가 보니까 ○○ 씨가 다른 반 학생하고 이야기를 하고 있었어요.
제가 본 것을 이야기해요. '○○ 씨가 아까 다른 반 학생하고 이야기를 하고 있더라고요.
○○ 씨 친구예요?'

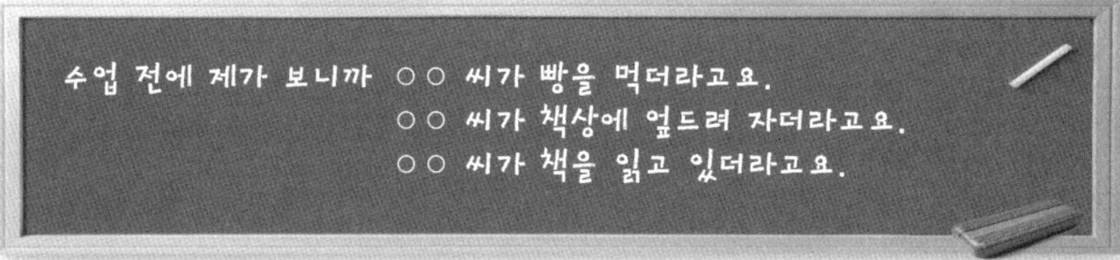

위의 예문에 대한 생각이나 느낌을 말해 봅니다.

연습

① "○○ 씨를 봤어요?": 자신이 본 정보를 전달합니다. **활동지 112쪽 '−더라고요'**

② 다른 사람의 말을 듣고 한 일이 자신의 기대와 달랐던 경험을 이야기해 봅니다.

__________다고 해서 __________(아/어 봤)는데 생각보다 __________더라고요.

[예] 영화가 재미있다고 해서 봤는데 생각보다 새미없더라고요.
우리 반 선생님이 무섭다고 해서 걱정했는데 생각보다 무섭지 않은 분이더라고요.

활용

자신이 여행한 곳에서 경험하고 느낀 것에 대해 말해 봅니다.

[예] 저는 작년에 제주도에 가 봤는데 바다 경치가 정말 아름답더라고요. 제주도에서 회를
먹었는데 정말 맛있더라고요.

주의

'−더라고요'에 결합하는 정보는 주어가 2인칭 또는 3인칭이어야 합니다. (문법 돋보기 참고)

'−더라고요'는 많은 사람들이 '−더라구요'의 형태로 발음합니다. 문법 형태를 제시하고 연습할 때는 표준
발음을 우선으로 하지만 현실 발음도 알려 줄 필요가 있습니다.

도입 및 제시	후회되는 일에 대해서 이야기해 봅니다. **교 사**　밤늦게까지 텔레비전을 봤어요. 아침에 늦게 일어나서 회사에 늦었어요. 그럴 때 어떤 생각을 해요? **교 사**　'어제 밤늦게까지 텔레비전을 보지 말 걸 그랬어요.'라고 말해요. 담배를 많이 피워서 건강이 나빠졌어요. 담배를 끊을 걸 그랬어요. 택시를 탔는데 길이 막혀서 약속에 늦었어요. 지하철을 탈 걸 그랬어요. 공부를 안 해서 시험을 잘 못 봤어요. 공부를 열심히 할 걸 그랬어요. 머리를 잘랐는데 마음에 안 들어요. 머리를 자르지 말 걸 그랬어요.
연습	① 주어진 상황의 후회되는 일에 대해서 말해 봅니다. (교재 91쪽 참고) ② 자신이 후회하는 일에 대해서 말해 봅니다.
활용	후회되는 일을 말하는 친구를 위로해 주기　활동지 113쪽 '-을 걸 그랬어요'
주의	① '-을 걸 그랬어요'는 지난 일에 대한 후회를 말하기 때문에 동사와만 결합하고 나 또는 내가 포함된 우리의 행동에 대해서만 말할 수 있습니다. 다른 이의 행위에 대해서는 쓸 수 없습니다. 　어제 친구하고 같이 영화를 보러 갔는데 표가 없었어요. (우리 또는 내가) 표를 미리 예매할 걸 그랬어요. (O) 　친구가 술을 많이 마셨어요. (친구가) 술을 마시지 말 걸 그랬어요. (X) ② '-을 걸 그랬어요'는 '-을걸'의 형태로도 사용할 수 있습니다. 그러나 이 형태는 추측의 의미를 나타내는 다른 문법 형태와 혼동이 될 수 있으므로 '-을 걸 그랬어요'의 형태로 가르치는 것이 좋습니다. 단, 학생들에게 '-을걸'이라고 쓸 수 있다는 것을 알려 줄 필요는 있습니다.

 함정을 피해 가려면

-을 걸 그랬어요

'-을 걸 그랬어요'는 문장 단위뿐만이 아니라 담화의 상황에서도 문법 형태의 쓰임을 고려해 볼 필요가 있다는 것을 보여 줍니다.

    ① 가: 친구하고 싸워서 기분이 안 좋아요.
    ② 나: ?조금만 참을 걸 그랬어요.

②는 나의 행동에 대한 것이 아니라 '친구와 싸운' ①의 행동에 대한 것이므로 어색합니다. '-을 걸 그랬어요'의 쓰임이 충분히 교수·학습되지 않으면 학습자들은 ②와 같은 발화를 하기도 합니다. 따라서 '-을 걸 그랬어요'는 나의 지난 행동에 대한 후회만을 말할 수 있다는 점을 분명하게 제시해야 합니다. 또한

    ③ 가: 친구하고 싸워서 기분이 안 좋아요.
        나: 조금만 참지 그랬어요.

③에서 보이는 것처럼 다른 이의 과거 행동에 대해서 말할 때는 '-지 그랬어요'를 사용해서 말해야 합니다. '-을 걸 그랬어요'를 가르칠 때는 다른 사람의 행동에 대해서는 ②가 아니라 ③과 같이 말해야 한다는 점을 함께 제시하는 것도 좋습니다.

지난 행동에 대한 후회를 표현하는 '-을 걸 그랬어요'에 대비되는 문법 형태는 '-기를 잘했어요'입니다. 상황에 따라서는 '-을 걸 그랬어요'를 학습한 후에 다음과 같이 '-기를 잘했어요'를 대비하여 제시할 수 있습니다.

    ④ 공부를 안 해서 시험을 잘 못 봤어요. 공부를 열심히 할 걸 그랬어요.
    ⑤ 공부를 열심히 해서 시험을 잘 봤어요. 공부를 열심히 하기를 잘했어요.

'결혼을 하지 말 걸 그랬다'고 생각할 때와 '결혼을 하기를 잘했다'고 생각할 때 등, 같은 내용에 대한 서로 상반되는 평가를 이야기해 볼 수 있습니다.

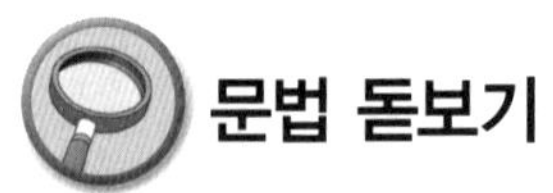 문법 돋보기

–더라고요

　　문법 형태 '–더–'는 기본적으로 과거에 자신이 지각하여 알게 된 정보를 전달하는 데 쓰입니다. 이러한 이유로 '–더–'에는 1인칭 주어가 결합하기 어렵습니다. 1인칭은 말하는 사람이 곧 행위의 주체가 되므로 행위의 주체가 행위를 지각한다는 것이 논리적으로 모순이 되기 때문입니다. 따라서 ①이나 ②와 같이 2, 3인칭의 문장은 '–더–'와 결합할 수 있지만 1인칭은 ③에서처럼 결합하기가 어렵습니다.

　　① (아까 내가 도서관에서 보니까) 네가 참 열심히 공부를 하더라.
　　② (아까 내가 도서관에서 보니까) 왕강 씨가 참 열심히 공부를 하더라고요.
　　③ (아까 내가 도서관에서 보니까) 내가 참 열심히 공부를 하더라. (×)

　　그러나 행위가 아닌 느낌이나 상태의 경우에는 1인칭의 주어와 결합할 수 있습니다.

　　④ 낮에는 더웠는데 저녁에는 춥더라.
　　⑤ 나는 그 선생님이 정말 좋더라.

　　④와 ⑤의 문장이 가능한 것은 '춥다', '좋다'가 모두 말하는 사람이 지각하여 알 수 있는 사실이기 때문입니다. 반면에 내가 다른 사람의 느낌이나 상태 자체를 지각할 수는 없기 때문에 ⑥이나 ⑦의 예처럼 문장의 주어가 2, 3인칭인 경우에는 적절하지 않은 문장이 됩니다. '추워하다'처럼 내적인 심리 상태가 겉으로 드러나는 행위인 경우에는 '–더라고요'를 쓸 수 있습니다.

　　⑥ 아이가 춥더라고요(×) / 추워하더라고요. (○)
　　⑦ (아이가) 그 선생님이 정말 좋더라고요. (×)
　　　 (아이가) 그 선생님을 정말 좋아하더라고요. (○)

　　'–더–'와 '–았/었더–'는 지각하게 된 행위(또는 상태)의 시점과 지각의 시점에 따라 결정됩니다.

　　⑧ 수지가 밥을 먹더라고요.
　　⑨ 수지가 밥을 먹었더라고요.

　　⑧의 예문은 수지가 밥을 먹는 순간에 이를 알게 되었다는 것을 말하지만 ⑨의 예문은 수지가 밥을 먹은 후에 그 사실을 알게 되었다는 것을 말합니다.

활동은 이렇게

−을 만하다

추천하기

재미있는 운동이나 취미를 추천해 봅시다.

① 자신이 좋아하는 운동이나 취미 활동을 다른 사람에게 이야기합니다.

　[예] 야구장에 한번 가 볼 만해요. 큰 소리로 좋아하는 팀을 응원하면 스트레스가 풀리거든요.

② 친구들이 제안하는 활동을 메모합니다.

③ 친구들의 제안에 점수를 줍니다.

④ 교사는 활동지를 거두어 각 제안의 점수를 더합니다. 가장 많은 점수를 받은 학생에게 선물을 주세요.

−더라고요

〈활동지 112쪽〉

"○○ 씨를 봤어요?"

선생님이 ○○ 씨를 찾고 있습니다. 여러분이 본 것을 이야기해 주세요.

〈도움말〉

⑴ 파워포인트 또는 인쇄물로 활동지 112쪽의 그림을 제시합니다.

⑵ 3∼4분 후에 학생들이 그림을 보지 않고 질문에 답하게 합니다.

교 사　○○ 씨에게 할 말이 있는데 ○○ 씨가 안 보여요. ○○ 씨를 봤어요?

학 생　아까 보니까 ＿＿＿＿＿＿＿＿＿더라고요.

〈활동지 113쪽〉

괜찮아요

기분이 좋지 않은 친구를 위로해 주세요.

활동지에 주어진 상황에 알맞은 대화를 만들어 봅니다.

〈가〉 후회되는 일을 말해 봅니다.
〈나〉 친구를 위로해 주세요.

어느 날 교실에서 – 수업일지의 실제

‘–을 만하다’ 수업을 준비하면서 고민이 좀 됐습니다. ‘–을 만하다’에 결합하는 정보가 가치가 있다는 것으로 제한해서 수업을 해야 하나, 아니면 ‘그저 그렇다’의 의미로 쓰이는 ‘–을 만하다’까지 같이 다루어야 하나 하는 고민이었지요. 우리 학습자들의 한국어 능력을 생각해서 저는 앞의 의미로 제한해서 수업을 하기로 결정을 했습니다. 맥락으로 따지면 ‘–을 만하다’의 의미를 파악할 수는 있지만 상황과 맥락을 따져 보는 일이 우리 학습자들에게 그렇게 쉬운 일은 아닐 거라는 생각이 들어서요.

한국어를 좀 더 자유롭게 구사하는 학습자들과 수업을 한다면 ‘–을 만하다’의 다른 의미를 제시할 수도 있겠지요. 그렇지만 그때도 학습자들이 두 가지의 의미를 분별하는 데 단서가 될 만한 무언가가 있어야 하지 않나 싶어서 고민을 더 해 봤습니다. 그 결과로 이런 방법은 어떨까 싶네요.

그 영화가 참 재미있었어요. 정말 볼 만했어요.
그 영화가 그렇게 재미있지는 않더라고요. 그냥 볼 만했어요.

영화의 재미에 대한 맥락 정보와 ’정말, 그냥‘이라는 어휘가 ‘–을 만하다’의 의미를 구별하는 데 도움이 되지 않을까 하는 생각입니다.

다른 선생님들의 댓글

초급 후반, 중급 초반의 학습자들에게 ‘–을 만하다’의 두 번째 의미는 조금 어려운 것 같아요. 어휘를 굉장히 제한해서 제시 정도는 할 수 있겠지만 그렇게 배워도 학습자들이 실제로 표현을 할 수 있는가는 다른 문제잖아요. 그래서 저도 의미를 제한해서 수업을 하는 것이 더 좋을 것 같아요.

의미를 제한해서 가르치면 다른 의미는 언제 배우느냐가 항상 문제인 것 같아요.
‘–을 만하다’①과 ②로 나누어서 순차적으로 배우는 게 제일 좋은 방법이 아닌가 싶네요.

1-6 성격이 밝고 솔직해서 친구가 많은 편이에요

학습 문법	반말 　　　　　 –은/는 편이다 　　　　 –을 정도		
수업 목표	대화하는 상황에 맞게 높임말과 반말을 사용할 수 있다. 다른 사람의 생활 습관이나 성격을 설명할 수 있다.		
수업 자료	활동지 반말　–은/는 편이다1, 2　–을 정도　날개 달기–성격 확인표		

 **교실에 들어가기 전에**

	확인할 내용	네	아니요
1	반말이 쓰이는 상황과 반말의 형태를 제시할 수 있다.		
2	'–은/는 편이다'의 의미를 제시할 수 있다.		
3	'–을 정도'의 의미와 활용형을 제시할 수 있다.		

1. 반말이 쓰이는 상황과 반말의 형태를 제시할 수 있다.

　　높임말과 반말을 결정하는 것은 나이나 지위의 차이, 상황의 격식성, 친밀함의 정도입니다. 기본적으로 말하는 사람이 듣는 사람보다 나이가 많거나 지위가 높은 사람일 때 반말을 씁니다. 그러나 말하는 사람이 나이가 많거나 지위가 높다고 해도 상황이 격식적일 때는 반말을 쓰지 않습니다. 예를 들어 회사에서 회의를 하는 등의 격식적인 상황에서는 반말을 쓰기가 어렵습니다. 또, 말하는 사람들끼리 나이나 지위 차이가 크지 않고 친하지 않은 사람에게는 반말로 이야기하지 않습니다. 가족과 같이 아주 친한 사이라면 반말을 쓸 수도 있습니다.

　　일상생활에서 많이 쓰이는 '-아/어요'체는 '요'를 빼고 말하면 되기 때문에 학습의 부담이 크지는 않습니다. 그러나 형태가 상대적으로 많이 바뀌는 '-을 거예요'와 '-을 거야', '-읍시다'와 '-자', '-으세요'와 '-아/어'는 주의가 필요합니다. 따라서 교실 상황에서 반말을 가르칠 때는 이러한 형태를 주로 연습 시킬 필요가 있습니다.

	현재	과거	미래/추측
평서문	-아/어 (이)야	-았/었어 이었/였어	-(으)ㄹ 거야 일 거야
의문문	-아/어? (이)야?	-았/었어? 이었/였어?	-(으)ㄹ 거야? -
청유문	-자 -지 말자		
명령문	-아/어 -지 마		

2. '-은/는 편이다'의 의미를 제시할 수 있다.

　　'-은/는 편이다'는 그 정도가 심하지는 않지민 대체로 그렇다고 말할 때 씁니다.

　　그 아이는 공부를 잘하는 편이에요.
　　오늘은 날씨가 더운 편이에요.

　　위의 예문은 공부를 아주 잘하거나 날씨가 아주 덥다고 말할 수는 없지만 잘하거나 더운 편에 가까울 때 씁니다.

3. '-을 정도'의 의미와 활용형을 제시할 수 있다.

　　'정도'라는 명사의 기본 의미에서 알 수 있듯이 뒤에 오는 내용의 양, 수 또는 수준을 표현합니다. '-을 정도로', '-을 정도예요', '-을 정도는 아니에요'라는 표현으로 주로 쓰입니다.

　　그 가게는 앉을 자리가 없을 정도로 손님이 많나.
　　그 사람은 병이 날 정도로 열심히 일을 했다.

문법 수업은 이렇게

반말   교재 101쪽

도입 및 제시

기본적으로 같은 내용을 전달하지만 다른 문법 형태를 쓰게 되는 경우를 제시합니다.

교 사 영화를 보고 싶어요. 학교 선배에게 말할 때 어떻게 말해요?
학습자 영화를 볼까요?
교 사 친한 친구에게는 '영화를 볼까?'라고 이야기해요.

반말이 쓰이는 상황을 확인합니다.

교 사 반말은 언제 말해요? 나보다 나이가 많이 어린 사람, 나하고 나이가 같고 아주 친한 사람에게 말할 수 있어요. 가족은 나하고 아주 친한 사람이니까 서로 반말을 할 수 있어요.

연습

반말로 바꾸어 말하기: 교사가 제시하는 카드에 쓰인 문장을 반말로 바꾸어 말해 봅니다.
활동지 114쪽 '반말'

활용

서로 다른 상대와 주말에 할 일을 약속해 봅니다. (교재 104쪽 참고)

주의

기본적인 인사말 중 형태가 크게 달라지는 것을 함께 확인합니다.

안녕히 가세요. 잘 가.
안녕히 계세요. 잘 있어.
안녕히 주무세요. 잘 자.

생활 습관에 대해서 이야기해 봅니다.

교 사　　보통 누가 교실에 제일 일찍 와요? (학습자 대답) 그 다음에 누가 와요?
　　　　　(학습자 대답) 또 그 다음에 누가 와요?

일찍 오는 순서대로 칠판에 학습자들의 이름을 적습니다. 가운데 정도에 오는 학습자의 예를 들어 말합니다.

교 사　　○○ 씨는 보통 수업에 일찍 오는 편이에요. △△ 씨는 보통 수업에 늦게 오는 편이에요.

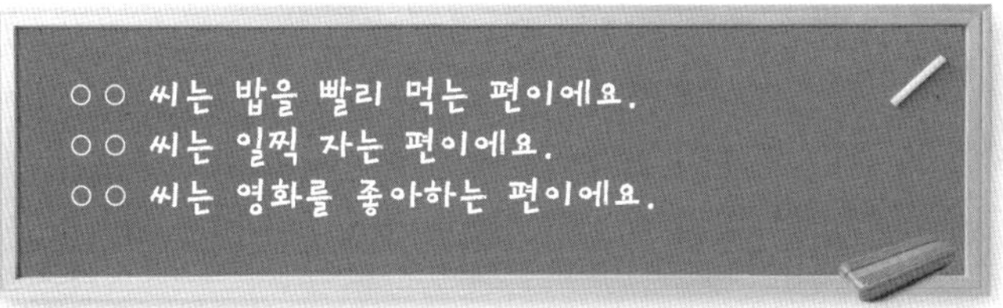

앞의 방식과 같이 외모에 대해서 이야기하면서 다음의 예문을 만듭니다.

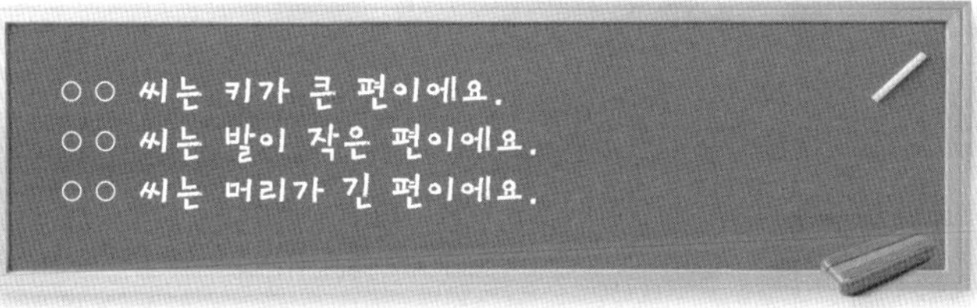

연습

한국과 자국의 생활에 대해서 비교해서 말해 봅니다. **활동지 115쪽 '–은/는 편이나1'**

활용

① 우리 반 친구들의 생활 습관에 대해서 알아봅시다. **활동지 116쪽 '–은/는 편이다2'**

② "누구인지 맞혀 보세요." : 우리 반 친구들의 외모, 행동, 성격을 설명해 봅니다. (교재 107쪽 참고)

※ ①, ②의 내용이 중복되므로 하나를 선택하여 활용합니다. 반의 학생들끼리 잘 아는 경우에는 ②를, 잘 모르는 경우에는 ①을 활용할 수 있습니다.

주의

'–는 편이다'에 결합하는 정보가 상대적인 것이기 때문에 보통 개인의 주관적인 판단을 표현하게 됩니다. 어떤 사람에게는 한국의 날씨가 더운 편일 수 있지만 다른 사람에게는 덥지 않은 편일 수도 있습니다. 교수· 학습 시에 이러한 점을 고려하도록 합니다.

'정도'에 대해서 이야기합니다.

교 사　(그림을 보여 주면서) 여러분 '흥부와 놀부' 이야기를 알아요? 한국 사람들은 '흥부와 놀부'를 다 알아요. 모르는 한국 사람이 없어요. '한국에서 흥부와 놀부는 모르는 사람이 없을 정도로 유명한 이야기예요.'

매운 음식을 매일 먹을 정도로 매운 것을 좋아해요.
잠도 안 자고 컴퓨터 게임을 할 정도로 게임을 좋아했어요.
안경을 안 쓰면 아무것도 안 보일 정도로 눈이 나빠요.
너무 바빠서 밥을 먹을 시간도 없을 정도예요.

① 친구의 장점에 대해서 이야기해 봅니다.

제 친구는 ＿＿＿＿＿＿＿(으)ㄹ 정도로 똑똑해요.
　　　　　　　　　　　　　착해요.
　　　　　　　　　　　　　부지런해요.
　　　　　　　　　　　　　긍정적이에요.
　　　　　　　　　　　　　적극적이에요.
　　　　　　　　　　　　　마음이 넓어요.
　　　　　　　　　　　　　꼼꼼해요.

② 감정의 정도에 대해서 말해 봅니다.

＿＿＿＿＿＿＿(으)ㄹ 정도로 재미있었어요.
　　　　　　　　　　신났어요.
　　　　　　　　　　즐거웠어요.
　　　　　　　　　　심심했어요.
　　　　　　　　　　화가 났어요.
　　　　　　　　　　슬펐어요.

① 자신이 알고 있는 이야기 속 인물의 성격에 대해서 말해 봅니다.

교재 111쪽　**활동지 117쪽 '–을 정도'**

② 자신이 작가가 되어서 새로운 인물을 만들어 봅니다.

# 함정을 피해 가려면

반말과 높임말

　반말과 높임말을 학습할 때 학습자들이 가장 어려워하는 문제 중의 하나가 언제, 누구에게 반말 또는 높임말을 쓸지를 결정하는 문제입니다. 다소 기계적인 연습으로 느껴지더라도 상황에 따라 높임말과 반말을 구분하여 표현하는 연습을 꾸준히 할 필요가 있습니다. 또한 반말을 쓸 수 있는 사이라고 하더라도 회의나 발표와 같은 격식적인 자리에서는 반말을 쓰지 않는다는 점을 명시적으로 교수해야 합니다.

　반말과 높임말을 어느 정도 자유롭게 구사하게 되었다고 하더라도 반말과 높임말을 섞어서 써야 하는 상황에 익숙해지기가 어렵습니다. 즉, 대상이 두 사람 이상이어서 반말과 높임말을 번갈아 가며 써야 할 때가 있습니다. 또한, 한국어 화자들은 나이나 지위가 비슷할 때 친해지고 싶거나 친해졌다고 생각하면 반말과 높임말을 섞어서 쓰기도 합니다. 간혹 이러한 사실을 잘 모르는 학습자들은 불쾌감을 표현하기도 합니다. 따라서 반말과 높임말을 사용하는 것에 어느 정도 익숙해지면 반말과 높임말을 섞어서 쓰는 상황도 연습할 필요가 있습니다.

-은/는 편이다

　보통 '-은/는 편이다'는 경향성을 나타내기 때문에 보통은 현재의 사실을 말할 때 씁니다. 그러나 때에 따라서 과거의 사실에 대해서 말을 하기도 하는데 이때는 주의가 필요합니다.

① 예전에는 밥을 많이 먹은 편이에요.
② 예전에는 밥을 많이 먹는 편이었어요.
③ 예전에는 밥을 많이 먹은 편이었어요.
④ 어렸을 때는 키가 작은 편이었어요.

　①~③ 중에서 가장 자연스러운 형태는 ②라고 느껴집니다. 또한 ④와 같이 형용사가 결합할 때도 '-(으)ㄴ 편이었어요'로 활용되는 것을 볼 수 있습니다. 따라서 학습자들이 과거의 행위나 상태를 표현하고 싶어 한다면 ②와 같이 '이다'에 '-었-'을 결합하게 지도하는 것이 좋습니다.

 **문법 돋보기**

반말

반말의 또 다른 문법 형태로 '−니?'와 '−아/어라'가 있습니다.

가: 엄마, 식사는 하셨어요?
나: 벌써 먹었지. 너는 밥 먹었니?

가: 저녁에 비가 온대. 우산 꼭 가져가라.
나: 네, 엄마. 엄마도 나가실 때 우산 꼭 챙기세요.

'−아/어'는 평서문, 의문문, 명령문에 두루 쓰일 수 있지만 '−니?'와 '−아/어라'는 의문문과 명령문의 형태로 고정되어 쓰입니다.

나 지금 밥 먹어.   벌써 밥을 먹어?   배 고플 텐데 얼른 밥 먹어.
                   벌써 밥을 먹니?   배 고플 텐데 얼른 밥 먹어라.

'−아/어'는 다음에서 보듯 가족과 같이 친한 사이에서는 아랫사람도 윗사람에게 쓸 수 있습니다. 그러나 '−니?'와 '−아/어라'는 친한 사이라고 하더라도 윗사람에게는 쓸 수 없습니다. 간혹 나이 차이가 많지 않은 동생이 손윗사람에게 쓰기는 하지만 이는 특수한 경우에 해당한다고 할 수 있습니다. ①에서 ④의 예를 살펴보면 이러한 점을 확인해 볼 수 있습니다.

① 아빠, 오늘 일찍 와?
② ?아빠, 오늘 일찍 오니?   ?선배, 오늘 일찍 오니?
③ 엄마, 이거 좀 먹어 봐.
④ ?엄마, 이거 좀 먹어 봐라.   ?선배, 이거 좀 먹어 봐라.

'−아/어요'와 짝을 이루는 '−아/어'가 일상에서 흔히 쓰이기 때문에 '−아/어'를 중심으로 가르칩니다. 그러나 여성 결혼 이민자의 경우에는 시어머니, 아이들과의 관계에서 '−니?'와 '−아/어라'를 사용하는 빈도가 상대적으로 높기 때문에 필수적으로 교수해야 하는 문법 형태 중의 하나입니다. 여성 결혼 이민자가 아닌 일반 목적의 학습자라고 하더라도 '−니?'와 '−아/어라'를 듣고 이해해야 할 필요는 있습니다. 이러한 점에서 '−아/어'를 가르치면서 간단하게 '이해 문법 항목'으로 '−니?'와 '−아/어라'를 제시할 수 있습니다.

반말　〈활동지 114쪽〉

반말로 이야기해요

교사가 제시하는 문장을 반말로 바꾸어 이야기해 봅시다.

〈도움말〉

(1) 비교적 단순하게 반말로 바꿀 수 있는 문장보다는 형태가 상대적으로 많이 바뀌는 문장을 카드로 만들어 제시합니다.

(2) 학생들은 선생님이 제시하는 문장 카드를 보고 반말로 바꾸어 말합니다.

[예]　연락드리겠습니다.
　　　주말에 공원에 갑시다.
　　　제 친구는 학생이에요.
　　　맛있게 드세요.
　　　생일 파티에 꼭 와 주세요.
　　　감사합니다.

-은/는 편이다1　〈활동지 115쪽〉

우리나라하고 한국은 이런 것이 달라요

한국과 자국의 다른 점을 비교해서 말해 봅시다.

한국과 자국을 비교하여 말해 봅니다.

[예]　날씨　우리나라에 비해서 한국은 여름 날씨가 시원한 편이에요.
　　　물가　우리나라에 비해서 한국은 물가가 비싼 편이에요.

우리 반 친구들은…

우리 반 친구들의 생활을 알아봅시다.

① 친구들에 대해서 알아보고 싶은 것을 쓰세요.
② 친구들에게 질문하세요.
③ '-는 편이다'를 활용하여 친구들에 대해 말해 보세요.

옛날이야기 속 주인공은…

이야기 속 주인공의 성격에 대해서 말해 봅시다.

① 활동지에 있는 옛날이야기를 함께 읽어 봅니다.
② 이야기 속 주인공의 성격에 대해 말해 봅니다.

〈도움말〉
학습자가 이야기 속 인물의 성격을 만들어 보도록 할 수도 있습니다.

성격 확인표 만들기

다른 사람의 성격을 어떻게 알 수 있을까요?

① 성격을 잘 보여 주는 행동을 이야기해 봅니다.
② 이야기한 내용을 바탕으로 모둠 또는 짝으로 '성격 확인표'를 완성해 봅니다.
③ '성격 확인표'를 교환하여 해당되는 사항에 표시를 해 보고 자신의 성격을 알아봅니다.
④ 자신의 성격에 대해서 말해 봅니다.

 # 어느 날 교실에서 – 수업일지의 실제

　　오늘 수업의 목표 문법은 '–은/는 편이다'이었습니다. 수업을 하면서 문법과 기능을 잘 연결하는 일이 얼마나 중요한가를 새삼 다시 깨닫게 됐습니다. 한 학생이 만든 문장 중에 '제 친구는 성격이 좋은 편이에요.'라는 말이 있었거든요. 그래서 제가 "친구 성격이 좋은 것이 아니고 좋은 편이에요?"라고 다시 질문을 했습니다. 우리 학생의 답. "아니요. 좋아요." 제 질문의 의도를 잘 파악하지 못한 것 같아서 그림을 그리면서 설명을 다시 했습니다.

　　① 제 친구는 성격이 좋아요.
　　② 제 친구는 성격이 좋은 편이에요.

나쁘다　　　　　　　좋은 편이다　좋다

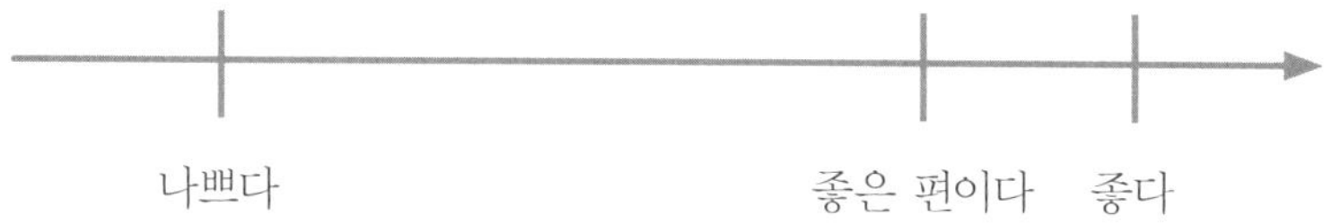

　　②의 경우에는 '친구가 성격이 아주 착하지는 않은 것 같다'는 의미가 느껴집니다. '–은/는 편이다'가 명사 '편'의 기본 의미를 바탕으로 하고 있어서 어느 한 쪽에 가깝다는 의미가 있기 때문이지요. 자칫하면 오해를 불러올 수 있는 말이겠지요? 그래서 다른 사람을 칭찬하는 상황이라면 '좋은 편이다'보다는 '좋다'가 더욱 적절하겠습니다. 학생들과 함께 이와 같은 '–은/는 편이다'의 미묘한 느낌을 다시 확인해 보았습니다.

다른 선생님들의 댓글

▶ 그러니까요. '성격이 좋은 편이다', 자칫하면 서로 말시비가 붙기 십상이지요.

▶ 보통 학생들이 정도 표현을 쓰면서 그 말의 느낌까지 제대로 살리는 게 쉬운 일은 아닌 것 같아요.

▶ 말씀하신 사항을 잘 파악해 두었다가 나중에 수업을 할 때는 학생들이 오류를 만들어 내기 전에 미리 선수를 쳐야겠어요. ^^

1-7 기다리다가 눈이 빠질 뻔했어요

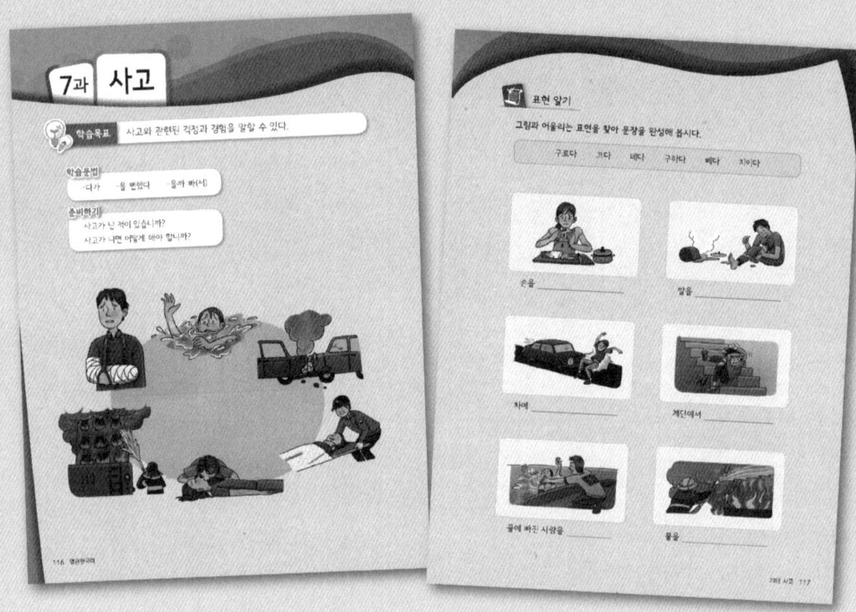

학습 문법	–다가 　　　　　–을 뻔했다 　　　　　–을까 봐(서)
수업 목표	자신의 경험을 이야기할 수 있다. 다양한 과장 표현을 말할 수 있다. 조심하는 일을 말할 수 있다.
수업 자료	활동지 　–다가　 　–을 뻔했다　 　–을까 봐(서)1, 2　 　날개 달기–게임하기

 ## 교실에 들어가기 전에

	확인할 내용	네	아니요
1	'–다가'의 기본 의미를 제시하고 의미가 유사한 문법 항목과 구분할 수 있다.		
2	'–을 뻔했다'의 쓰임을 제시할 수 있다.		
3	'–을까 봐(서)'의 기본 의미와 쓰임을 제시할 수 있다.		

1. '–다가'의 기본 의미를 제시하고 의미가 유사한 문법 항목과 구분할 수 있다.

'–다가'는 선행절의 동작이 완결되지 않은 상황에서 후행절의 동작으로 전환되거나 어떤 일이 일어나는 것을 표현합니다. '–다가'의 선후행절에는 동사만 결합할 수 있고 동작의 주어가 같은 사람이어야 합니다.

① 책을 읽다가 잠이 들었어요.
② 청소를 하다가 친구하고 통화를 했어요.

①과 ②는 각각 책을 다 읽지 않은 상황, 청소를 다 하지 않은 상황에서 다른 행동을 한 것을 말합니다. 이러한 점에서 '–으면서'와 비교할 수 있습니다.

③ 청소를 하면서 친구하고 통화를 했어요.

②는 청소를 잠시 멈추고 친구와 전화 통화를 했다는 의미이지만 ③은 운동을 하는 내내 청소를 했다는 의미입니다.

2. '–을 뻔했다'의 쓰임을 제시할 수 있다.

'–을 뻔했다'는 결합되는 상황이 실제로 벌어진 것은 아니지만 거의 그럴 것 같았다는 것을 말합니다.

친구하고 비슷하게 생긴 사람을 보고 인사할 뻔했어요.
화가 많이 나서 친구하고 싸울 뻔했어요.

위의 예문은 실제로는 인사를 하지 않았다는 것, 친구하고 싸우지 않았다는 것을 의미합니다. 이러한 의미 때문에 다음과 같이 정도를 과장하는 표현으로 자주 쓰입니다.

배가 너무 고파서 죽을 뻔했어요.
기다리다가 눈이 빠질 뻔했어요.

3. '–을까 봐(서)'의 기본 의미와 쓰임을 제시할 수 있다.

'–을까 봐'의 선행절에는 아직 일어나지 않은 이유가, 후행절에는 그러한 이유 때문에 행한 동작이나 결과가 옵니다. 앞으로의 일에 대한 걱정을 표현하는 데도 자주 쓰입니다.

비가 올까 봐 우산을 가져왔어요.
아이가 비를 많이 맞았어요. 아이가 감기에 걸릴까 봐 걱정이에요.

| | −다가 | 교재 119쪽 |

그림과 함께 예문을 제시합니다. 그림에서 동작이 전환된 지점을 가리켜 주어야 합니다.

교 사 학교에 가고 있었어요. 여기에서(손가락으로 가운데 지점을 짚으면서) 생각이 났어요.
지갑이 집에 있어요. 어떻게 해요?

학습자 다시 집에 가요.

교 사 지갑을 두고 와서 학교에 가다가 집에 돌아갔어요.

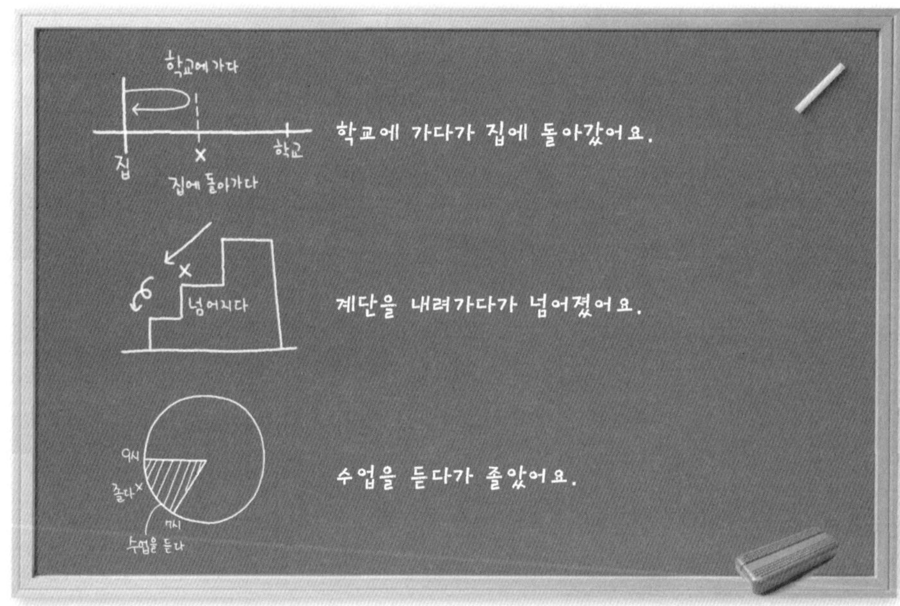

선행 동작이 중단되었음을 확인합니다.

교 사 수업이 끝났어요? 아니에요. 수업이 끝나지 않았어요. 수업을 하고 있었어요.

| **연습** | 사고와 관련된 경험을 말해 봅니다. (교재 121쪽 참고) |

| **활용** | 재미있는 이야기 만들기 **활동지 119쪽 '−다가'** |

| **주의** | '−다가'의 선행절에 결합되는 동작의 의미가 다른 경우가 있어 주의가 필요합니다. (문법 돋보기 참고) |

다소 과장된 표현을 제시하여 '실제로는 그렇게 되지 않았음'의 의미를 추측할 수 있도록 합니다.

교 사	바람이 세게 불어요. 그래서 날아갈 것 같았어요. '바람이 세게 불어서 날아갈 뻔했어요.'
교 사	진짜로 날아갔어요? 아니에요. 바람이 너무 세게 불었다는 뜻이에요.

도입 및 제시

> 날씨가 너무 더워서 죽을 뻔했어요.
> 시험에서 하나만 더 틀렸으면 떨어질 뻔했어요.
> (여행을 하다가 여권을 잃어버렸어요.) 당황해서 울 뻔했어요.
> 너무 놀라서 기절할 뻔했어요.

연습

① 경험을 말해 봅니다.

　　＿＿＿＿＿＿＿＿＿＿＿＿＿＿＿＿＿＿(으)ㄹ 뻔했어요.

　　　　　울다
　　　　　약속에 늦다
　　　　　지갑을 잃어버리다
　　　　　버스/기차/지하철/비행기를 놓치다
　　　　　소리를 지르다
　　　　　길을 잃어버리다
　　　　　길에서 넘어지다
　　　　　버스 정류장/지하철역에서 못 내리다
　　　　　큰일 나다
　　　　　친구를 몰라보다

② ①의 표현을 확상하여 이유와 함께 말해 봅니다.

　　[예] 영화가 너무 슬퍼서 울 뻔했어요.

활용

재미있는 과장 표현을 말해 봅니다.　활동지 120쪽 '-을 뻔했다'

주의

기본형은 '-을 뻔하다'이지만 '-을 뻔했어요'로 고정되어 과거의 경험을 말한다는 것을 명확히 해 줄 필요가 있습니다.

도입 및 제시

어떤 행동의 이유를 이야기해 봅니다.

교 사 우리 수업이 7시에 시작해요. 지하철역에 도착했는데 6시 55분이에요. 늦을 것 같아요. 어떻게 해요?

학습자 뛰어요.

교 사 수업에 늦을까 봐 뛰어왔어요.

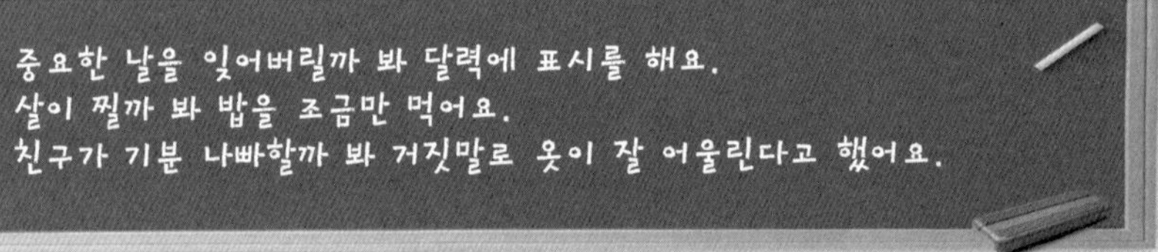

연습

① 걱정하는 일을 말해 봅니다.

_________________________(으)ㄹ까 봐 걱정이에요.

[예] 시험에 떨어지다

② '착한 거짓말'을 한 적이 있는지 이야기해 봅니다.

[예] 친구가 새 옷이 잘 어울리냐고 물었어요. 안 어울린다고 생각했는데 친구가 기분 나쁠까 봐 거짓말을 한 적이 있어요.

활용

① 어떤 일을 말하지 않은 이유를 말해 봅니다.　**활동지 121쪽 '–을까 봐(서)1'**

② 문화적 금기에 대해서 이야기해 봅니다.　**활동지 122쪽 '–을까 봐(서)2'**

[예] 한국에서는 시험에 떨어질까 봐 시험 날 아침에 미역국을 안 먹어요. 여러분의 나라에서도 안 좋은 일이 생길까 봐 조심하는 것이 있어요?

주의

① '–을까 봐'의 후행절에 결합하는 내용이 반복될 때는 '～ 그래요/그랬어요'로 대치될 수 있습니다.

소연: 왜 거짓말을 했어요?
민재: 소연 씨가 기분 나빠할까 봐 그랬어요(=거짓말을 했어요).

② '–어서'와 비교하여 '–을까 봐'의 의미를 분명히 할 수 있습니다.

(수업 시간은 7시, 지하철역에 도착한 시간은 7시 5분)　　수업에 늦어서 뛰어왔어요.
(수업 시간은 7시, 지하철역에 도착한 시간은 6시 55분)　　수업에 늦을까 봐 뛰어왔어요.

함정을 피해 가려면

–을까 봐(서)

'–을까 봐'를 배운 학습자 중의 한 명이 ①과 같은 문장을 만들었습니다. 그러나 실제로 이 학습자가 전달하고 싶었던 의미는 ②였습니다.

① 다른 사람이 그 이야기를 들을까 봐서 걱정해요.
② 다른 사람이 그 이야기를 들었을까 봐서 걱정해요.

이와 같이 발화의 시점에서 앞으로 일어날 일에 대한 추측은 '–을까 봐'를 쓰고 발화 시점 이전의 불확실한 일에 대해서는 '–었을까 봐'를 씁니다. 기본적으로는 '–을까 봐'를 중심으로 교수·학습하지만 학습자가 전달하고자 하는 의미가 '과거의 불확실한 상황'이라면 '–었을까 봐'를 함께 제시해야 합니다.

–을 뻔했다

'–을 뻔했다'는 실제로는 일어나지 않았지만 거의 실제로 일어날 것 같았던 일에 대해서 씁니다. 이런 의미를 더 확실하게 파악하기 위해서는 '–았/었으면 –을 뻔했다'와 함께 가르치는 것이 좋습니다.

① 친구가 말해 주지 않았으면 시험이 있는 것을 모를 뻔했어요.
② 조금만 늦게 도착했으면 기차를 놓칠 뻔했다.
③ 그때 병원에 가지 않았으면 큰일이 날 뻔했어요.

①은 친구가 실제로 말을 해 주었다는 것을, ②는 늦지 않았다는 것을. ③은 병원에 갔다는 것을 각각 의미합니다. 이렇게 '–았/었으면'이 현실의 일에 대한 반(反)사실적 가정의 기능을 하기 때문에 실제로는 그런 일이 일어나지 않았다는 의미인 '–을 뻔했다'와 함께 잘 어울려 쓰입니다. 이러한 의미에서 '–았/었다면'과 '–을 뻔했다'도 의미가 잘 어울립니다. 만약 '–을 뻔했다' 이전에 '–았/었다면'을 교수·학습했다면 '–았/었다면 –을 뻔했다'의 형태를 제시하는 것도 좋습니다. '–았/었으면', '–았/었다면'에 결합하는 정보가 현실과는 다른 것이라는 것이 전제되어 있기 때문에 '–을 뻔했다'의 의미를 더욱 분명하게 보여 준다고 볼 수 있습니다.

문법 돋보기

–다가

'–다가'는 기본적으로 선후행절의 동작이 전환되는 것을 표현합니다. 이때 선행 동작이 (1)중간에 중단되는 경우가 있고 (2)완결되는 경우가 있습니다. 다음은 (1)과 (2)의 의미를 각각 그림으로 표현한 것입니다.

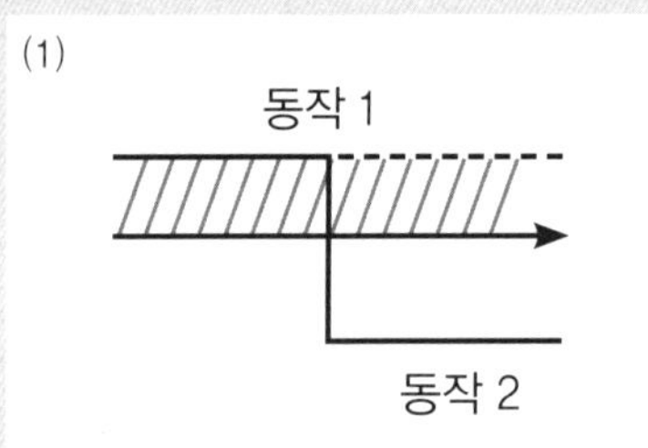

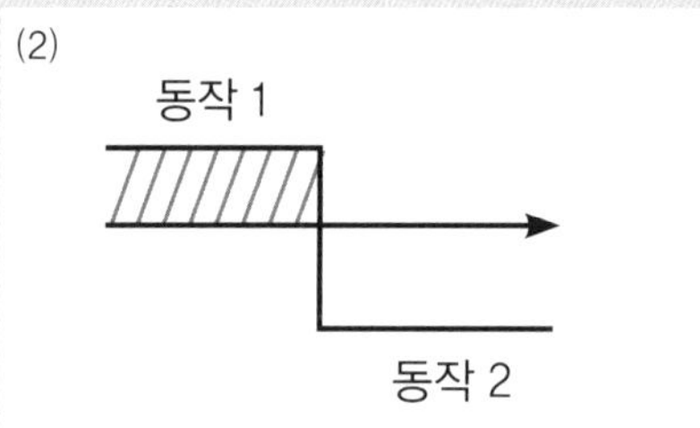

(2)의 의미를 표현하는 경우는 다음과 같습니다.

① 아침 내내 비가 오다가 그쳤어요.
② 서울에 살다가 지난달에 부산으로 이사했어요.
③ 고기를 볶다가 물을 넣어 끓이세요.
④ 똑바로 가다가 왼쪽으로 돌면 꽃집이 보일 거예요.

『열린한국어』에서는 교수·학습의 편의를 위해서 (1)의 의미만을 다룹니다. (1)과 (2)의 의미를 함께 다루더라도 (1)과 (2)를 구분해서 가르쳐야 할 필요가 있습니다.

'–다가'와 '–었다가'는 결합하는 동작이 완결되었는지 아닌지에 따라서 의미를 구분할 수 있습니다.

⑤ 학교에 가다가 친구를 만났어요.
⑥ 학교에 갔다가 친구를 만났어요.

⑤는 학교에 다 가지 않은 상황. 다시 말해서 학교에 가는 길 등에서 친구를 만났다는 의미이지만 ⑥은 학교에 가서 친구를 만났다는 것을 의미합니다. 이러한 점을 보더라도 '–다가'의 기본적인 의미는 선행 동작이 완결되지 않은 상태에서 중단되는 것이라고 할 수 있습니다.

활동은 이렇게

재미있는 이야기 만들기

이야기를 이어서 써 봅시다.

어떤 일이 있을 것 같은 상황을 주고 이야기를 상상해서 써 보게 합니다.

　[예] 잠을 자다가 큰 소리가 나서 잠을 깼어요.

재미있는 과장 표현

배가 터지다
목이 빠지다
속이 타다

재미있는 과장 표현을 말해 봅니다.

변명하기

'-을까 봐 그랬어'를 활용하여 말해 봅시다.

다른 사람을 생각해서 말을 하지 않거나 거짓말을 한 경험을 이야기해 보게 합니다.

　[예] 몸이 아팠지만 남자/여자 친구가 걱정할까 봐 말을 안 했습니다.

안 돼요!

안 좋은 일이 생길까 봐 조심하는 것을 말해 봅시다.

① 읽기 자료를 함께 읽습니다.
② 읽기 자료를 활용하여 문화적인 금기에 대해 말해 봅니다.

게임하기

〈도움말〉

(1) 출발, 폭탄, 폭죽, 숙제, 선물 칸을 제외한 칸은 모두 15개입니다. 다음은 15개 칸 각각의 지시 사항입니다. 7과에서 공부한 표현과 문법을 이용하여 학습자들이 말하기를 연습할 수 있도록 하였습니다.

(2) 아래의 지시 사항은 하나의 예입니다. 학생들 스스로 각 칸에 들어갈 지시 사항을 만들어서 활동을 해도 재미있습니다.

① '-다가'를 사용하여 문장을 만드세요.
② '-을 뻔하다'를 사용하여 문장을 만드세요.
③ 대답하세요. "발목을 삐었을 때 어떤 병원에 가야 해요?"
④ 대답하세요. "길을 가다가 옆 사람한테 부딪혔을 때 뭐라고 이야기해요?"
⑤ 사고가 난 경험에 대해서 이야기해 주세요.
⑥ 대답하세요. "교통사고가 났을 때 몇 번에 전화를 해야 합니까?"
⑦ '-다가'와 '-을 뻔하다'를 모두 사용해서 문장을 만드세요.
⑧ '-을까 봐'를 사용하여 문장을 만드세요.
⑨ 큰일 날 뻔한 경험을 말하세요.
⑩ 다친 경험을 말하세요.
⑪ 대답하세요. "요리를 하다가 뜨거운 것에 데었을 때 어떻게 해야 해요?"
⑫ 사고가 날까 봐 조심하는 일을 말하세요.
⑬ 언제 깁스를 하는지 말하세요.
⑭ 걱정하는 일을 말하세요.
⑮ 대답하세요. "언제 눈이 빠질 뻔했다고 말해요?"

어느 날 교실에서 – 수업일지의 실제

열린한국어

'–을 뻔했다'가 제시되는 과의 주제가 '사고'이고 문법의 의미 자체가 '실제로는 일어나지 않았지만 그럴 것 같았음을 표현하는 것'이다 보니까 '–을 뻔했다'를 부정적인 경험과 관련된 예문 위주로 제시하게 돼서 마음에 걸렸었거든요. 주로 제시되는 예문이 '큰일 날 뻔했어요. 사고가 날 뻔했어요. 죽을 뻔했어요…' 이런 것이더라고요. 특히 '죽을 뻔했어요.'는 실제로 생명이 위협당하는 상황이잖아요. 실제로 그렇지 않은 과장 표현이라면 다소 극단적인 심리를 부각하게 되는 것 같아서 또 마음에 걸리고요. 그래서 긍정적이지는 않아도 다소 완화된 내용으로 예문을 제시할 수는 없을까 고민을 좀 해 봤습니다. 그런 고민을 통해서 생각해 낸 예문이 다음과 같은 것들입니다.

> 친구의 선물을 받고 감격해서 울 뻔했다.
> 시험에 합격했다는 소식을 듣고 정말 기뻐서 소리를 지를 뻔했어요.
> 그때 그 사람과 헤어졌으면 계속 후회할 뻔했어.
> 친구가 머리를 잘랐는데 진짜 예뻐져서 몰라볼 뻔했어요.

제가 생각해 낸 예문들은 여기까지입니다. 유용하게 활용하시고 더 좋은 예문이 있으면 좀 알려 주세요.

다른 선생님들의 댓글

> '–을 뻔했다'하고 보통 잘 어울리는 게 부정적인 것이기는 하네요.
> 그렇다면 굳이 고민할 필요 없이 '(주로 부정적인 내용과 결합해서) 어떤 일이 일어날 수 있었지만 실제로는 그렇게 되지 않았음'을 말한다는 것을 기본 내용으로 하면 되지 않을까요?

> '죽을 뻔했다'를 남발하는 정도만 아니라면 부정적인 것을 말한다고 해도 크게 문제가 되지는 않을 것 같네요. 문제가 되는 것은 힘든 것을 극단적으로 표현하는 '피곤해서 죽을 뻔했다' 정도가 아닌가 싶은데요.

1-8 지하철은 막히지 않고 빠르잖아요

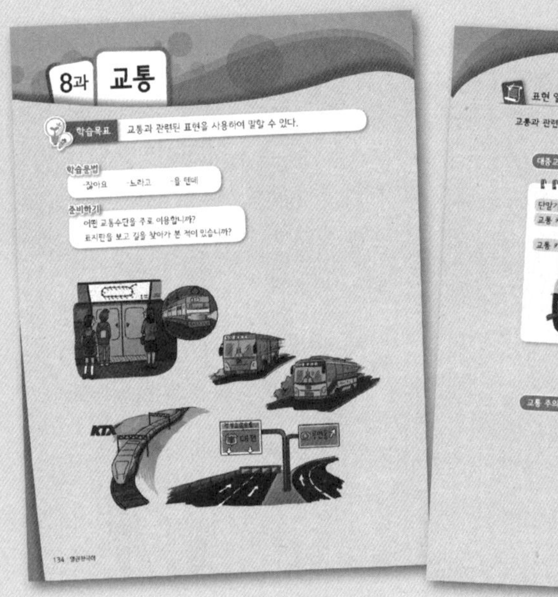

학습 문법	−잖아요　　　−느라고　　　−을 텐데		
수업 목표	제안을 거절하거나 다른 사람을 설득할 수 있다. 변명을 말할 수 있다. 제안 또는 조언의 이유를 말할 수 있다.		
수업 자료	활동지　−잖아요　−느라고　−을 텐데　−느라고, −을 텐데　날개 달기−교통수단		

 ## 교실에 들어가기 전에

	확인할 내용	네	아니요
1	'−잖아요'가 사용되는 맥락을 제시할 수 있다.		
2	'−느라고'의 제약을 제시할 수 있다.		
3	'−을 텐데'의 기본 의미와 쓰임을 제시할 수 있다.		

1. '-잖아요'가 사용되는 맥락을 제시할 수 있다.

'-잖아요'는 듣는 사람도 알고 있다고 생각하는 정보를 말할 때 씁니다. '-거든요'와 비교하면 '-잖아요'의 의미가 더욱 분명하게 파악됩니다.

　　① 민재 씨, 오늘 김치찌개를 먹어요. 민재 씨가 김치찌개를 좋아하잖아요.
　　② 민재 씨, 오늘 김치찌개를 먹어요. 제가 김치찌개를 좋아하거든요.

①에서는 김치찌개가 듣는 사람이 좋아하는 음식이기 때문에 듣는 사람이 알고 있는 정보일 수밖에 없습니다. 그러나 ②는 말하는 사람이 김치찌개를 좋아하는 것이기 때문에 듣는 사람은 이 정보를 알 수도 있고 모를 수도 있습니다.

'-잖아요'가 듣는 사람도 알고 있다고 생각되는 정보를 말하므로 상대방이 기억하고 있어야 할 것을 지적하기 위해 쓰이기도 합니다.

　　③ 또 담배를 피워요? 담배를 끊겠다고 했잖아요.

2. '-느라고'의 제약을 제시할 수 있다.

'-느라고'는 기본적으로 이유를 말할 때 씁니다. 그러나 이유를 말하는 다른 연결어미와 비교해서 상대적으로 제약이 많기 때문에 주의해야 합니다.

　　돈이 없느라고 밥을 못 먹어요. (×)
　　낮잠을 잤느라고 밤에 잠을 못 자요. (×)
　　친구가 시끄럽게 전화를 하느라고 내가 잠을 못 잤어요. (×)

위의 예문에서 보듯이 '-느라고'는 형용사와 결합할 수 없습니다. 또한 선후행절이 지시하는 시간이 다른 경우에 쓸 수 없습니다. '-느라고'의 평서문에는 선후행절의 주어로 1인칭만 쓸 수 있고 청유문과 명령문을 쓸 수 없습니다. '-느라고'의 제약을 한 번에 익히기가 어려우므로 통제된 연습이 많이 필요한 문법입니다.

3. '-을 텐데'의 기본 의미와 쓰임을 제시할 수 있다.

추측을 나타내는 의존명사 '터'에 '이다', '-ㄴ데'가 결합되어 후행절에 대한 '추측의 이유' 또는 '배경'을 나타냅니다.

　　소연 씨, 피곤할 텐데 일찍 자요.
　　소연 씨가 곧 올 텐데 조금만 더 기다려 봐요.

'-을 텐데'의 후행절이 생략된 형태로도 쓰입니다.

　　김 선생님은 지금 바쁘실 텐데요. (다음에 가는 게 좋겠어요.)

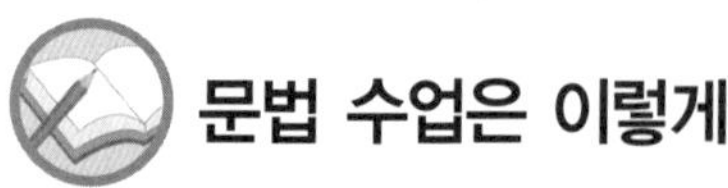

문법 수업은 이렇게

도입 및 제시	교사와 학습자가 모두 알고 있는 사실에 대해서 이야기합니다. **교 사** '기다리다가 눈이 빠질 뻔했어요.'라는 말 알아요? **학습자** 네. 알아요. **교 사** 어떻게 알았어요? **학습자** 지난 시간에 공부했어요. **교 사** 네. 맞아요. '지난 시간에 공부했잖아요.' 듣는 사람도 알고 있다고 생각할 때 '-잖아요'를 말해요.

> (두 사람이 같이 비가 오는 것을 보고 있습니다.)
> 가: 버스를 탈까요?
> 나: 아니요. 지하철을 타는 게 좋겠어요. 비가 오잖아요.
>
> (어제 두 사람이 같이 삼겹살을 먹었습니다.)
> 가: 오늘 삼겹살을 먹을까요?
> 나: 오늘은 다른 음식을 먹읍시다. 어제도 삼겹살을 먹었잖아요.
>
> (2시에 만나기로 약속을 했습니다.)
> 왜 아직 안 와요? 2시에 만나기로 약속했잖아요.

연습	이유를 들어 제안을 거절해 봅니다. `활동지 123쪽 '-잖아요'`
활용	다른 의견을 가진 사람을 설득해 봅니다. (교재 139쪽 참고)
주의	'-잖아요'는 상대방도 알고 있다고 생각하는 정보를 표현할 때 쓰이므로 이러한 맥락이 잘 파악될 수 있는 도입을 해야 합니다. 위의 예문에서 괄호 안의 내용은 맥락을 전달하기 위한 것입니다. 다른 사람이 잊어버린 사실이나 잘못을 지적하는 의미로 느껴지지 않도록 억양과 말하는 느낌에 주의해야 합니다.

이유와 결과를 말해 봅니다.

교 사 어제 밤늦게까지 영화를 봤어요. 그래서 잠을 못 잤어요. '어제 밤늦게까지 영화를 보느라고 잠을 못 잤어요.'

학습자들에게 이유를 물어보고 학습자들의 대답을 바탕으로 '–느라고'의 제약을 제시하는 것도 좋습니다.

교 사 왜 약속 시간에 늦었어요?
학습자 버스가 안 와요.
교 사 '버스가 안 와서 약속 시간에 늦었어요.'라고 말해요. '버스가 안 오느라고 밥을 못 먹었어요.'라고 말할 수 없어요.

① '뭐 하느라고 ~었어요?'의 질문에 답해 봅니다. **활동지 124쪽 '–느라고'**

② 이유와 결과를 말해 봅니다.

_________________느라고 힘들었어요.

　　　밤을 새웠어요.
　　　정신이 없었어요.
　　　용돈을 다 써 버렸어요.
　　　굶었어요.
　　　약속을 못 지켰어요.

변명하기를 해 봅니다. (교재 143쪽)

이유를 물어보고 싶을 때는 '뭐 하느라고 –했어요?'의 형태로 쓸 수 있습니다.
　뭐 하느라고 아직까지 밥도 못 먹었어요?

'–느라고'의 후행절에는 보통 부정적인 결과가 옵니다. 항상 그런 것은 아니나 다른 연결어미와의 구분을 위해서 후행절의 내용을 부정적인 것으로 제한하는 것이 좋습니다. (문법 돋보기 참고)

도입 및 제시

추측의 이유 또는 배경을 이야기해 봅니다.

교 사 저녁 먹었어요?

학습자 아니요, 못 먹었어요.

교 사 그 말을 듣고 제가 생각해요. ○○ 씨가 저녁을 못 먹었으니까 배가 고플 것 같아요. 그래서 말합니다. "○○ 씨, 배가 고플 텐데 이것 먹을래요?"

추측하는 이유임을 명시적으로 제시해야 합니다.

교 사 저는 ○○ 씨가 아니에요. 그래서 ○○ 씨가 배가 고파요. 몰라요. 확실하지 않아요. 하지만 ○○ 씨가 저녁을 안 먹었다고 말했으니까 그 말을 듣고 생각하는 거예요.

많이 늦어서 친구가 화를 낼 텐데 어떡하지요?
길이 복잡할 텐데 지하철을 타는 게 어때요?
주말에는 놀이공원에 사람이 많을 텐데 다른 곳에 가요.
과장님은 지금 회의 중이실 텐데요.

연습

① 추측하는 일을 말해 봅니다. 활동지 125쪽 '-을 텐데1'

② '-느라고, -을 텐데'를 활용하여 말해 봅니다. 활동지 126쪽 -느라고, -을 텐데

활용

① 제안하기. (교재 146쪽 참고)

② 노랫말로 문법 학습하기. (이승철의 '소리쳐' 중 일부)

주의

'-(았/었)으면 좋을 텐데'의 형태로 말하는 이의 바람을 표현하기도 합니다. 이때, '-았/었으면'과 '-으면'은 바라는 내용에 대한 말하는 사람의 심리적 거리감을 의미합니다. 말하는 사람이 바라는 내용을 더 먼 것으로, 다시 말해서 실현되기가 더 어려운 것으로 파악하면 '-았/었으면'이 쓰인다고 볼 수 있습니다. '-았/었으면 좋을 텐데'를 교수할 때는 성시경의 '좋을 텐데'라는 노래를 수업 자료로 활용할 수 있습니다.

함정을 피해 가려면

−느라고

'−느라고'를 단순히 '이유'의 의미로만 학습한 학습자들은 ①이나 ②와 같은 문법적인 오류를 만들기도 합니다.

① 시끄러운 소리가 들리느라고 (내가) 잠을 깼어요. (X)
② 카메라가 고장이 나느라고 (제가) 카메라를 빌려 줄 수 없어요. (X)

①이나 ②를 문장의 주어가 다르기 때문에 비문이 된다고 설명할 수도 있습니다. 그러나 이유를 나타내는 다른 연결어미와는 달리 '−느라고'에 형용사류도 결합되지 않는다는 점을 생각해 보면 근본적인 이유는 '−느라고'에 동작성이 강한 동사만 결합되기 때문이라는 것을 알 수 있습니다. 이러한 이유로 동사이지만 동작성이 강하게 드러나지 않는 '사랑하다, 좋아하다, 미워하다, 알다, 모르다' 등의 동사와도 결합하기가 어렵습니다. 따라서 '−느라고'의 제약 중의 하나로 선행절에 동작성이 강한 동사만 온다는 것을 제시할 필요가 있습니다.

③ 그 사람을 좋아하느라고 그 사람을 자주 만나요. (X)
④ ?전화번호가 바뀐 사실을 모르느라고 다른 사람한테 전화를 했어요. (X)

−을 텐데

'−을 텐데'를 배울 때 학습자들이 주로 혼동하는 것 중의 하나는 추측을 나타내는 '−을 테니까'와의 차이점입니다. '−을 텐데'와 '−을 테니까'는 추측을 나타내는 의존명사 '터'에 각각 연결어미 '−는데'와 '−으니까'가 결합된 형태입니다. 따라서 '−을 텐데'와 '−을 테니까'의 의미 차이는 연결어미에 있다고 볼 수 있습니다. '−으니끼'는 강한 이유를 나타내고 '−는데'는 배경이 되는 이유 정도를 나타냅니다. 이러한 이유로 ①이나 ②에서처럼 후행절에 강력한 의지가 드러나는 경우에는 '−을 텐데'보다 '−을 테니까'가 너 자연스럽습니다.

① ?좋은 일이 있을 텐데 걱정하지 마.
   좋은 일이 있을 테니까 걱정하지 마.

② ?사람들이 많이 올 텐데 음식 준비를 많이 할게.
   사람들이 많이 올 테니까 음식 준비를 많이 할게.

문법 돋보기

–잖아요

'–잖아요'가 굳어진 형태로 '있잖아(요)'가 있습니다. '있잖아(요)'를 굳이 말할 필요가 없기 때문에 군더더기 말로 간주되기도 합니다. 그러나 어려운 부탁을 하고 싶을 때, 또는 무엇인가 특별하게 하고 싶은 말이 있을 때 습관적으로 말하는 경우도 있으므로 이해 차원에서 제시할 수도 있습니다.

저기, 있잖아요. 혹시 돈 좀 빌려 줄 수 있어요?
있잖아, 그 소문 들었어?

–느라고

'–느라고'의 후행절에 주로 부정적인 결과가 오기 때문에 ①~③처럼 변명하는 말에 '–느라고'가 자주 쓰입니다.

① 밥을 먹느라고 전화를 못 받았어요.
② 집에 다시 갔다 오느라고 늦었어요.
③ 게임을 하느라고 약속을 잊어버렸어요.

그러나 ④~⑥의 예에서 볼 수 있듯이 '–느라고'의 후행절에 항상 부정적인 결과가 오는 것은 아닙니다. 이러한 경우에는 주로 선행절이 후행절의 목적을 나타냅니다. 다만 '–느라고'를 학습할 때의 부담을 줄이기 위해서 『열린한국어』에서는 '부정적인 결과를 말할 때'에 국한해서 제시하고 있습니다. '–느라고'의 의미를 포괄적으로 가르친다면 두 가지를 구분하여 제시할 필요가 있습니다.

④ 가: 어디 갔다 왔어요?
　　나: 돈을 좀 찾느라고 은행에 갔다 왔어요.

⑤ 가: 무슨 일로 백화점에 왔어요?
　　나: 친구한테 줄 선물을 사느라고 잠깐 들렀어요.

⑥ 가: 왜 민재 씨 집에 갔어요?
　　나: 저번에 빌려준 책을 돌려주느라고 갔었어요.

〈활동지 123쪽〉

1-8 교통

거절하기

이유를 들어 제안을 거절해 봅시다.

두 사람이 한 모둠이 되어 한 사람은 제안을 하고 다른 사람은 이 제안을 거절합니다.

 [예] 제안: 이번 주말에 같이 공원에 갈래요?
　　　거절: 일기예보에서 주말에 비가 온다고 했잖아요.

〈활동지 124쪽〉

변명하기

어떤 일을 하지 못한 이유를 말해 봅시다.

활동지의 질문에 대한 대답을 말해 봅니다.

-을 텐데

추측해서 말하기

상황에 맞게 문장을 완성해 봅시다.

활동지의 상황을 보고 상황에 맞게 말해 봅니다.

  [예] 길이 미끄러울 텐데 운전하지 말고 지하철을 타는 게 어때?

-느라고, -을 텐데

상대방에게 감사의 인사하기

전형적으로 쓰이는 표현을 활용하여 인사를 해 봅니다.

〈도움말〉
전형적으로 쓰이는 인사 표현이므로 실제로는 그렇지 않을 수도 있다는 것을 알려 줄 필요가 있습니다. 즉, 집들이에 초대된 사람이 실제로 바쁠 수도 있고 그렇지 않을 수도 있지만 집들이에 와 준 감사의 마음을 전달하기 위해 이러한 표현을 쓴다는 것을 제시합니다.

  [예] 집들이에 초대한 사람이 말합니다.
    "바쁘실 텐데 와 주셔서 감사합니다."

    집들이에 초대된 사람이 말합니다.
    "음식을 준비하느라고 힘드셨겠어요."

날개 달기(교통수단)

교통수단

독특하거나 유용한 교통수단에 대해 알아봅시다.

교재의 말하기(148쪽), 날개달기(150쪽)에 대한 읽기 자료입니다. 활동을 하기 위한 준비 자료로 활용합니다.

어느 날 교실에서 – 수업일지의 실제

수업에서 '-잖아요'를 다루면서 역할극으로 '다른 사람 설득하기'를 해 보았습니다. 의견이 다른 친구에게 '-잖아요'로 말해 보는 연습입니다. 여행지를 결정할 때 산으로 갈지, 바다로 갈지 고민하고 있는 두 친구가 서로에게 의견을 말합니다.

역할극을 잘하고 있는지 확인하려고 학생들 모둠 사이를 지나가는데 한 모둠이 다음과 같은 발화를 두고 고민하고 있더라고요.

가: 바다로 갑시다. 여름에 바다에서 수영을 하면 좋잖아요.
나: 아니에요. 여름에는 산이 더 시원하잖아요.

듣는 이가 알고 있는 것을 표현하기 위해서 '-잖아요'를 쓴다고 받아들인 '가'는 '여름에는 산이 더 시원하다'는 '나'의 발화가 생소하니까 '-잖아요'를 쓰는 게 어색하다고 생각한 거 같아요. 그래서 '-잖아요'가 적절한지 아닌지를 저에게 물어보더군요. 그래서 '아차!' 싶었습니다. '-잖아요'가 '말하는 사람이 듣는 이가 알고 있다고 생각하는 것'을 표현하는 거잖아요. 듣는 이가 실제로 아는 것인지 아니면 모르는 것인지에 따라 문법의 적절성이 결정되는 것은 아니니까요. 그래서 '듣는 이가 알고 있다고 생각되는 것'에서 '생각되는 것'을 강조하면서 듣는 이의 공감을 이끌어 내고 싶을 때 이 문법을 쓴다는 점을 확인시켰습니다.

다른 선생님들의 댓글

▶ '여름에는 산이 더 시원한 거' 맞는데 ……. 그렇죠?

▶ 그렇네요. '-잖아요'는 확실히 듣는 사람이 공감해 달라고 하는 말인 거 같아요.

▶ 저는 '-잖아요'가 질책하는 의미가 많이 읽혀서 수업하기가 힘들더라고요.
은근히 '-잖아요'가 까다로운 문법이네요.

2-1 주말에 볼 수 있게 이메일을 보내 놓을게요

학습 문법	–게	–아/어 놓다	–을 테니까

수업 목표	주의 사항을 말할 수 있다. 어떤 일에 대해 준비하는 것을 말할 수 있다. 추측을 바탕으로 위로 또는 격려하는 말을 할 수 있다. 자신의 의지를 표현할 수 있다.

수업 자료	활동지 –아/어 놓다 –을 테니까(추측) –을 테니까(의지)

 ## 교실에 들어가기 전에

	확인할 내용	네	아니요
1	'–게'의 기능을 제시할 수 있다.		
2	'–아/어 놓다'의 의미와 쓰임을 제시할 수 있다.		
3	'–을 테니까'의 두 가지 쓰임을 구분하여 제시할 수 있다.		

1. '–게'의 기능을 제시할 수 있다.

　『열린한국어』 중급 2권 1과에서 제시하는 '–게'는 부사절을 만드는 연결어미입니다. '–게'의 선행절은 후행절 행위의 목적을 나타냅니다.

> 뒤에서도 잘 들리게 크게 말씀해 주시겠어요?
> 약속에 늦지 않게 서두르세요.
> 도착하면 바로 먹을 수 있게 음식을 주문해 놓을게요.

2. '–아/어 놓다'의 의미와 쓰임을 제시할 수 있다.

　'–아/어 놓다'는 '–아/어' 앞에 오는 행위가 끝나서 그 결과가 유지됨을 표현합니다. 이러한 이유로 주로 어떤 일을 미리 하거나 준비할 때 쓰입니다.

> 창문을 좀 열어 놓으세요.
> 책을 제자리에 꽂아 놓으세요.
> 미리 예매를 해 놓는 게 좋겠어요.
> 저녁에 친구들이 놀러 올 거라서 집을 깨끗이 청소해 놓았어요.

3. '–을 테니까'의 두 가지 쓰임을 구분하여 제시할 수 있다.

　'–을 테니까'는 의존명사 '터'에 연결어미 '–으니까'가 결합한 형태입니다. 의존명사 '터'가 '추측'과 '의지'의 의미를 가지고 있어서 '–을 테니까'는 추측 또는 의지가 후행절 행위의 이유가 될 때 쓰입니다.

　① 추측의 내용이 후행절 행위의 이유가 될 때

> 오늘 늦을 테니까 먼저 저녁 먹어요.
> 시험이 어려울 테니까 열심히 공부하세요.
> 지금쯤 수업이 끝났을 테니까 전화를 해 보세요.

　② 의지의 내용이 후행절 행위의 이유가 될 때

> 금방 상을 차릴 테니까 잠깐만 기다려요.
> 내일 갈 테니까 만나서 이야기해요.

　①의 경우 '추측'의 특성상 동사, 형용사, 과거의 사실에 '–을 테니까'가 결합할 수 있습니다. ②와 같이 의지를 나타내는 경우에는 아직 일어나지 않은 일과 동사에만 '–을 테니까'가 결합할 수 있습니다.

| **−게** | 교재 13쪽 |

일부러 칠판에 글씨를 작게 쓰고 학습자들에게 말합니다.

도입 및 제시

학습자 선생님, 글씨가 안 보여요. 크게 써 주세요.
교 사 아, 글씨가 안 보여요? 알겠어요. 크게 쓸게요.

교 사 (글씨를 크게 쓰고) 제가 왜 글씨를 크게 썼어요?
학습자 크게 쓰면 잘 보여요.
학습자 크게 쓰면 잘 볼 수 있어요.
교 사 네, 맞아요. 여러분이 잘 볼 수 있게 크게 썼어요. 잘 보이게 크게 썼어요.

연습

① 날씨에 따른 주의 사항을 말해 봅니다.

_________________________지 않게 ____________(으)세요.

눈이 많이 올 때	미끄러지다	조심하다
비가 많이 올 때	사고가 나다	천천히 운전하다
날씨가 너무 추울 때		
햇볕이 강할 때		
날씨가 더울 때		

② 증상에 따른 주의 사항을 말해 봅니다.

_________________________게 _________________도록 하세요.

감기가 빨리 낫다	푹 쉬다
흉터가 남지 않다	
눈이 더 나빠지지 않다	
이가 썩지 않다	

활용

"회사 면접이 있습니다. 합격하려면 어떻게 해야 할까요?" 좋은 방법을 이야기해 봅니다.

[예] 좋은 인상을 줄 수 있게 옷을 단정히 입으세요.
　　 자신감이 있어 보이게 큰 목소리로 이야기하세요.

사랑하는 사람에게 청혼을 할 때 어떤 준비를 할지 이야기해 봅니다.

교 사　○○ 씨는 청혼을 할 때 어떻게 하고 싶어요?
학습자　반지를 줄 거예요.
교 사　그러면 미리(강조하면서) 반지를 사야 해요. 미리 반지를 사 놓아요.

'상태의 지속'이라는 기본 의미를 다시 한 번 확인합니다.

교 사　반지를 사 놓아요. 그러면 지금부터 여자 친구에게 반지를 줄 때까지 계속(강조하면서)
　　　　　반지가 나한테 있어요.

> (꽃을 줄 거예요.) 꽃을 사 놓아요.
> (감동적인 내용의 편지를 주고 싶어요.) 편지를 미리 써 놓아요.
> (멋진 말로 청혼할 거예요.) 멋진 말을 미리 준비해 놓아요.
> (분위가 좋은 식당에서 청혼할 거예요.) 분위가 좋은 식당을 예약해 놓아요.

① '내 일을 대신해 주는 로봇이 있으면' 로봇에게 어떤 일을 하라고 말할지 이야기해 봅니다.

〈학생〉 내가 노는 동안 ＿＿＿＿＿＿＿＿아/어 놔.
　　　　　　　　숙제를 하다

〈회사원〉 내가 쉬는 동안 ＿＿＿＿＿＿＿＿아/어 놔.
　　　　　　　　회의 자료를 만들다
　　　　　　　　복사를 하다

〈주부〉 내가 친구를 만나는 동안 ＿＿＿＿＿＿＿＿아/어 놔.
　　　　　　　　밥을 하다
　　　　　　　　실거지를 하다

② 엄마가 외출하면서 아이들에게 어질러진 방을 치우라고 말했습니다. 어떤 일을 해야 할지 말해 봅니다.

[예] 책을 책장에 꽂아 놓아요. 옷을 옷걸이에 걸어 놓아요.

크리스마스 파티를 하려고 합니다. 파티를 계획하는 사람이 되어서 어떤 음식을 준비하고, 파티 장소를
어떻게 꾸밀지 그림을 보고 이야기해 봅니다. **활동지 128쪽 '−아/어 놓다'**

'놓다'에 '−아/어'가 결합되어 활용할 때는 '놔'의 형태가 됩니다. '−으−'가 결합할 때도 'ㅎ'을 탈락시키고
말하는 경우가 있으나 이는 규정에 어긋납니다.
　　−어 놔, −어 놨어요, −어 놔서, −어 놨으니까 (O)
　　−어 노으면, −어 노으니까, −어 놀 테니까 (X)

특정한 상황을 배경으로 하는 추측과 이를 이유로 하는 제안을 이야기해 봅니다.

도입 및 제시

교　사　친구하고 같이 집에 가는데 비가 많이 와요. 길이 막힐 것 같다고 생각해요. 그러면 어떻게 하는 게 좋아요?

학습자　지하철을 타요.

교　사　비가 와서 길이 막힐 것 같다고 생각해요. 그래서 말해요. 길이 막힐 테니까 지하철을 타요.

> 월요일에는 박물관이 문을 닫을 테니까 다른 날 가요.
> 날씨가 추울 테니까 옷을 따뜻하게 입으세요.
> 이 시간에는 사람이 많을 테니까 조금 후에 갑시다.
> 지금은 수업 중일 테니까 이따가 전화해 보세요.
> 시험을 준비하느라고 힘들었을 테니까 오늘은 쉬세요.

연습

① 걱정하는 친구에게 용기를 주는 말을 해 봅니다.

(친구가 시험을 봅니다.) ○○ 씨는 시험을 잘 볼 테니까 걱정하지 마세요.
(친구가 다른 나라에 공부를 하러 갑니다.) 거기 생활이 아주 재미있을 테니까 걱정하지 마세요.
(친구가 데이트를 신청하려고 합니다.) 그 사람이 데이트 신청을 받아 줄 테니까 용기를 내세요.
(친구가 사업을 시작합니다.) 사업이 아주 잘 될 테니까 걱정하지 마세요.

② 친구를 격려하는 말을 해 봅니다.

(친구가 시험을 봤습니다.) 시험 준비를 하느라고 열심히 공부했을 테니까 오늘은 쉬세요.
(친구가 이사를 했습니다.) 이사를 하느라고 힘들었을 테니까 오늘은 쉬세요.
(친구가 퇴원을 했습니다.) 병원에 있느라고 심심했을 테니까 이제 재미있게 지내세요.
(친구가 어젯밤에 야근을 했습니다.)
　　　　　　　　　　야근을 하느라고 피곤했을 테니까 오늘은 일찍 퇴근해서 푹 쉬세요.

활용

학습자가 형사가 되어서 용의자들의 알리바이를 듣습니다. 용의자가 도둑이 될 수 없는 이유를 추측해 말해 봅니다. 활동지 129쪽 '-을 테니까(추측)'

도입 및 제시

가게 주인과 손님, 아내와 남편이 자주 하는 대화를 이야기해 봅니다.

교 사　시장에서 물건을 살 때 더 싸게 사고 싶어요. 그럴 때 어떻게 말해요?
학습자　깎아 주세요.
교 사　그런데 그냥 말하면 주인이 값을 안 깎아 줄 수도 있어요. 그래서 이렇게 말해요. '자주 올 테니까 깎아 주세요.' 그러면 자주 올 거라고 약속하는 거예요.

연습

① 가족들끼리 집안일을 하려고 합니다. 자신이 할 일을 먼저 말하고 다른 가족에게 할 일을 말합니다. (먼저 집안일과 관련된 기본적인 표현들을 확인 및 제시하고 이 표현들을 활용하여 말할 수 있도록 합니다.)

나는 ＿＿＿＿＿＿＿＿＿＿(으)ㄹ 테니까 ＿＿＿＿＿＿＿＿＿＿아/어.

청소를 하다	설거지를 하다
빨래를 하다	빨래를 널다
바닥을 쓸다	바닥을 닦다

② 잘못한 일이 있어서 다른 사람에게 사과를 해야 합니다. 잘못을 다시 하지 않겠다고 약속하고 용서를 구합니다.

미안해요. ＿＿＿＿＿＿＿＿＿＿ ＿＿＿＿ ＿(으)ㄹ 테니까 화 풀어요.

다시는 약속에 늦지 않다
절대 거짓말을 안 하다
약속을 잘 지키다
다음에는 생일을 잊어버리지 않다
화를 내지 않다
나쁜 말을 안 하다

활용

역할에 맞게 말해 봅니다.　**활동지 130쪽 '–을 테니까(의지)'**

함정을 피해 가려면

–아/어 놓다/두다

'–아/어 놓다'와 '–아/어 두다'는 모두 기본적으로 어떤 동작이 끝나서 그 상태가 유지되는 것을 말합니다. 그래서 ①에서처럼 두 형태가 혼용되는 일이 자주 있습니다.

> ① 밥을 하려고 미리 쌀을 씻어 놓았어요/두었어요.
> 공부를 미리 해 놓으세요/두세요.
> 표를 미리 사 놓는/두는 게 좋겠어요.

이러한 이유로 두 형태를 같은 의미를 가진 것으로 파악하는 학습자도 더러 있습니다. 그러나 ②에서 보는 것처럼 '–아/어 놓다'에는 쓸 수 있는 내용을 '–아/어 두다'에는 쓰지 못하는 경우가 있습니다.

> ② 왜 이렇게 방을 어질러 났니?
> ?왜 이렇게 방을 어질러 뒀니?
> 강아지가 방을 온통 엉망으로 만들어 났다.
> ?강아지가 방을 온통 엉망으로 만들어 뒀다.
> 그 사람이 내 계획을 망쳐 났다.
> ?그 사람이 내 계획을 망쳐 뒀다.

결합하는 내용이 부정적인 것일 때는 '–아/어 놓다'는 쓸 수 있지만 '–아/어 두다'는 쓰지 못합니다. '–아/어 두다'는 어떤 다른 일에 대비하기 위한 행동을 표현하는 의미가 크기 때문입니다. 『표준국어대사전』에서도 '–아/어 놓다'의 의미를 상태의 지속으로 풀이하고, '–아/어 두다'는 상태의 지속과 함께 '준비'로 다루고 있습니다. '–아/어 놓다' 역시 ①에서처럼 '준비'의 의미를 나타내기도 하지만 이는 '상태의 유지'라는 기본적인 의미에서 파생되는 것으로 볼 수 있겠습니다. 어떤 일에 대비하기 위해서는 보통 특정한 상태가 유지되어야 하기 때문입니다.

학습자들이 두 형태의 의미를 변별하여 사용할 수 있도록 하기 위해서는 ①이나 ②처럼 같이 쓸 수 있는 상황과 그럴 수 없는 상황을 모두 제시해 주어야 합니다. 또한 '–아/어 놓다'의 기본 의미는 상태의 지속이기 때문에 준비의 의미를 가질 수 있지만, '–아/어 두다'는 기본적으로 상태의 지속과 준비의 의미를 모두 지닌다는 설명을 준비할 필요가 있습니다.

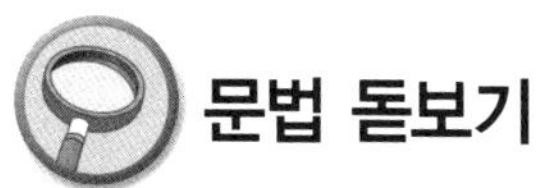
문법 돋보기

–게

'–게'는 부사절을 만드는 것 외에도 여러 가지 기능을 가지고 있습니다.

① 건강하게 지내요.
　그 이후로 그들은 행복하게 잘 살았다.
　그 사람이 나를 보고 환하게 웃었다.

② '–게 하다'
　아이가 가려운 곳을 긁지 않게 하세요.

③ '–게 되다'
　그 사람을 우연히 다시 만나게 되었다.

'–게'는 ①에서처럼 형용사를 부사로 만드는 기능을 하기도 하고 ②나 ③과 같이 본동사를 보조동사 '하다' 또는 '되다'와 이어 주는 기능을 하기도 합니다. ①과 같이 형용사를 부사로 만드는 '–게'는 부사절을 만드는 '–게'와 잘 구분되지 않는 측면도 있습니다. 특히 ④와 같이 부사절에서 반복되는 주어가 생략될 때 표면상으로는 접미사와 같은 형태인 것처럼 보이기 쉽습니다. 그러나 ①에서는 '–게'가 형용사 단어를 부사로 만드는 반면에 ④와 ⑤에서는 두 개의 절을 연결한다는 점에서 차이가 있습니다.

④ (음식이) 모자라지 않게 음식을 넉넉히 준비했어요.
⑤ 다른 사람의 기분이 나쁘지 않게 잘못을 지적하는 것은 불가능에 가깝다.

④나 ⑤와 같이 부사절을 만드는 '–게'는 단어에 결합하는 것이 아니라 절에 결합하는 것입니다. 그러므로 원칙적으로 '–게'는 서술어가 되는 '동사, 형용사, (명사)이다' 모두에 결합할 수 있습니다. 그러나 '–게' 부사절이 주로 목적을 나타내므로 '형용사'나 '(명사)이다'와 함께 쓰이기 어려운 점이 있습니다. 이러한 이유로 '–게'는 주로 동사를 서술어로 하는 절에 결합하게 됩니다.

한국어 학습자에게는 '–게'의 기능이 무엇인지를 구별하기보다는 맥락과 상황에 맞게 '–게'를 사용하는 일이 중요하다고 할 수 있습니다. 그러므로 ①과 ③을 구별하는 것을 학습자들에게 설명할 필요는 없습니다. 다만 교사가 기능에 따른 문법상의 차이를 알아 둘 필요는 있습니다.

 **활동은 이렇게**

크리스마스 파티를 준비해요!

크리스마스 파티 준비를 어떻게 할지 이야기해 보세요.

친구들이 오기 전에 파티 준비를 해야 합니다. 어떤 것을 준비할지 그림을 보고 이야기해 봅시다.

도둑을 찾아라!

용의자들의 알리바이를 듣고 도둑인지 아닌지를 생각해 보세요.

① 각자 알리바이를 만듭니다. 사건이 일어난 시각은 새벽 2시입니다.
② 용의자들의 알리바이를 듣고 도둑이 될 수 없는 이유를 생각해서 말해 봅니다.

역할극 하기

역할에 어울리게 말해 봅시다.

〈상황 1〉 사랑하는 사람에게 청혼을 하려고 합니다. 결혼 후에 어떻게 할지 약속을 하세요.
〈상황 2〉 용돈을 더 많이 받고 싶습니다. 용돈을 더 달라고 말해 보세요.

 어느 날 교실에서 – 수업일지의 실제

'한 형태의 두 가지 의미를 한꺼번에 다루지 말라고 하는데 추측과 의지의 의미를 한꺼번에 가르쳐도 되는 걸까?'

오늘 수업에서 다룰 '–을 테니까'를 준비하면서 그런 생각이 들었어요. 수업을 하면서 학생들의 반응을 꼼꼼하게 살펴 앞으로 어떻게 해야 할지를 결정해야겠다고 생각했지요. 그 결과……. 결론적으로 말하면 추측과 의지의 의미를 순차적으로 따로 따로 제시했더니 큰 무리는 없는 것 같았습니다. 두 가지 의미를 섞어서 구분하지 않고 제시하는 것은 문제이지만 변별해서 제시하는 것은 괜찮은 것 같습니다. 단, 두 가지 의미를 별도로 다루니까 문법 항목이 하나 더 추가되는 셈이어서 시간이 좀 빠듯합니다.

수업을 하면서 오히려 더 어려움을 느꼈던 것은 '–을 테니까'하고 '–을 텐데'의 구분이었던 것 같아요. 학생들이 먼저 '–을 텐데'를 배우니까 '–을 텐데'하고 '–을 테니까'가 어떻게 다른지를 질문하네요. 그래서 '–을 테니까'는 ①추측 ②의지로 다 사용할 수 있지만 '–을 텐데'는 추측의 의미로만 사용된다고 설명했습니다. 물론 '추측'이나 '의지'와 같은 말을 사용한 것은 아니고 예문을 들어서요. 그런데 '–을 테니까'가 추측의 의미로 쓰일 때는 '–을 텐데'하고 어떻게 다른지를 설명하는 것은 어려운 일인 것 같아요. 오늘 수업에서는 그냥 넘어갔지만 저한테는 그 문제가 숙제로 남았습니다.

다른 선생님들의 댓글

초급에서라면 두 가지 의미를 한꺼번에 가르치는 것이 문제가 되겠지만 중급에서는 두 가지 의미를 같이 제시하는 것도 크게 무리는 없는 것 같아요. 단! 선생님의 말처럼 두 가지의 의미를 잘 구분해서요.

'–을 테니까'하고 '–을 텐데'의 문제는 어떻게 보면 '–으니까'하고 '–는데'의 문제이기도 한 것 같아요. 두 문법 항목 모두 이유를 나타낼 수 있지만 '–으니까'는 강한 이유를 말하잖아요. '–는데'는 배경에 가깝고요. 그래서 선행절이 후행절 행위의 강한 이유가 되는 상황에서는 '(내가) 오늘 늦을 테니까 먼저 저녁 먹어요.'에서처럼 '–을 테니까'가 더 자연스럽게 느껴지는 것 아닐까요?

2-2 아침 일찍부터 온 가족을 깨우셨어요

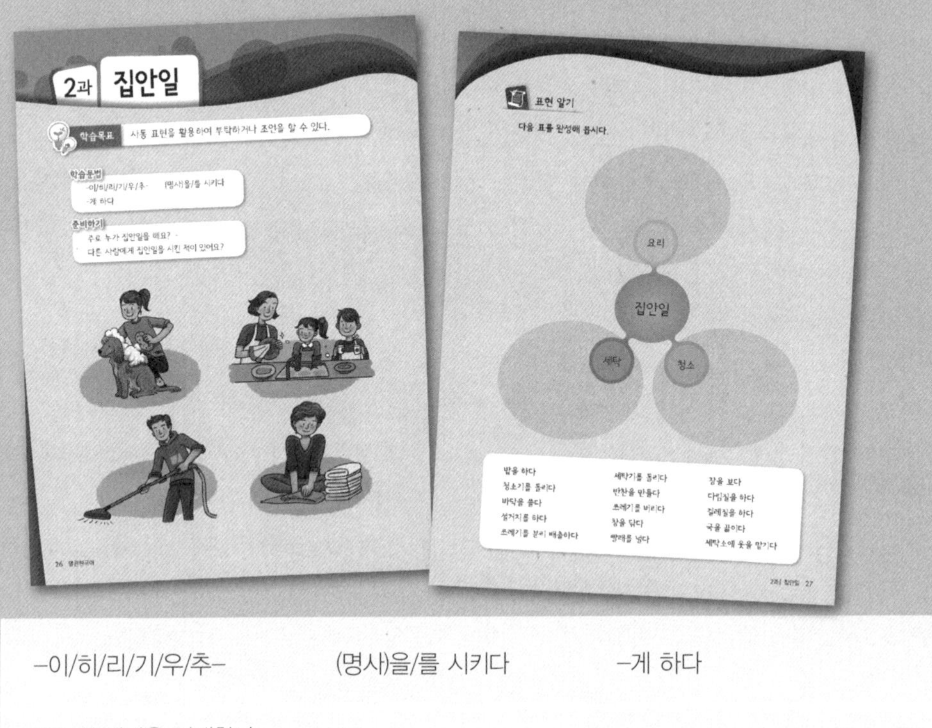

학습 문법	–이/히/리/기/우/추– (명사)을/를 시키다 –게 하다
수업 목표	사동의 개념을 이해한다. 사동 표현을 이해하여 부탁하거나 승낙할 수 있다. 사동 표현을 활용하여 부탁하는 메모를 쓸 수 있다.
수업 자료	활동지 –이/히/리/기/우/추–1, 2 사동 표현 종합 날개 달기–집안일

 ## 교실에 들어가기 전에

	확인할 내용	네	아니요
1	사동의 개념을 제시할 수 있다.		
2	사동의 형태를 제시할 수 있다.		
3	사동이 될 수 없는 동사를 알고 있다.		
4	사동을 사용하는 문장의 형태를 제시할 수 있다.		

1. 사동의 개념을 제시할 수 있다.

사동이란 '행위자가 대상자로 하여금 무엇인가를 하게 하는 동작'을 말합니다.

2. 사동의 형태를 제시할 수 있다.

사동의 형태는 크게 세 가지가 있습니다. 첫 번째는 동사나 형용사에 '-이/히/리/기/우/추-'의 접미사가 붙어 사동사가 파생되는 경우입니다. 두 번째로, '-하다' 구성의 동사에서 '하다'가 '시키다'로 교체되어 만들어집니다. 세 번째는 동사에 '-게 하다'가 붙어 사동의 형태가 만들어지는 경우입니다.

-이-		-히-		-리-		-기-		-우-		추	
끓다	끓이다	눕다	눕히다	날다	날리다	감다	감기다	깨다	깨우다	맞다	맞추다
먹다	먹이다	앉다	앉히다	돌다	돌리다	남다	남기다	비다	비우다	낮다	낮추다
보다	보이다	읽다	읽히다	마르다	말리다	맡다	맡기다	서다	세우다	늦다	늦추다
붙다	붙이다	입다	입히다	알다	알리다	씻다	씻기다	쓰다	씌우다		
속다	속이다	더럽다	더럽히다	울다	울리다	신다	신기다	자다	재우다		
높다	높이다			얼다	얼리다	웃다	웃기다	타다	태우다		

※ 농부가 땅을 일구어요. (일다 → 일구다)

3. 사동이 될 수 없는 동사를 알고 있다.

★ 아래 동사들은 대응하는 사동사가 없기 때문에 '-이/히/리/기/우/추-'를 붙이지 않고 '-게 하다'의 형태로만 사동을 만듭니다.

수여동사: 주다, 받다, 드리다, 바치다
수혜동사: 얻다, 받다, 잃다, 돕다
대칭동사: 만나다, 닮다, 싸우다 ('와/과'와 함께 쓰일 수 있는 동사)
경험동사: 배우다, 느끼다, 바라다
모음 'ㅣ'로 끝나는 동사: 마시다, 이기다, 던지다, 지키다, 때리다

4. 사동을 사용하는 문장의 형태를 제시할 수 있다.

① (명사)이/가 동사 ⇒ (명사)이/가 (명사)을/를 사동사
　 친구가 울어요. ⇒ 내가 친구를 울렸어요.

② (명사)이/가 (명사)을/를 동사 ⇒ (명사)이/가 (명사)에게 (명사)을/를 사동사
　 아이가 우유를 먹어요. ⇒ 어머니가 아이에게 우유를 먹여요.

③ (명사)이/가 (명사)을/를 동사 ⇒ (명사)이/가 (명사)의 (명사)을/를 사동사
　 동생이 머리를 감아요. ⇒ 누나가 동생의 머리를 감겨요.

| | −이/히/리/기/우/추− | 교재 29쪽 |

엄마와 아기의 그림을 보여 주면서 이야기합니다.

도입 및 제시

교 사 아기가 혼자 우유를 먹어요?
학습자 아니요.
교 사 엄마가 아이에게 우유를 먹여요. 아기가 혼자 하는 것이 아니에요. 엄마가 아이한테 하는 거예요.

−이−	먹다	먹이다	엄마가 아이에게 우유를 먹여요.
−히−	입다	입히다	엄마가 아이에게 옷을 입혀요.
−리−	울다	울리다	형이 동생을 울려요.
−기−	씻다	씻기다	엄마가 아이를 씻겨요.
−우−	자다	재우다	엄마가 아이를 재워요.
−추−	늦다	늦추다	(우리가) 약속 시간을 늦춰요.

연습

① 아이가 유치원에 가기 전에 엄마와 함께 준비해야 할 일을 순서대로 말해 봅니다.

엄마가 아이를 깨워요 → 엄마가 아이를 씻겨요 → 엄마가 아이 옷을 갈아입혀요 → 엄마가 아이에게 밥을 먹여요 → 엄마가 아이에게 신발을 신겨요 → 엄마가 아이에게 모자를 씌워요 → 엄마가 아이를 차에 태워요

② 사동사 맞추기 게임 **활동지 131쪽 '−이/히/리/기/우/추−1'**

③ 집안일과 관련된 사동 표현을 확인하고 이러한 집안일을 누가, 얼마나 자주 하는지 이야기해 봅니다.

세탁기/청소기를 돌리다, 쓰레기통을 비우다, 세탁소에 옷을 맡기다, 국을 끓이다

[예] 저는 혼자 살아요. 그래서 집안일을 제가 다 해요. 보통은 일주일에 한 번 정도 세탁기하고 청소기를 돌려요. 쓰레기통은 2주일에 한 번 정도 비우는 것 같아요. 세탁소는 거의 이용하지 않아요. 집에서 밥을 잘 안 먹으니까 국을 안 끓여요.

활용

경험을 말해 봅니다. **활동지 132쪽 '−이/히/리/기/우/추−2'**

주의

사동접사 '−우−'를 결합할 때 '세우다', '씌우다', '재우다', '태우다'처럼 '−ㅣ우−'로 결합되는 형태에 주의해야 합니다.

도입 및 제시

집안일 중에 '(명사)하다' 구성으로 이루어진 표현을 함께 이야기해 봅니다.

교 사   엄마가 말해요. '설거지를 해.' 그래서 여러분이 설거지를 해요. '엄마가 설거지를 시켜요.'

> 엄마가 저에게 청소를 시켜요.
> 엄마가 아빠에게 요리를 시켜요.
> 엄마가 동생에게 심부름을 시켜요.
> 엄마가 가족들에게 집안일을 시켜요.

연습

① 집, 학교, 교실에서 하는 일 중에 '(명사)하다' 구성으로 이루어진 표현을 함께 이야기해 보고 이 표현을 '(명사)을/를 시키다'의 표현으로 바꾸어 말해 봅니다. (교재 33쪽 참고)

② 엄마가 아이에게 자주 하게 하는 일을 말해 봅니다.

엄마가 아이에게 ________________을/를 시켜요.
숙제
공부
운동
방 정리
방 청소

활용

좋은 직장 상사, 부모, 선생님의 조건을 말해 봅니다. (교재 34쪽 참고)

주의

'을/를 시키다'의 표현은 문장의 주체가 다른 행위자에게 어떤 일을 하게 만드는 것을 말합니다. 따라서 다음 그림과 같이 엄마가 아이를 씻기는 상황에서는 '목욕시키다'와 같은 표현을 써서는 안 됩니다. '목욕시키다'는 아이가 목욕을 하도록 엄마가 강요한다는 의미입니다. 일상적인 언어 사용에서 과도하게 '시키다'를 사용하는 경우가 있으므로 이런 표현을 제시하지 않도록 주의합니다. 이러한 언어 사용의 예로는 '좋은 사람 있으면 소개시켜 줘.'와 같은 경우가 있습니다.

도입 및 제시

엄마/아빠가 아이에게 꼭 하게 하는 일과 하지 못하게 하는 일을 이야기해 봅니다.

교 사 엄마는 아이가 이를 안 닦는 것을 싫어해요. 아이가 이를 안 닦으면 어떻게 하지요?
학습자 이를 꼭 닦아야 돼. 이야기해요.
교 사 네, 엄마가 아이에게 이를 꼭 닦게 해요.

연습

① 엄마가 아이를 박물관에 데리고 갔을 때 어떤 일을 하게 또는 못 하게 하는지 이야기하면서 문법을 연습합니다. (교재 36쪽 참고)

② 어렸을 때 부모님이 꼭 하게 한 일과 못 하게 한 일, 그 이유를 생각해 보고 내용을 발표하도록 합니다.

[예] 친구들하고 싸우는 것을 싫어하셨어요. 그래서 친구하고 못 싸우게 하셨어요. 싸워도 꼭 화해를 하게 하셨어요.

활용

① 주어진 정보를 바탕으로 조언하기. 활동지 133쪽 '사동 표현 종합'

② 출장을 가야 하는데 집에서 키우는 동물을 데려갈 수가 없어서 친구에게 맡기려고 합니다. 어떤 일을 부탁할지 말해 봅시다. (교재 38쪽 참고)

주의

동사에 따라 '–이/히/리/기(…)–'와 '–게 하다'로 활용되는 경우가 있고, '–게 하다'만 가능한 경우가 있습니다. 이러한 점을 제시해야 합니다. ('교실에 들어가기 전에' 3번 참고) 다만 동사를 구별해서 쓰는 일이 학습의 부담이 될 수 있으므로 상황에 따라 선택적으로 제시하는 것이 좋습니다.

'–이/히/리/기(…)–'와 '–게 하다'가 모두 가능한 경우 의미의 차이가 있습니다. 그림이나 실제 동작을 통해 이러한 차이를 제시할 수 있습니다. ('문법 돋보기' 참고)

함정을 피해 가려면

사동 표현의 문장 구조

엄마가 아이에게 머리를 감겨요. (X)
엄마가 아이 의자에 앉혀요. (X)

　문법을 도입하면서 '감기다', '앉히다'와 같이 사동 표현만 제시하면 학생들이 문장을 만들 때 오류가 생깁니다. '엄마가 아이의 머리를 감겨요.', '엄마가 아이를 의자에 앉혀요.'와 같이 전체 문장을 제시하고 연습해야 문장 성분끼리 호응이 잘 안 되는 오류를 예방할 수 있습니다.

　사동의 문장은 서술어가 무엇인가에 따라 필요로 하는 문장 성분이 다릅니다. 이는 사동 문장이 아닌 경우에도 마찬가지입니다. 그러나 하나의 문법 항목으로 '사동'을 제시하면 학습자들은 일정한 형태의 '구조'를 기대하게 되므로 특히 사동을 다룰 때는 문장 구조를 명확하게 제시해야 합니다.

　문장 구조에 따라 사동 표현을 제시하면 다음과 같습니다.

(명사)이/가		(명사)을/를		사동사	
엄마가	라면을	끓여요.	아이가	밥을	남겨요.
나쁜 사람들이	다른 사람들을	속여요.	엄마가	아이를	씻겨요.
학생들이	종이비행기를	날려요.	아이가	엄마를	웃겨요.
형이	동생을	울려요.	엄마가	아이를	재워요.
엄마가	세탁기를	돌려요.	엄마가	아이를	깨워요.
친구가	결혼 소식을	알려요.	내가	택시를	세워요.
엄마가	얼음을	얼려요.	엄마가	쓰레기통을	비워요.

(명사)이/가	(명사)에게/한테	(명사)을/를	사동사
아빠가	아이한테	밥을	먹여요.
직원이	손님한테	신발을	보여요.
아빠가	아이한테	옷을	입혀요.
아빠가	아이한테	책을	읽혀요.
아빠가	아이한테	신발을	신겨요.
아빠가	아이한테	모자를	씌워요.

(명사)이/가	(명사)을/를	(명사)에	사동사	(명사)이/가	(명사)의	(명사)을/를	사동사
엄마가	아이를	의자에	앉혀요.	엄마가	아이의	머리를	감겨요.
내가	친구를	차에	태워요.	엄마가	아이의	손을	씻겨요.
엄마가	옷을	세탁소에	맡겨요.				
선생님이	그림을	칠판에	붙여요.				
엄마가	아이를	침대에	눕혀요.				

　'높다, 더럽다 '와 같은 형용사에서 사동사가 만들어지는 경우에는 '(명사)이/가 (명사)을/를 사동사'의 구조를 가집니다. '보다'의 경우에는 '보이다'보다는 '보여 주다'의 형태로 더 자주 쓰입니다.

'–이/히/리/기/우/추–'와 '–게 하다'

'–이/히/리/기/우/추–'는 주어가 직접 행동함으로써 대상이 동작을 하고, '–게 하다'는 대상이 스스로 어떤 동작을 하도록 간접적으로 말하거나 행동하는 것입니다. 이러한 차이를 실제 동작, 그림, 상황과 맥락을 통해 제시할 수 있습니다.

[예] 학습자를 앞에 두고 물을 먹이는 동작을 취합니다. "물을 먹여요."
　　 학습자에게 "물을 드세요."라고 말합니다. "물을 먹게 해요."

[예] 아파서 혼자 밥을 못 먹는 친구에게 내가 밥을 먹이고 있어요.
　　 밥을 안 먹고 텔레비전을 보고 있는 친구에게 내가 밥을 먹게 했어요.

[예]　　　　밥을 먹이다　　　　　　　　　　　밥을 먹게 하다

'–게 하다'가 항상 간접 사동인 것은 아니므로 사용되는 단어나 맥락을 고려하는 것이 중요합니다.

① 엄마가 아이에게 밥을 먹였다.
　 (엄마가 직접 밥을 떠 넣어 주고 아이는 가만히 있음)

　 엄마가 아이에게 밥을 먹게 하였다.
　 (엄마가 아이에게 밥을 먹으라고 말하고 아이가 밥을 먹음)

② 선생님께서 철수에게 책을 읽히셨다. (철수가 책을 읽음)
　 선생님께서 철수에게 책을 읽게 하셨다. (철수가 책을 읽음)
　 ※ 두 문장 모두 선생님은 간접적 영향력을 행사한다는 표현입니다.

활동은 이렇게

〈활동지 131쪽〉

사동사 맞히기 게임

동작으로 사동사를 설명해 보세요.

두 명씩 한 모둠을 만든 후 사동사 카드를 나누어 가집니다.
- 가, 나 : 사동사를 행동으로 표현합니다.
- 다, 라 : 사동사가 무엇인지 맞힙니다.

〈활동지 132쪽〉

경험 말하기

① 빈칸을 채워 사동 표현을 완성하세요.
② 사동 표현을 활용하여 질문하세요.
③ 대답을 잘 듣고 활동지에 쓰세요.

조언하기

친구의 고민을 듣고 해결 방법을 이야기해 봅시다.

① 신문 기사를 읽으세요.
② 고민을 읽고 신문 기사에 나온 정보를 바탕으로 조언을 말해 봅니다.

집안일

집안일을 어떻게 나누어서 할지 정해서 말해 봅시다.

① 학습자 2~3명씩 룸메이트 또는 가족이 됩니다.
② 같이 해야 할 집안일을 생각해 봅니다.
③ 활동지 134쪽의 사다리를 완성하여 집안일을 어떻게 분담할지 정합니다.
④ 모둠에서 정한 내용을 이야기해 봅니다.

어느 날 교실에서 – 수업일지의 실제

사동 접미사를 제시하고 연습한 후에 말하기 연습을 하기 위해서 두 가지 상황을 제시했습니다.

① 혼자 출장을 가야 해서 아이를 친구에게 맡기려고 합니다. 어떤 일을 해 달라고 부탁하고 싶습니까?

② 여행을 가는 동안 강아지를 친구에게 맡기려고 합니다. 어떤 일을 해 달라고 부탁합니까?

이 과제를 수행하면서 자연스레 '–게 하다'와 '(명사)을/를 시키다'가 등장합니다. 접사로 표현이 안 되는 동사들은 어떻게 하느냐는 질문이 꼭 나오니까요. 저는 사동 표현을 하나하나 제시하기보다는 이렇게 과제를 수행하는 과정에서 나오는 질문을 통해 제시하는 것이 좋은 것 같습니다. 문법을 별도로 제시하는 시간을 줄일 수 있으니까요. 자연스러운 맥락 속에서 제시가 되는 것도 좋은 것 같고요.

오늘 수업에서는 우리 반의 유일한 아이 엄마 ○○ 씨 발표를 재미있게 들었습니다. 또, 거북이를 맡기고 가겠다는 학생이 있었어요. 거북이한테 음악을 들려주고, 산책을 시켜 달라고 부탁했어요. 하하.

다른 선생님들의 댓글

사동 접미사를 다 다루기도 힘든데 과제를 통해서 제시하는 것도 좋은 방법인 듯합니다.
그래도 어쨌든 사동 표현은 힘들어요. 저만 그런 거 아니죠? ^^;;

저도 수업 한 차시에 사동 접미사를 어디에서부터 어디까지 제시해야 하는지, 접미사를 붙이는 경우하고 '–게 하다'를 붙이는 경우하고 어디까지 가르쳐야 하는지 고민이 많이 되더라고요.

저도 접미사 하나하나, 사동사가 하나하나 늘어갈수록 점점 더 어두워지던 학생들 얼굴이 떠올라요.
시간을 가지고 동사 하나하나 외우면 된다고 학생들을 다독일 수밖에요.

2-3 열심히 공부해야지요

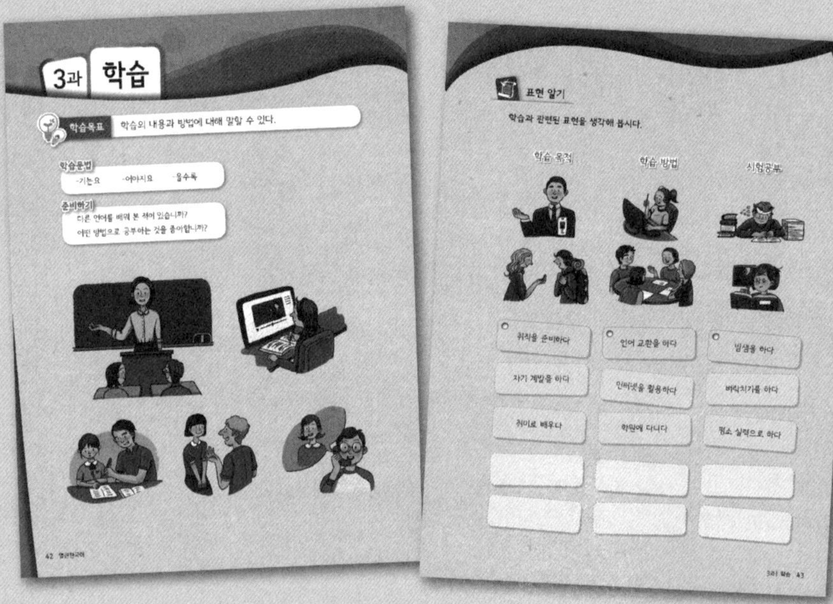

학습 문법	–기는요 　　　　　–아/어야지요 　　　　　–을수록
수업 목표	사과와 칭찬에 대한 응답 표현을 말할 수 있다. 찬성 또는 반대 의견을 말할 수 있다. 조언을 할 수 있다.
수업 자료	활동지 –기는요1, 2　–아/어야지요　–을수록

교실에 들어가기 전에

	확인할 내용	네	아니요
1	'–기는요'의 의미와 쓰임을 제시할 수 있다.		
2	'–아/어야지요'의 의미와 쓰임을 제시할 수 있다.		
3	'–을수록'의 의미를 제시할 수 있다.		

1. '-기는요'의 의미와 쓰임을 제시할 수 있다.

말하는 사람이 선행되는 사실을 부정할 때 쓰입니다. 칭찬하는 말에 '-기는요'로 응답하면 칭찬의 내용을 의도적으로 부정하면서 겸손함을 나타내게 됩니다.

　　가: 그 영화가 재미있어요?
　　나: 재미있기는요. 지루해서 영화를 보다가 잘 뻔했어요.

　　가: 한국어를 정말 잘하시네요.
　　나: 잘하기는요. 한국 사람처럼 말하려면 아직 멀었어요.

2. '-아/어야지요'의 의미와 쓰임을 제시할 수 있다.

당위를 나타내는 '-아/어야'와 듣는 사람이 이미 알고 있다고 생각되는 정보를 표현하는 '-지요'가 결합된 형태입니다. 따라서 '-아/어야지요'는 듣는 사람이 이미 알고 있는 당위의 정보를 나타낼 때 쓰입니다. 이러한 이유로 주로 '당연히'와 같은 부사와 잘 어울려 쓰입니다.

　　아프면 (당연히) 병원에 가야지요.
　　건강해지려면 담배를 끊어야지요.
　　약속에 늦으면 연락을 해야지요.
　　거짓말을 하지 말아야지요.

과거의 선어말어미 '-았/었-'과 '-아/어야지요'가 결합하면 당연히 해야 할 일을 하지 않았다는 '질책'의 의미가 나타나게 됩니다. 아래의 예문은 '병원에 갔어야 하는데 가지 않았다', '담배를 끊었어야 했는데 끊지 않았다'는 것을 표현합니다.

　　아프면 병원에 갔어야지요.
　　건강해지려면 담배를 끊었어야지요.

3. '-을수록'의 의미를 제시할 수 있다.

앞에 오는 상태나 동작의 깅도가 더 키짐을 표현합니다. 주로 '-으면'과 함께 쓰입니다.

　　이 책은 (읽으면) 읽을수록 더 재미있어져요.
　　담배를 오래 (피우면) 피울수록 끊기가 더 어려워져요.
　　돈이 (많으면) 많을수록 걱정도 많아요.
　　일이 (복잡하면) 복잡할수록 시간이 더 많이 걸리지요.

문법 수업은 이렇게

도입 및 제시

다른 사람이 한 말을 부정하게 되는 상황을 이야기해 봅니다.

교 사   손님이 가게 주인에게 말합니다. 비싼 것 같아요. 주인이 뭐라고 이야기할까요?
학습자   안 비싸요?
교 사   안 비싸다고 말하려고 이렇게 말해요. 비싸기는요.

> 가: 한국 문화를 잘 아시네요.
> 나: 잘 알기는요. 아직도 모르는 것이 많아요.
>
> 가: 스키를 잘 타요?
> 나: 잘 타기는요. 한 번도 안 타 봤어요.
>
> 가: 시험이 쉬웠지요?
> 나: 쉽기는요. 시험이 어려워서 답을 잘 못 썼어요.

연습

① 계획 또는 결심했던 일을 실천하지 못한 경험을 이야기해 봅니다. **활동지 135쪽 '–기는요1'**

② 사과에 대한 응답 표현을 말해 봅니다.

가: 미안해요. 내가 심한 말을 해서 화가 많이 났지요?
나: 화가 나기는요. 저도 심한 말을 해서 미안해요.

오래 기다리게 하다 / 화가 나다 / 바쁜 것 같아서 걱정하다
전화를 안 하다 / 섭섭하다 / 안 좋은 일이 생긴 것 같아서 걱정하다
먼저 사과를 안 하다 / 속상하다 / 먼저 사과를 하려고 생각하다
화를 많이 내다 / 짜증이 나다 / 미리 말을 못해서 미안하다

③ 다른 의견을 말해 봅시다.

[예] 가: 정 선생님은 무서울 것 같아요.
     나: 무섭기는요. 얼마나 재미있는 분인데요.

활용

역할극 하기. **활동지 136쪽 '–기는요2'**

도입 및 제시

건강해지기 위해서 해야 할 일을 말해 봅니다.

교 사　건강해지려면 어떻게 해야 해요?
학습자　운동을 자주 해요.
교 사　맞아요. 건강해지려면 운동을 자주 해야 해요. 여러분도 다 알고 있지요? 여러분이 알고 있다고 생각하고 제가 말해요. 건강해지려면 운동을 자주 해야지요.

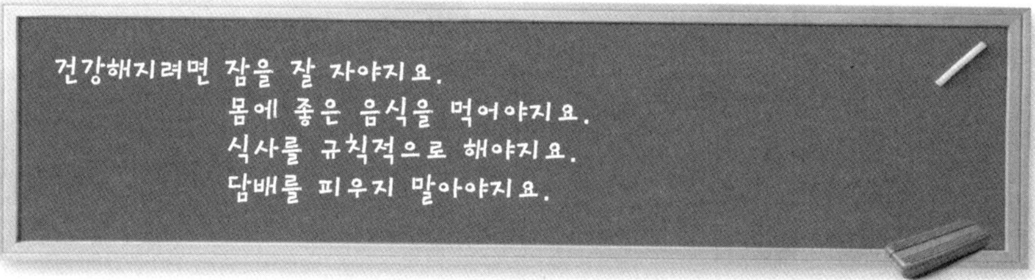

위의 예문을 바탕으로 '–았/었어야지요'의 의미를 확인합니다.

교 사　"잠을 잘 잤어야지요."(강조하면서)는 어떤 말이에요?
학습자　과거?
교 사　네, 맞아요. 잠을 잘 잤어야(강조하면서) 했는데 그렇게 안 했다(강조하면서)는 뜻이에요.

연습

① 환경을 보호하는 방법에 대해 말해 봅니다.

　[예] 환경을 보호하려면 다시 쓸 수 있는 물건을 재활용해야지요.

② 칭찬에 대한 응답 표현을 말해 봅니다.

　가: 한국어를 정말 잘하시네요.
　나: 잘하기는요. 한국에 오래 살았는데 이 정도는 할 수 있어야지요.

　중국어를 잘하다 / 대학교 때 전공을 하다 / 할 수 있다
　친절하다 / 도움을 많이 받다 / 도와 드리다
　열심히 공부하다 / 시험이 있다 / 공부를 하다
　피아노를 잘 치다 / 어렸을 때부터 치다 / 연주하다

② 특정한 상황에서 했어야 하는 일에 대해서 이야기해 봅니다.

　수업에 못 갔는데 선생님께 연락을 안 드렸어요.
　→ 수업에 못 가면 선생님께 연락을 드렸어야지요.

활용

서로 다른 의견을 말해 봅니다. **활동지 137쪽 '–아/어야지요'**

어떤 일을 하는 횟수가 점점 늘어나거나 정도가 더 심해지는 일을 이야기해 봅니다.

교 사 여러 번 본 영화가 있어요? 한 번, 두 번 , 세 번, 네 번,……. 계속 봐요. 볼수록
재미있어서 그 영화를 여러 번 봤어요.

교 사 날이 더워요. 처음에는 조금 더워요. 그 다음에는 조금 더 더워요. 그 다음에는 정말
더워요. 날씨가 점점 더 더워져요. 그래서 아이스크림이 많이 팔려요. 날씨가 더울수록
아이스크림이 잘 팔려요.

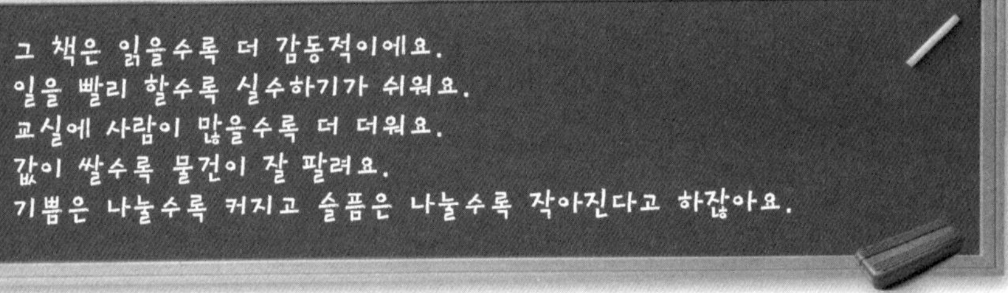

'−으면 −을수록'의 형태로 자주 쓰임을 제시합니다.

① '좋아하는/싫어하는 사람'에 대해서 말해 봅니다.

만날수록 그 사람이 더 좋아져요/싫어져요.
생각할수록 그 사람이 더 보고 싶어요/보기 싫어요.
날이 갈수록 그 사람이 더 그리워져요/지겨워져요.

② 자주 또는 많이 할수록 건강에 좋은 일을 말해 봅니다.

_______________________(으)ㄹ수록 건강에 좋아요.

차를 많이 마시다
많이 웃다
운동을 자주 하다
채소와 과일을 많이 먹다
많이 걷다

① '수수께끼'를 만들어 봅니다. (교재 54쪽 참고)
② '그럴수록 더': 상황에 맞게 해야 할 일을 말해 봅니다. **활동지 138쪽 '−을수록'**

앞에 나오는 말을 반복해서 말할 때는 '그럴수록'이 쓰이기도 합니다.

[예] 가: 바빠서 밥을 잘 못 먹어요.
나: 바쁠수록(그럴수록) 식사를 규칙적으로 해야지요.

함정을 피해 가려면

'–아/어야지요'는 '듣는 사람도 알고 있다고 생각되는 꼭 해야 하는 일'을 말할 때 쓰인다는 것을 먼저 제시하는 것이 좋습니다. 이미 배운 문법 '–아/어야'와 '–지요'의 의미가 합쳐진 문법 항목임을 확인하는 것입니다. 그렇지 않고 기능상으로 다른 사람에게 어떤 일을 하라는 것으로만 제시하고 연습하면 학습자들은 '–으세요'와 같은 문법 항목과 '–아/어야지요'가 어떻게 다른지를 꼭 질문합니다.

다음과 같이 '–으세요', '–아/어야 해요', '–아/어야지요'의 의미를 비교해 보면 그 의미의 차이가 더욱 분명히 드러납니다.

① 건강해지려면 채소를 많이 드세요.
② 건강해지려면 채소를 많이 먹어야 해요.
③ 건강해지려면 채소를 많이 먹어야지요.

①은 직접적으로 다른 사람에게 어떤 일을 하라고 말하는 것입니다. 반면 ②는 건강해지기 위해서는 야채를 꼭 먹어야 한다고 생각하는 말하는 이의 판단이 들어 있습니다. ③은 ②의 판단 외에 이러한 판단이 듣는 이에게도 공유되는 정보일 거라는 믿음이 들어 있습니다. 따라서 일반적으로 ①~③의 순서로 듣는 이의 부담이 줄어들게 됩니다.

가: 옷이 잘 어울리네요.
나: 잘 어울리기는요.

칭찬에 대한 응답의 표현으로 '–기는요'를 제시할 때는 문화적인 차이를 고려할 필요가 있습니다. 상황에 따라 차이가 있기는 하나 한국어에서는 일반적으로 칭찬을 들었을 때 칭찬의 내용을 부정하는 것이 겸손함을 표현하는 것이라고 생각되기 때문입니다. 학습자에 따라서는 '–기는요'를 활용한 표현이 칭찬을 거부하는 것처럼 느껴져 이상하다는 반응을 보이기도 합니다. 따라서 이러한 표현이 실제로 칭찬의 내용을 부정하는 것이 아니라 문화적인 관습이라는 점을 인식시킬 필요가 있습니다.

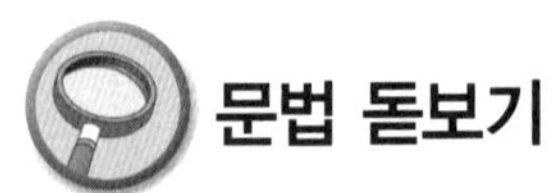

문법 돋보기

–아/어야지

‘–아/어야지’는 자신의 결심을 말할 때도 쓰입니다. 당위적인 내용을 스스로에게 확인하는 의미로 쓰인다고 할 수 있습니다.

> 내일 아침에는 꼭 일찍 일어나야지.
> 올해에는 꼭 담배를 끊어야지.
> 다음에는 꼭 시험에 합격해야지.

이는 다른 사람에게 반말체로 말하는 ‘–아/어야지’와는 다르므로 주의가 필요합니다. 아래의 예는 말하는 이의 결심이 아니라 듣는 사람에게 해야 할 일을 말해 주는 것입니다. 형태상으로는 잘 구별이 되지 않으므로 상황과 맥락을 통해 의미를 변별해야 합니다.

> 너 오늘도 지각했잖아. 내일은 일찍 가야지.
> 자꾸 식사를 거르면 어떡해? 식사를 규칙적으로 해야지.

–아/어야지요

‘–아/어야지요’는 주로 동사와 함께 쓰입니다. 당위적인 내용이 동사와 어울리기 때문입니다. 그러나 형용사와 결합하는 경우도 있는데 이때는 말하는 사람이 생각하기에 필수적으로 갖추어야 하는 조건을 의미합니다.

> 공부를 하는 곳은 조명이 밝아야지요.
> 농구 선수는 키가 커야지요.
> 선생님은 학생들에게 친절해야지요.

동사가 쓰일 때와 형용사가 쓰일 때 의미 차이가 있고 동사처럼 형용사가 활발하게 사용되지도 않으므로 ‘–아/어야지요’에 결합할 수 있는 서술어를 동사로 제한해서 가르치는 것이 좋습니다. 이는 ‘–아/어야’나 ‘–아/어야 하다’의 경우도 마찬가지입니다.

> (–아/어야 하다)　　유학을 가려면 돈이 많아야 해요.
> (–아/어야)　　　　돈이 많아야 유학을 갈 수 있어요.

 **활동은 이렇게**

〈활동지 135쪽〉

−기는요1

작심삼일

계획 또는 결심한 일을 실천하지 못한 경험을 말해 봅시다.

〈도움말〉

⑴ 학생 두 명이 한 모둠이 됩니다.

⑵ 교사는 학생 모두에게 쪽지를 하나씩 나누어 줍니다.

⑶ 쪽지에는 결심이 쓰여 있습니다.

　[예] 운동을 매일 할 거야.

⑷ 쪽지를 받고 다른 사람에게 계획 또는 결심한 일의 진행 상황을 물어봅니다.

　[예] 운동을 잘하고 있어요? 운동을 매일 할 거라고 했잖아요.

⑸ 질문을 받은 학생은 '−기는요'를 사용해서 대답을 합니다.

　[예] 운동을 매일 하기는요. 바빠서 잠을 잘 시간도 부족한데요.

〈활동지 136쪽〉

−기는요2

어땠어요?

기대와 달랐던 경험을 이야기해 봅시다.

〈가〉 최근에 친구가 한 일(여행, 소개팅 등)이 재미있거나 잘 됐을 거라고 생각하고 물어봅니다.

　[예] 여행 재미있었어요?

〈나〉 '−기는요'를 활용하여 친구의 기대와는 달랐던 경험을 이야기합니다.

　[예] 재미있기는요. 고생만 했어요. ……

설득하기

서로 다른 생각을 말해 봅시다.

〈가〉 어떻게 행동할지 말해 봅니다.

　　[예] 친구를 도와줘야지요.

〈나〉 친구가 이야기한 것과는 다른 의견을 말해 봅니다.

　　[예] 도와주기는요.

그럴수록 더

상황에 맞게 해야 할 일을 말해 봅시다.

〈도움말〉

다음과 같은 설명을 예로 제시합니다. "바쁘면 여유 있게 일을 하기가 어려워요. 하지만 바빠서 일을 서두르면 실수하기가 쉬워요. 그래서 '바쁠수록 더 여유 있게 일을 해야지요.'라고 말해요."

 # 어느 날 교실에서 – 수업일지의 실제

오늘 수업에서는 문화적인 차이를 확실하게 느낄 수 있었습니다. 오늘 배울 문법 항목이 '–아/어야지요'라서 한국에서 지켜야 할 예절에 대해서 이야기를 했어요.

> 버스에서는 어른이나 어린 아이에게 자리를 양보해야지요.
> 어른 앞에서는 담배를 피우지 말아야지요.
> 한국에서는 고개를 숙여 인사를 해야지요.

중급반 학생들이라서 한국 문화도 어느 정도 알고 있고 문화적인 차이를 받아들이는 데도 익숙할 거라고 생각했는데 그건 제 생각일 뿐……. 학생들이 은근히 한국 문화를 잘 모르더라고요. 다른 문화에 대한 거부감도 여전한 것 같고요. 특히 중국 학생들이 어른들 앞에서 담배 피우는 것을 예의에 어긋난다고 생각하는 데 대해서 이상하다는 반응을 많이 보였어요. '중국이 같은 유교 문화권이라서 한국하고 문화가 비슷할 거라고 생각하지만 실제로는 많이 다르다'는 다른 선생님의 말이 이제야 실감이 나네요. 학생들 반응에 살짝 마음이 상할 뻔했지만 그런 저 자신을 보면서 피식~ 웃음이 나네요. 저도 학생들 나라의 문화를 모르기는 마찬가지라서요. '한국어 교사'로서 좀 더 여유 있고 열린 마음을 가져야겠습니다.

다른 선생님들의 댓글

- ▶ 맞아요. 오히려 중국이 한국하고 문화가 많이 다른 면이 있더라고요.

- ▶ 우리 학생들도 한국 문화에 좀 더 적극적이고 열린 마음을 가져주면 좋을 텐데요.

- ▶ '–아/어야지요'를 다룰 때 문화적인 내용을 소제로 해도 새미있겠네요.
  문화적인 차이 때문에 오히려 재미있을 수 있는 것 아닐까요?

2-4 친구하고 자주 듣던 노래거든요

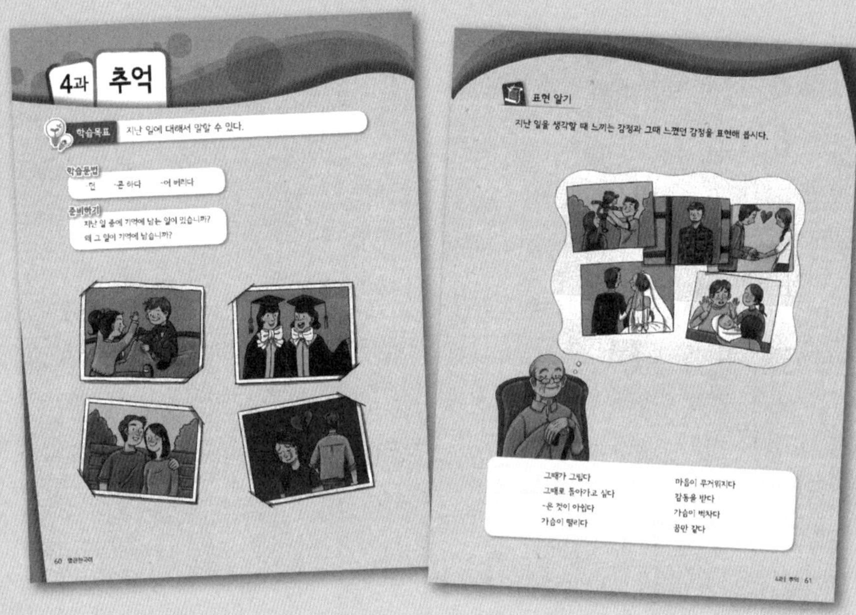

학습 문법	−던 −곤 하다 −아/어 버리다		
수업 목표	추억을 말할 수 있다. 습관적으로 하는 일을 말할 수 있다. 아쉽게 느껴지는 일을 말할 수 있다.		
수업 자료	활동지 −던(2) −곤 하다 −아/어 버리다		

 ## 교실에 들어가기 전에

	확인할 내용	네	아니요
1	'−던'의 두 가지 의미를 제시할 수 있다.		
2	'−곤 하다'의 의미를 제시할 수 있다.		
3	'−아/어 버리다'의 기본적인 의미와 쓰임을 제시할 수 있다.		

1. '-던'의 두 가지 의미를 제시할 수 있다.

'-던'은 ①중간에 중단된 과거 동작을 나타내는 경우와 ②과거에 반복적이거나 계속적인 행동이 더 이상 계속되지 않음을 나타내는 두 가지 의미를 가지고 있습니다.

　① 아까 내가 마시던 커피를 치웠어요?
　　전화를 끊고 나서 하던 일을 끝냈어요.
　　어제 학교 앞에서 같이 가던 사람이 누구예요?

　② 어머니께서 자주 만들어주시던 음식이 생각나요.
　　작년에 유행하던 짧은 치마를 올해는 아무도 안 입네요.

①의 경우는 말하는 사람이 듣는 사람의 동작을 관찰한 시점이 동작이 진행되는 과정에 있었음을 나타내기도 합니다. 이때는 '-던'에 결합하는 동작이 실제로 중간에 중단되었는지의 여부와는 상관없이 말하는 사람의 인식 속에서 동작이 중단되었음을 나타낸다고 볼 수 있습니다.

2. '-곤 하다'의 의미를 제시할 수 있다.

어떤 특정한 행동이 일상적으로 반복되는 경우에 쓰입니다. 이러한 이유로 '자주, 주로, 마다' 등의 단어와 어울려 쓰입니다.

　그 사람이 그 노래를 좋아해서 자주 듣곤 했어요.
　비가 올 때는 주로 따뜻한 음식을 만들어 먹곤 해요.
　시간이 있을 때마다 산책을 하곤 해요.

3. '-아/어 버리다'의 기본적인 의미와 쓰임을 제시할 수 있다.

'-아/어 버리다'의 기본 의미는 동작의 완결입니다. 동작이 완결된 것이 바라던 결과일 수도 있고 아닐 수도 있습니다. 아닌 경우에는 동작이 완결되어 아쉬운 감정을 나타냅니다.

　하고 싶은 말을 해 버리니까 속이 시원하다.
　하면 안 되는 말을 해 버려서 걱정이다.

『열린한국어』는 다음의 예와 같이 '아쉬움'을 나타내는 경우만을 다루고 있습니다.

　친구가 인사도 안 하고 먼저 가 버려서 섭섭했어요.
　화가 나서 친구에게 심한 말을 해 버렸어요.

 **문법 수업은 이렇게**

<table>
<tr><td></td><td colspan="2" align="center">-던(1)</td><td align="right">교재 63쪽</td></tr>
</table>

도입 및 제시	완결되지 않고 중단된 일에 대해 이야기해 봅니다. **교 사** 친구하고 이야기를 하고 있는데 전화가 왔어요. 어떻게 해요? **학습자** 전화를 받아요. **교 사** 전화를 다 했어요. 그 다음에 친구하고 다시 이야기를 해요. '전화를 끊고 하던 이야기를 계속 했어요.' 동작이 중단되었음을 다시 한 번 확인합니다. **교 사** 친구하고 이야기를 하고 있었어요. 전화가 오기 전에 이야기가 끝났어요?

내가 방에 들어가니까 동생이 읽던 책을 숨겼어요.
집에 가서 어제 보던 영화를 계속 보려고 해요.

다른 사람이 어떤 일을 하고 있는 것을 본 후에 그 일에 대해서 이야기합니다.

교 사 아까 쉬는 시간에 ○○ 씨가 다른 사람하고 이야기를 하고 있었어요. 제가 그것을 봤어요. 제가 볼 때 ○○ 씨가 이야기를 하고 있었어요(강조하면서). "○○ 씨, 아까 이야기하던 사람이 누구예요?"

어제 식당에서 같이 밥을 먹던 사람이 누구예요?
어제 학교 앞에서 같이 가던 사람이 누구예요?

연습

완결되지 않고 중단된 일에 대해 말해 봅니다.

[예] 제가 아까 마시던 커피 누가 치웠어요?
　　 방금까지 읽던 신문이 어디로 갔지?

활용

다른 사람이 어떤 일을 하고 있는 중에 그 일을 목격한 것을 말해 봅니다.

[예] 아까 통화하던 사람이 누구예요?
　　 어제 커피숍에서 같이 차를 마시던 사람이 누구예요?

주의

이러한 의미의 '-던'은 '-은'과 비교했을 때 '미완결'의 의미가 강합니다. ('문법 돋보기' 참고)

도입 및 제시	예전에 반복적으로 하던 일에 대해서 이야기합니다.

교 사 고등학교 때 친구들하고 자주(강조하면서) 공원에 갔어요. 고등학교 때예요. 지금은 아니에요. 한 번이 아니고 여러 번 자주 간 곳이에요. "그 공원은 고등학교 때 친구들하고 자주 가던 곳이에요."

그 노래는 고등학교 때 친구들하고 자주 듣던 거예요.
그 음식은 고향에 있을 때 자주 먹던 거예요.
이 책은 예전에 제가 한국어를 처음 배울 때 보던 거예요.

연습

① 이제는 자주 쓰지 않아서 벼룩시장에 팔 물건의 목록을 만들어 봅니다.

이제는 보지 않지만 예전에는 자주 <u>보던</u> 영화 DVD
이제는 읽지 않지만 예전에는 자주 <u>읽던</u> 책
이제는 듣지 않지만 예전에는 자주 <u>듣던</u> 음반
이제는 입지 않지만 예전에는 자주 <u>입던</u> 옷
이제는 신지 않지만 예전에는 자주 <u>신던</u> 신발
이제는 쓰지 않지만 예전에는 자주 <u>쓰던</u> 컴퓨터
이제는 사용하지 않지만 예전에는 자주 <u>사용하던</u> 그릇

② '어머니에 대한 추억'을 소재로 명사를 꾸미는 말을 만들어 봅니다.

<u>어머니께서 자주 만들어 주시던</u> 음식
<u>어머니께서 자주 읽어 주시던</u> 동화책
<u>어머니께서 매일 불러 주시던</u> 노래
<u>어머니와 자주 산책하던</u> 공원
<u>어머니와 자주 하던</u> 이야기

활용

'보고 싶다, 친구야!': 지금은 연락이 잘 안 되지만 예전에 친하게 지내던 친구에 대해서 이야기해 봅니다.

활동지 139쪽 '-던(2)'

주의

이제는 계속되지 않는, 지속적이거나 반복적인 과거 행위의 의미에 초점을 맞추어 '-던'을 제시하도록 합니다.

도입 및 제시

특정한 상황에서 자주 하는 일을 이야기해 봅니다.

교 사　시간이 있을 때 주로 무엇을 해요?
학습자　산책을 해요.
교 사　시간이 있을 때는 거의 항상(강조하면서) 산책을 해요. 그러면 '시간이 있을 때는 산책을 하곤 해요.'라고 말해요.

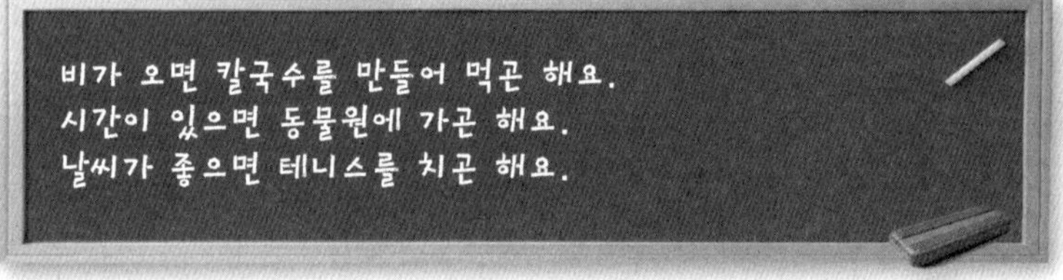

'-곤 해요'의 의미를 바탕으로 '-곤 했어요'의 의미를 확인합니다.

연습

① 고향에 있을 때 자주 하던 일을 말해 봅니다.

방학 때마다 할머니 댁에 가곤 했어요.
주말에는 주로 _______________________________
명절이면 _______________________________
학교가 끝나면 _______________________________
가족들이 모두 집에 있으면 _______________________________

② 자신의 경험을 바탕으로 추천을 해 봅니다.

가: 심심할 때 뭘 하면 좋아요?
나: 저는 옛날 물건을 정리하곤 해요. 옛날 기억을 생각할 수 있어서 좋더라고요.
　　한번 해 보세요.

　　몸이 피곤할 때
　　시간이 날 때
　　고향이 그리울 때
　　입맛이 없을 때
　　밤에 잠이 안 올 때
　　우울해질 때

활용

"그때는 ~하곤 했었지": 미래의 손녀, 손자에게 현재의 모습을 이야기해 준다고 생각하고 이야기를 만들어 봅니다. **활동지 140쪽 '-곤 하다'**

도입 및 제시	아쉽거나 후회되는 일을 말해 봅니다. **교 사**　배가 너무 고파서 "동생이 먹을 음식까지 내가 다 먹어 버렸어요." 지금은 음식이 없어요. 　　　　(강조하면서) 다 먹은 후에 '내가 동생이 먹을 음식을 먹으면 안 되는데'하고 생각해요. 　　　　'먹지 말 걸 그랬다'고 생각해요. 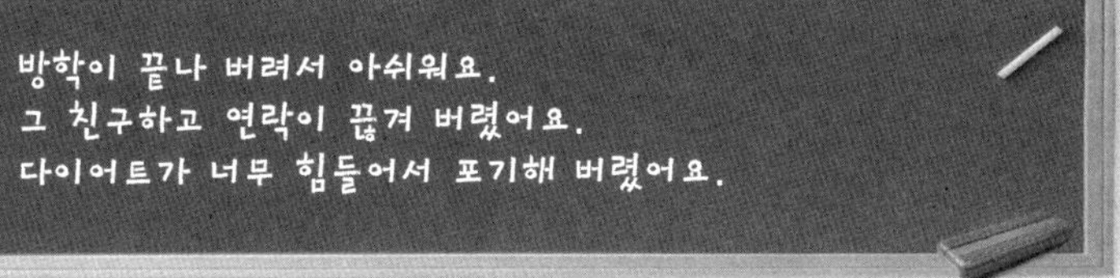
연습	① 중간에 그만 둔 일을 말해 봅니다. 　　＿＿＿＿＿＿＿＿다가 ＿＿＿＿＿＿＿＿아/어서 그만둬 버렸어요. 　　　　　　　　　　　　　　　　　　포기해 버렸어요. 　　요가를 배우다　　　　어렵다 　　금연을 하다　　　　　힘들다 　　술을 줄이다 　　채식을 하다 　　외국어를 배우다 ② 하고 나서 후회하는 일을 말해 봅니다. 　　세일을 한다고 해서 옷을 또 <u>사 버렸어요.</u> 　　한 달 동안 써야 할 돈을 일주일만에 다 <u>써 버렸어요.</u> 　　남자 친구하고 싸워서 남자 친구가 준 선물을 <u>버려 버렸어요.</u> 　　피곤해서 잠깐 자려고 했는데 오후 내내 <u>자 버렸어요.</u> 　　화가 나서 친구를 기다리지 않고 먼저 <u>가 버렸어요.</u> 　　늦잠을 자서 오늘도 수업에 <u>늦어 버렸어요.</u>
활용	참아야 했는데 참지 못한 일을 말해 봅니다. **활동지 141쪽 '–아/어 버리다'**
주의	'잊어버리다'와 '잃어버리다'는 '(동사)어 버리다'의 구성이 굳어져 한 단어로 인정되는 표현이므로 띄어 쓰지 않습니다.

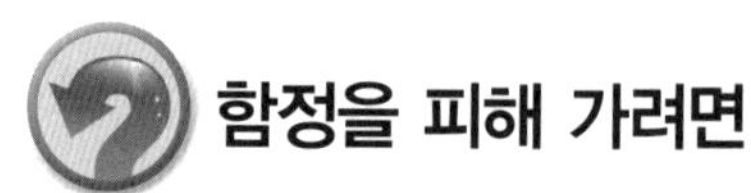

함정을 피해 가려면

–던

'–던(2)'가 '지금은 계속되지 않는, 반복적이거나 지속적인 과거의 행동'을 의미하기 때문에 '–던(2)'와 어울려 쓰이는 형태들이 있습니다. 이러한 복합 형태를 명시적으로 교수·학습하지는 않아도 학습자에게 계속 노출하여 학습자들이 이러한 형태에 익숙해지게 할 필요가 있습니다. 그렇지 않으면 복합 형태를 잘 인식하지 못하거나 사용하지 못하게 되는 경우가 많습니다.

다음과 같이 비교적 지속적인 과거 상황에 대해서는 '–은'을 사용하지 않고 '–던(2)'를 사용합니다.

① 어제 차에 같이 타고 있던 사람이 누구예요?
② 어제 차에 같이 탄 사람이 누구예요?

'–던(2)'가 쓰인 ①의 문장은 상태의 지속을 의미하는 '–고 있다'에 '–던(2)'가 결합하여 두 사람이 계속 같이 차에 있었다는 의미가 전달됩니다. 반면 ②는 차에 오르는 순간의 동작성이 강하게 느껴집니다. 상태의 지속을 의미하는 '–고 있다'에는 '–은'이 결합하지 못합니다. 이것은 상태의 지속을 의미하는 또 다른 문법 형태 '–아/어 있다'도 마찬가지입니다.

③ 어제 집에 와 있던 사람이 누구예요?
　 어제 집에 온 사람이 누구예요?

④ 교실에 남아 있던 학생들도 이제는 다 가 버렸다.
　 교실에 남은 학생들도 이제는 다 가 버렸다.

반면 행위의 진행을 나타내는 '–고 있다'는 '–던(1)'에 결합합니다. 이는 '–던(1)'이 말하는 이의 인식 속에서 중단된 과거의 일을 나타내기 때문입니다.

⑤ 어제 같이 밥을 먹던 사람이 누구예요?
　 어제 같이 밥을 먹고 있던 사람이 누구예요?
　 어제 같이 밥을 먹은 사람이 누구예요?

⑤의 문장들을 살펴보면 '먹던'이나 '먹고 있던'에는 '진행'의 의미가 느껴지지만 '먹은'에서는 그러한 의미가 읽히지 않습니다.

'-은'과 '-던'

과거의 행위를 의미한다는 점에서 '-은'과 '-던'은 비슷한 문법 항목이라고 볼 수 있습니다. 그러나 '-은'은 동작의 완결 여부와 상관이 없는 반면 '-던(1)'은 동작의 미완결을 의미한다는 점에서 차이가 있습니다.

① 내가 먹은 사과, 내가 마신 커피
② 내가 먹던 사과, 내가 마시던 커피

②는 다음 그림과 같이 끝나지 않은 일을 말합니다.

과거의 반복적인 행위를 말할 때도 '-던(2)'를 쓰는 것이 자연스럽습니다.

③ 떡은 명절이나 생일과 같이 중요한 날에 즐겨 먹던 음식이에요.
 ?떡은 명절이나 생일과 같이 중요한 날에 즐겨 먹은 음식이에요.

④ 가: 옷을 새로 샀어요?
 나: 아니요. 작년에 입던 거예요.
  ?작년에 입은 거예요.

④에서 '입던'은 행위가 여러 번에 걸쳐 빈복적으로 이루어졌다는 느낌을 주지만 '입은'에서는 그러한 의미를 찾을 수 없습니다.

현재에는 지속되지 않는 과거의 동작에도 '-던(2)'가 더 잘 어울려 쓰입니다.

⑤ 그 가수가 부른 노래는 80년대에 유행하던 곡이다.
 그 가수가 부른 노래는 80년대에 유행한 곡이다.

활동은 이렇게

보고 싶다, 친구야!

보고 싶은 옛날 친구에 대해서 말해 봅시다.

지금은 연락이 안 되지만 보고 싶은 친구에 대해서 말해 봅니다.

[예] 항상 예쁘게 웃던 친구가 보고 싶어요.
    내 이야기를 잘 들어주던 친구가 보고 싶어요.
    운동을 잘하던 친구가 보고 싶어요.

옛날에는

지금이 2050년이라고 생각하고 2050년의 사람들에게 지금의 모습을 이야기해 봅니다.

〈도움말〉
먼저 할아버지와 아버지 세대의 삶에 대해서 궁금한 것을 생각해 봅니다. 이것을 바탕으로 2050년 사람들이 지금의 삶의 모습에 대해서 궁금해할 만한 것을 생각한 다음 질문을 만들고 답을 해 봐도 좋습니다.

친구하고 싸웠어요

친구하고 싸운 이유를 말해 봅시다.

어느 날 교실에서 – 수업일지의 실제

오늘 수업에서는 '-아/어 버리다'를 공부했습니다. 도입을 마치고 연습을 하려고 하는데 한 학생이 '-아/어 버리다'를 왜 쓰냐고 질문을 했습니다. 도입할 때 의미가 충분히 전달되지 않았나 봅니다. 그래서 '-아/어 버리다'가 쓰인 문장과 쓰이지 않은 문장을 같이 놓고 의미의 차이를 확인해 보았습니다.

① 밥을 다 먹었어요.
② 밥을 다 먹어 버렸어요.

①에서는 '밥을 다 먹었다'는 사실만 전달되는 반면에 ②에서는 '밥을 다 먹으면 안 되는데 밥을 다 먹었다', '밥을 다 먹지 말 걸 그랬다'는 의미가 있다고 설명을 했습니다. 더불어 다음과 같은 문장을 덧붙여 주었습니다.

② 밥을 다 먹어 버렸어요. 다른 사람이 먹을 밥이 없어요.
　 다이어트를 해서 밥을 다 먹으면 안 돼요. 그런데 밥을 다 먹어 버렸어요.

설명을 하고 보니 처음부터 두 문장을 비교하면서 도입을 시작할 걸 그랬나 하는 생각이 들었습니다.

다른 선생님들의 댓글

보조용언 구성이 어떤 느낌 같은 것을 덧붙이는 거라 설명하기가 쉽지는 않더라고요.

흔히들 조사하고 어미가 어렵다고 하는데 중급부터 출현하기 시작하는 보조용언 구성도 만만치 않은 것 같아요. '-아/어 버리다, -고 말다, -아/어 놓다/두다…' 많기도 하지요.

중급부터는 그동안 배운 문법 항목이 많으니까 먼저 학습한 문법 항목과의 비교를 통해서 의미를 제시하기가 그래도 수월한 것 같습니다. 비교 설명하기가 난감하기는 하지만요. ^^;;

창문이 열려 있었어요

2-5

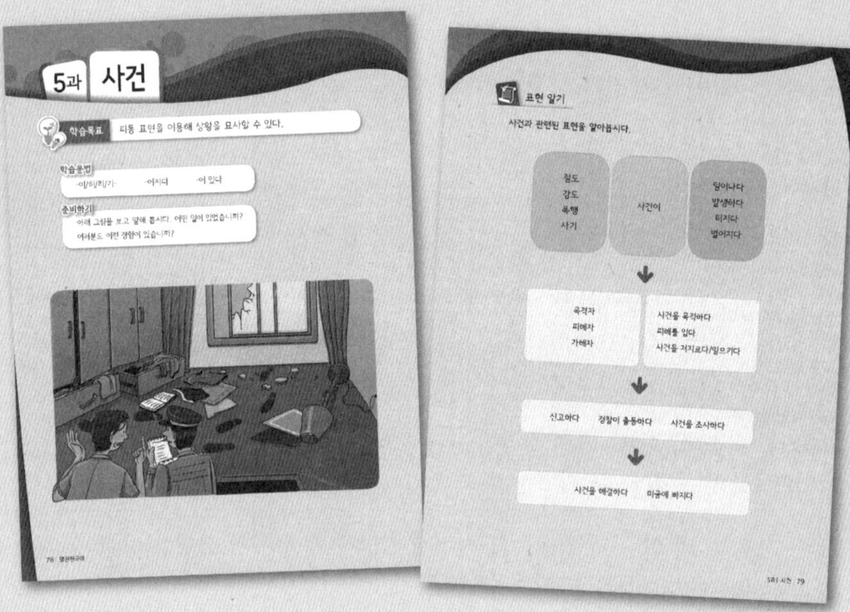

학습 문법	−이/히/리/기−	−아/어지다	−아/어 있다
수업 목표	피동 표현을 활용하여 말할 수 있다. 상황을 묘사할 수 있다.		
수업 자료	활동지 −이/히/리/기−1, 2 −아/어지다 −아/어 있다 날개 달기−뉴스 대본		

교실에 들어가기 전에

	확인할 내용	네	아니요
1	피동의 개념과 문장 구조를 제시할 수 있다.		
2	피동의 형태를 제시할 수 있다.		
3	'−아/어 있다'의 의미와 쓰임을 제시할 수 있다.		

1. 피동의 개념과 문장 구조를 제시할 수 있다.

피동에 대응되는 개념은 능동입니다. 능동은 문장의 주체가 되는 이가 스스로 행동을 하는 것을 말하지만, 피동은 다른 사람에 의해 특정한 결과를 가지게 되는 것을 말합니다. 능동문의 목적어에 해당하는 이가 피동문 문장의 주어가 됩니다.

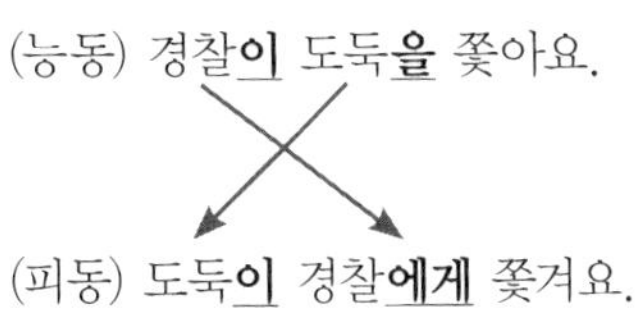

2. 피동의 형태를 제시할 수 있다.

동사에 '-이/히/리/기-'와 같은 피동 접미사를 붙여서 만듭니다.

-이-		-히-		-리-		-기-	
보다	보이다	먹다	먹히다	열다	열리다	감다	감기다
쓰다	쓰이다	막다	막히다	물다	물리다	담다	담기다
놓다	놓이다	닫다	닫히다	풀다	풀리다	안다	안기다
쌓다	쌓이다	잡다	잡히다	밀다	밀리다	끊다	끊기다
바꾸다	바뀌다	밟다	밟히다	팔다	팔리다	쫓다	쫓기다
잠그다	잠기다	찍다	찍히다	듣다	들리다		

동사에 '-아/어지다'가 결합되어 피동의 형태가 만들어지는 경우도 있습니다. 이러한 동사에는 '만들다, 켜다, 끄다, 정하다, 깨다, 찢다' 등이 있습니다.

만들다	→	만들어지다	깨다	→	깨지다
켜다	→	켜지다	쓰다	→	써지다
끄다	→	꺼지다	이루다	→	이루어지다
세우다	→	세워지다	쏟다	→	쏟아지다
정하다	→	정해지다	찢다	→	찢어지다

3. '-아/어 있다'의 의미와 쓰임을 제시할 수 있다.

어떠한 상태가 지속되고 있음을 말합니다. 이러한 특성 때문에 주로 상황을 묘사하는 데 쓰입니다.

학생들이 벌써 많이 와 있어요.
그 선물에는 정성이 가득 담겨 있었어요.
도서관에 밤늦게까지 불이 켜져 있어요.

 **문법 수업은 이렇게**

도입 및 제시	다음과 같이 능동/피동 문장의 예를 하나씩 제시합니다.

-이-　　보다　　　(내가) 사진을 봐요.
　　　　보이다　　사진이 (나에게) 보여요.

-히-　　밟다　　　다른 사람이 내 발을 밟았어요.
　　　　밟히다　　내 발이 다른 사람에게 밟혔어요.

-리-　　듣다　　　내가 시끄러운 소리를 들었어요.
　　　　들리다　　시끄러운 소리가 (나에게) 들렸어요.

-기-　　안다　　　엄마가 아이를 안아요.
　　　　안기다　　아이가 엄마한테 안겨요.

다음으로 같은 접사 표현이 사용되는 동사를 하나씩 제시하도록 합니다.

연습

① 같은 접사가 붙는 동사들끼리 모아 봅니다. **활동지 142쪽 '-이/히/리/기-1'**
② 피동 표현을 활용하여 말해 봅니다. **활동지 143쪽 '-이/히/리/기-2'**

활용

건강을 주제로 다음과 같은 피동 표현을 사용하여 말해 봅니다.

눈이 아프면 잘 안 보여요.
귀가 아프면 잘 안 들려요.
이가 아프면 음식이 잘 안 씹혀요.
___________하면 스트레스가 쌓여요.
___________하면 스트레스가 풀려요.

주의

'팔다'와 같이 능동문에 '에게'가 있는 경우 위의 예문과는 다른 문법적인 변형이 이루어지므로 주의합니다.

직원이 손님에게 물건을 팔아요.
　　물건이 손님에게 팔려요.

일부 피동 접미사 표현의 경우에는 대응되는 능동문이 없으므로 주의가 필요합니다. 이러한 경우에는 어휘적으로 접근할 필요가 있습니다.

[예] 종이 울리다, 감기에 걸리다, 스트레스가 쌓이다, 날씨가 풀리다

행위의 주체보다는 대상이 더 중요한 일들을 이야기해 봅니다.

교 사 누가 한글을 만들었어요?
학습자 세종대왕이(강조하면서) 한글을 만들었어요.
교 사 네, 1443년에 한글이(강조하면서) 만들어졌어요. "누가 만들었어요?" 알고 싶어요. 그럴 때는 "세종대왕이 만들었어요."라고 말해요. 하지만 "한글이 만들어졌어요."라고 말하면 세종대왕보다 '한글'이 더 중요해요. '세종대왕'이 아니라 '한글'에 대해서 이야기하고 싶은 거예요.

> 물컵이 넘어지면서 물이 쏟아졌어요.
> 아이가 책을 찢어서 책이 찢어졌어요.
> 전원 버튼을 누르면 휴대폰이 켜져요.

연습

피동의 문장을 완성해 봅니다.

옆 건물에 불이 났는데 다행히 빨리 <u>꺼졌어요</u>.
접시가 바닥에 떨어져서 <u>깨졌어요</u>.
크리스마스 트리에 불이 <u>켜졌어요</u>.
새로운 야구 팀이 <u>만들어졌어요</u>.
이사 날짜가 <u>정해졌어요</u>.
바라고 또 바라던 꿈이 <u>이루어졌어요</u>.
광화문에 세종대왕상이 <u>세워졌어요</u>.

활용

'사랑'과 '결혼'을 주제로 한 표현을 완성하고, 이러한 표현을 활용하여 자신의 경험이나 생각을 말해 봅니다.

활동지 144쪽 '–아/어지다'

주의

상태의 변화를 의미하는 '–아/어지다'와 구분하여 피동의 '–아/어지다'만 제시하도록 합니다.

상태의 변화를 나타내는 '–아/어지다': 점점 더 그 사람이 좋아져요.
여름이 깊어질수록 날이 더 더워져요.

접미사 피동과는 달리 능동 문장의 주어가 피동 문장에서는 나타나지 않는 경우가 대부분입니다. 능동 문장 자체의 주어 역시 특정인이 아닌 일반인인 경우가 많기 때문입니다. 능동 문장을 피동 문장으로 전환할 때 이러한 점에 주의해야 합니다.

도입 및 제시	교실의 모습에 대해 이야기해 봅니다.

도입 및 제시

교실의 모습에 대해 이야기해 봅니다.

교　사　교실 문을 지금 닫았어요? 지금이에요?
학습자　아니요.
교　사　수업을 시작하면서 교실 문을 닫았어요. 그때부터 지금까지 계속(강조하면서) 닫혀 있어요.

연습

① 그림을 보고 방의 모습을 설명해 봅니다. (교재 89쪽 참고)
　내 방의 모습은 어떤지 이야기해 봅니다.

② '−아/어 있다' 표현을 활용하여 말해 봅니다.

　주머니/지갑 속에 무엇이 들어 있어요?
　책상 위에 무엇이 놓여 있어요?
　만 원짜리 지폐에 누가 그려져 있어요?
　수업 중이에요. 휴대폰이 켜져 있어요? 꺼져 있어요?
　집을 나오면서 문을 잠갔어요? 문이 잠겨 있어요.

③ '그러니까 −는 거지요?': 함께 '−아/어 있다'의 의미를 완성해 봅니다.　활동지 145쪽 '−아/어 있다'

활용

사건 현장의 모습을 말해 봅니다. (교재 78쪽 그림 참고)

주의

'해 있다'는 쓰이지 않습니다. '하다'가 '되다'로 바뀐 후, '되어 있다'의 형태로 활용됩니다.

　[예] 그 자리는 예약이 되어 있어요.
　　　　벌써 요리가 다 되어 있어요.

함정을 피해 가려면

피동과 사동

'읽히다, 보이다, 날리다' 등은 사동과 피동의 형태가 같으므로 그림으로 의미를 파악하고 예문을 보여 주는 것이
효과적입니다.

[예] 아빠가 아이에게 책을 읽혔어요(읽게 했어요). (사동) →

[예] 이 책은 인기가 많아서 사람들에게 많이 읽혀요. (피동) →

'먹이다', '먹히다'와 같이 피동과 사동의 의미가 비슷한 경우도 구별이 필요합니다. 예문을 통해 두 표현을 구분할 수
있도록 합니다.

토끼가 호랑이한테 먹혀요.
엄마가 아이에게 우유를 먹여요.

-아/어 있다

'-아/어 있다'는 자동사에 결합합니다. 다음과 같은 경우는 타동사(사동)에 '-아/어 있다'를 결합하지 않도록 주의가
필요합니다.

휴지통이 비다 / 휴지통이 비어 있어요.
휴지통을 비우다

문이 잠기다 / 문이 잠겨 있어요.
문을 잠그다

자석이 칠판에 붙다 / 자석이 칠판에 붙어 있어요.
자석을 칠판에 붙이다

 문법 돋보기

어휘적인 피동

피동에는 접미사 피동과 '-아/어지다' 피동 외에도 다른 방법이 있습니다. '(명사)이/가 되다'가 그러한 경우입니다. 이 경우는 '되다'라는 단어의 의미 때문에 피동의 의미가 생기는 것이라고 볼 수 있습니다. 일반적으로 '(명사)을/를 하다'의 경우는 '(명사)이/가 되다'의 형태로 바뀝니다.

청소를 하다 / 청소가 되다
할인을 하다 / 할인이 되다
발명을 하다 / 발명이 되다

접미사 피동과 '-아/어지다' 피동

동사에 따라서는 '찢다-찢기다, 찢다-찢어지다'와 같이 접미사 피동과 '-아/어지다' 피동이 모두 가능한 경우가 있습니다. 또한 접미사 피동과 '-아/어지다'가 한 번 더 결합하여 이중 피동이 되는 경우가 있습니다. 이 경우 원칙적으로는 접미사 피동을 써야 하지만 한국어 교수 현장에서는 이미 일상생활에서 자주 쓰이는 표현들을 제시할 필요가 있습니다.

쓰다-쓰이다/ 써지다, 잊다-잊히다/ 잊혀지다, 읽다-읽히다/ 읽혀지다

'-고 있다'와 '-아/어 있다'

상태의 지속을 나타내는 보조 용언의 구성 중에는 '-고 있다'와 '-아/어 있다'가 있습니다. '-고 있다'에 결합하는 동사는 '-아/어 있다'에 결합하지 않으며 반대의 경우도 마찬가지입니다. '-고 있다'에 결합하는 동사는 '입다, 벗다, 쓰다, …'와 같은 탈착동사, '사랑하다, 알다, 모르다, …'와 같이 상태를 나타내는 동사가 있습니다. '살다'의 경우에는 의미에 따라서 결합할 수 있는 표현이 달라집니다.

저는 파란색 옷을 입고 안경을 쓰고 있어요.
그 사람을 사랑하고 있어요.
자기 일을 자기가 모르고 있어요.

지금은 신촌에 살고 있어요.
물고기가 아직도 살아 있어요.

활동은 이렇게

동사 모으기

피동 접미사에 따라 동사를 분류해 봅시다.

① 활동지에는 동사가 쓰여 있습니다.
② 각각의 동사 옆에 피동 표현을 씁니다.
③ 종이를 오립니다.
④ 같은 접미사가 붙는 동사를 찾아 모아 봅니다.
⑤ 경향을 찾아봅니다.

　　[예] 받침이 없는 동사에는 '-이-'를 써요.

〈도움말〉
각각의 피동 접미사가 결합하는 동사에는 다음과 같이 일정한 경향이 있습니다.

'-이-', 모음으로 끝나거나 받침이 'ㅎ'인 경우
'-히-', 받침이 'ㄱ, ㄷ, ㅂ'인 경우
'-리-', 받침이 'ㄹ'이거나 'ㄷ'불규칙 동사, '르'로 끝나는 동사인 경우
'-기-', 받침이 'ㄴ, ㅁ, ㅅ, ㅊ'인 경우

주의: 학생들이 피동 형태를 보다 쉽게 익히게 하기 위한 하나의 방법일 뿐 규칙은 아니므로 학생들에게도 이러한
　　　점을 주의시키도록 합니다.

피동 표현 연습

피동 표현을 활용하여 문장을 완성해 봅시다.

〈도움말〉
주어진 문장을 함께 완성하면서 학생들의 경험을 이야기하도록 해도 좋습니다.

　　[예] 차가 많아서 길이 막혀요.
　　　　교사 질문: 주로 언제 차가 막혀요?
　　　　학생 대답: 출퇴근 시간에 주로 차가 막혀요.

-아/어지다

사랑이란?

피동 표현을 활용하여 '사랑'과 '결혼'에 대해서 이야기해 봅시다.

① 피동 표현을 활용하여 문장을 완성해 봅니다.
② 제시된 문장의 내용과 관련된 학생들의 경험 또는 생각을 들어 봅니다.

-아/어 있다

그러니까…

함께 '-아/어 있다' 표현의 의미를 완성해 봅니다.

〈도움말〉
밑줄 친 '-아/어 있다' 문장을 제시하고 학습자들이 의미를 설명해 보도록 합니다.
  [예] 학생들이 아까 왔어요. 집에 안 갔어요. 그러니까 지금 학생들이 와 있다는 거지요?

날개 달기(뉴스 대본)

뉴스 대본 쓰기

뉴스를 만들어 봅시다.

① 활동지를 활용하여 사건 · 사고 뉴스에서 전형적으로 쓰이는 표현을 알아봅니다.
② 교재에서 배운 표현을 활용하여 뉴스 대본을 써 봅니다.
③ 실제로 뉴스 앵커와 기자가 되어 뉴스를 발표해 봅니다.

〈도움말〉
실제 사건 · 사고 뉴스를 보고 표현을 공부하거나 도입으로 제시해도 좋습니다.

어느 날 교실에서 – 수업일지의 실제

　오늘 수업에서 피동을 다루면서 한 학습자가 '부딪히다'도 피동 표현 중의 하나인지를 불쑥 질문을 했습니다. 솔직히 말해서 부끄럽지만 생각을 안 해 봐서 순간 당황했습니다. 학습자들이 알아차리지 못하게(저만의 생각인가요?) 자신 있게 그렇다고 했지요. 그러고 나서는 부랴부랴 사전을 찾아봤습니다. 휴우~ 다행입니다. 동사 '부딪다'에서 만들어진 것이 맞네요. '부딪다'는 두 물체가 서로 마주 닿는 행위를 말하는 것이고 그 모습이 강조되어 힘 있게 맞닿는 동작을 표현하기 위해서는 '부딪치다'를 쓴다고 하네요. '부딪히다'는 '부딪다'에 피동접사 '-히-'가 결합되어 만들어진 말이니까 외부적인 힘에 의해서 의도치 않게 두 물체가 마주 닿게 됐을 때 쓰는 말인 거죠. 그러니까 아래의 문장들이 다 가능한 것이죠.

　　　뛰어가다가 다른 사람하고 부딪었다.
　　　뛰어가다가 다른 사람하고 부딪쳤다.
　　　뛰어가다가 다른 사람하고 부딪혔다.

　다만 표현하는 관점이 조금 달라지는 거예요. 물론 '부딪다'는 자주 안 쓰는 말이니까 굳이 가르칠 필요는 없을 테지만요. 다행히 질문을 한 학생이 '부딪치다'와의 비교 설명은 요구하지 않았지만 나중을 위해서 정리해 보았습니다.

다른 선생님들의 댓글

▶ 미리 생각해 보지 않으면 당황스러울 질문이네요. 고생하셨어요.

▶ '파도가 부딪치는 거냐, 부딪히는 거냐' 그런 질문을 받던 게 기억이 나네요.
　'파도가 부딪치다'가 맞는 거죠?

▶ 파도가 어떤 외부적인 힘에 의해서 부딪혔다고 보면 '부딪히다'도 맞는 거라고 하네요.
　'배가 파도를 가르고 나가면서 파도가 뱃전에 부딪혔다'처럼요.

2-6 대학원에 지원을 해 볼까 해요

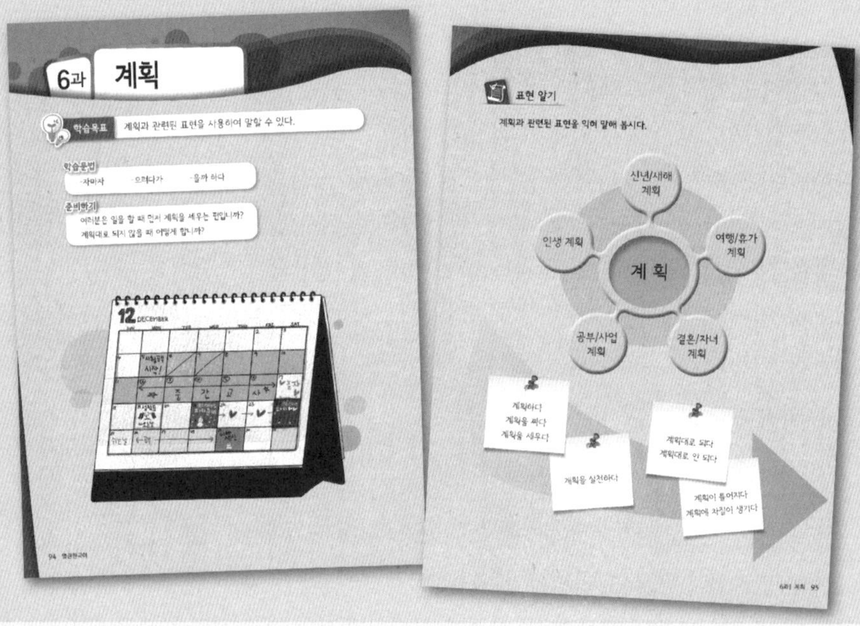

학습 문법	–자마자	–으려다가	–을까 하다

수업 목표	연속적으로 일어나는 일을 말할 수 있다. 계획을 바꾼 경험을 말할 수 있다. 미래에 대한 계획을 말할 수 있다.

수업 자료	활동지 –으려다가1, 2 –을까 하다1, 2 날개 달기–사업 계획서

교실에 들어가기 전에

	확인할 내용	네	아니요
1	'–자마자'의 의미를 제시할 수 있다.		
2	'–으려다가'의 의미와 쓰임을 제시할 수 있다.		
3	'–을까 하다'의 의미와 쓰임을 제시할 수 있다.		

1. '–자마자'의 의미를 제시할 수 있다.

선행절 동작이 시간의 차이가 거의 없이 후행절 동작으로 이어짐을 의미합니다. 따라서 동사에만 결합할 수 있습니다.

전화를 받자마자 전화가 끊겼어요.
전화벨이 울리자마자 전화를 받았어요.
도둑이 경찰을 보자마자 도망을 갔어요.

2. '–으려다가'의 의미와 쓰임을 제시할 수 있다.

'–으려고 하다가'의 준말로 의도를 나타내는 '–으려고'와 행동의 전환을 의미하는 '–다가'가 합쳐져 원래 가지고 있던 어떠한 의도를 실현하지 않고 다른 행위를 하는 것 또는 원래의 의도를 실현하지 못하게 된 것을 말합니다. 의도를 의미하기 때문에 1인칭 주어와 동사만 결합할 수 있습니다. 또한, '어떠한 의도가 실현되지 않았음'을 뜻하므로 후행절에는 과거의 사실이 옵니다.

옷을 빨려다가 힘들 것 같아서 세탁소에 맡겼어요.
밥을 하려다가 귀찮아서 음식을 시켜 먹었어요.
화를 내려다가 참았어요.

'–으려다가 말다'의 형태로도 쓰입니다.

친구가 안 와서 먼저 가려다가 말았어요.
창문을 닫으려다가 말고 거리를 내다보았어요.

3. '–을까 하다'의 의미와 쓰임을 제시할 수 있다.

어떠한 의도를 가지고 있음을 말합니다. 의도를 표현하므로 1인칭 주어와 동사에만 결합합니다.

밥을 나가서 먹을까 해요.
다음 달쯤 시험을 볼까 했어요.
일이 너무 힘들어서 회사를 옮겨 볼까 해요.

망설임을 나타내는 경우 '–을까 말까'의 형태로 쓰이기도 합니다.

이사를 갈까 말까 해요.
결혼을 할까 말까 망설이는 것 같아요.

<table>
<tr><td colspan="2" align="center">-자마자</td><td align="right">교재 97쪽</td></tr>
</table>

도입 및 제시	연속적으로 일어나는 동작에 대해 말해 봅니다. **교 사** 배가 너무 고팠어요. 수업이 끝나고 바로(강조하면서) 식당에 갔어요. 수업이 끝나자마자 식당에 갔어요. 식당에서 자리에 앉자마자 음식을 주문했어요. 음식이 나오자마자 먹기 시작했어요. 음식을 다 먹자마자 또 주문을 했어요.
연습	① 현재의 상태를 바탕으로 연속되어 일어날 일을 말해 봅니다. 너무 배고파요. ______________자마자 밥을 먹을 거예요. 너무 피곤해요. ______________자마자 잘 거예요. 너무 목이 말라요. ______________자마자 물을 마실 거예요. 화장실에 가고 싶어요. ______________자마자 화장실에 뛰어갈 거예요. 몸이 아파요. ______________자마자 병원에 갈 거예요. ② 기대하고 있는 일에 대해 말해 봅니다. [예] 방학을 하자마자 고향에 갈 거예요. 고향에 도착하자마자 친구들에게 연락할 거예요. 시험이 끝나자마자 여행을 갈 거예요.
활용	'운이 좋은/나쁜 날'의 경험을 말해 봅니다. [예] 정류장에 도착하자마자 내가 탈 버스가 와요. 정류장에 도착하자마자 내가 탈 버스가 가 버렸어요. 극장에서 내가 표를 사자마자 매진이 됐어요. 극장에서 내가 표를 사려고 하자마자 매진이 됐어요. 라디오를 틀자마자 내가 좋아하는 노래가 나와요.

도입 및 제시

계획을 바꾼 경험에 대해 이야기해 봅니다.

교 사   영화를 보러 갔는데 보고 싶은 영화가 없어요. 그래서 영화를 안 보고 연극을 봤어요.
'영화를 보려다가 표가 없어서 연극을 봤어요.'

선행 동작이 실제로 이루어지지 않았음을 다시 한 번 확인합니다.

교 사   영화를 보려고 했어요. 진짜로 영화를 봤어요? 아니에요. 다른 일을 했어요.

문법적인 제약을 명시적으로 보여 줍니다.

연습

① 계획을 바꾼 경험을 말해 봅니다.

집에 가려다가 친구를 만나서 _______________________
밥을 먹으려다가 밥이 없어서 _______________________
나가려다가 전화가 와서 _______________________
음식을 만들려다가 귀찮아서 _______________________
청소를 하려다가 피곤해서 _______________________

_______________________ 다시 집에 왔어요.
_______________________ 안 샀어요.
_______________________ 잠을 잤어요.
_______________________ 걸어 왔어요.
_______________________ 포기했어요.

② '양심에 걸려서' 하지 않은 일을 말해 봅니다. 활동지 147쪽 '–으려다가1'

활용

오랜만에 만난 친구하고 인사를 나누어 봅시다. 활동지 148쪽 '–으려다가2'

도입 및 제시	주말이나 휴가 등의 계획에 대해 이야기해 봅니다. **교 사**　이번 주말에 뭐 할 거예요? **학습자**　친구를 만날 거예요. **교 사**　친구를 만나려고 해요. 하지만 아직 약속을 정하지 않았어요. '친구를 만날까 해요.'라고 말해요. 발이 아파서 운동화를 신을까 해요. 시간이 나면 요리하는 것을 배울까 해요. 휴가 때 제주도에 한번 가 볼까 해요.
연습	① 다음과 같은 상황에서 어떤 일을 시도할지 이야기해 봅니다. 회사에서 집이 너무 멀어요. ＿＿＿＿＿＿＿＿＿＿＿＿＿＿ 도시에서 살기가 싫어요. ＿＿＿＿＿＿＿＿＿＿＿＿＿＿ 지금 하는 일이 너무 재미없어요. ＿＿＿＿＿＿＿＿＿＿＿ 요즘 조금 심심해요. ＿＿＿＿＿＿＿＿＿＿＿＿＿＿＿ 옛날 친구들이 보고 싶어요. ＿＿＿＿＿＿＿＿＿＿＿＿ 기분 전환을 하고 싶어요. ＿＿＿＿＿＿＿＿＿＿＿＿＿ ② 의도를 말해 봅니다. 가: 오늘 저녁에 시간 있어요? 나: 일이 많아서 바빠요. 왜요? 가: ＿＿＿＿＿＿＿＿＿＿＿＿＿＿(으)ㄹ까 했어요.
활용	① 은퇴 후 계획을 말해 봅니다. 활동지 149쪽 '-을까 하다1' ② 할까 말까 하고 망설이는 일을 말해 봅니다. 활동지 150쪽 '-을까 하다2'
주의	'-을까 하다가'의 경우 앞의 '-으려다가'와 같은 의미로 사용할 수 있습니다. 친구한테 전화를 할까 하다가 졸려서 그냥 자 버렸어요. 친구한테 전화를 하려다가 졸려서 그냥 자 버렸어요.

함정을 피해 가려면

–을까 하다

　　의지나 의도를 나타내는 문법 항목 여러 개를 이미 배웠기 때문에 이들의 의미 차이를 물어보는 학습자들이 많습니다. '–을까 하다' 외에도 '–을 거예요'와 '–으려고 해요'가 있습니다. 이 중 가장 강한 의도를 나타내는 것은 '–을 거예요'입니다. 다음과 같이 '시험 삼아', '한번', '–아/어 보다'와 같이 시도의 의미를 나타내는 표현들과 함께 쓰면 '–을 거예요'보다는 '–으려고 해요'나 '–을까 보다'와 더 잘 어울리는 것을 알 수 있습니다.

> 시험 삼아 한번 해 볼 거예요.
> 시험 삼아 한번 해 보려고 해요.
> 시험 삼아 한번 해 볼까 해요.

　　아직 계획이 확정되지 않은 상황이라면 보통 '–을까 하다'와 '–으려고 하다'를 씁니다. 친구하고 아직 약속 시간과 장소 등을 정하지 않은 상황에서는 '–을까 하다'와 '–으려고 하다'를 쓰는 것이 더 자연스럽습니다.

> 친구를 만날 거예요.
> 친구를 만나려고 해요.
> 친구를 만날까 해요.

　　말하는 이의 결심이 확고한 상황에서는 '–으려고 하다'나 '–을까 하다'를 쓰기가 어렵습니다. 목적이 뚜렷한 경우에는 '–을까 하다'를 쓰지 않습니다.

> 열심히 노력해서 시험에 꼭 합격할 거예요.
> ?열심히 노력해서 시험에 꼭 합격하려고 해요.
> ?열심히 노력해서 시험에 꼭 합격할까 해요.

> 시험에 합격하기 위해서 열심히 노력할 거예요.
> 시험에 합격하기 위해서 열심히 노력하려고 해요.
> ?시험에 합격하기 위해서 열심히 노력할까 해요.

　　'–을까 하다'와 '–으려고 하다'는 과거의 의도를 나타낼 수 있는 데 비해서 '–을 거예요'는 지금의 의도만 나타낼 수 있다는 점에서도 차이를 보입니다.

> 친구를 만나려고 했는데 친구가 바쁘다고 해서 못 만났어요.
> 친구를 만날까 했는데 친구가 바쁘다고 해서 못 만났어요.

문법 돋보기

–자마자

'–자마자'는 선, 후행절의 행동이 시간 간격 없이 연속적으로 일어나는 것을 말합니다. 그러나 선, 후행절의 시간 차이는 심리적인 것이기 때문에 실제로 시간 차이가 많이 나더라도 시간 간격이 상당히 짧다고 생각되는 경우에도 쓸 수 있습니다.

> 음식을 주문하자마자 배달을 해 주더라고요.
> 책이 나오자마자 다 팔렸다고 해요.
> 결혼을 하자마자 이혼을 했다고 했어요.

–을까 하다/싶다/보다

'–을까'는 추측이나 의도를 나타내는 어미로 '하다, 싶다, 보다'가 결합할 수 있습니다. '–을까 하다/싶다/보다'는 모두 의도를 나타낼 수 있습니다.

> 내년쯤 결혼을 할까 해요.
> 내년쯤 결혼을 할까 봐요.
> 내년쯤 결혼을 할까 싶어요.

'–을까 하다'나 '–을까 싶다'의 경우에는 추측의 의미에서 비롯된 의문을 나타내기도 합니다.

> 그 사람이 설마 일찍 올까 했는데/싶었는데 진짜 일찍 오더라고.
> 그 약을 먹는다고 설마 병이 다 나을까 싶어요.

'–을까 싶다'는 걱정을 나타내기도 합니다.

> 시험에 떨어질까 싶어서 걱정을 많이 했다.
> 비가 올까 싶어서 빨래를 걷었다.
> 무슨 일이 생길까 싶어서 불안했다.

활동은 이렇게

−으려다가1

양심에 걸려서

양심에 걸려서 하지 않은 일들을 말해 봅시다.

① 빈칸을 채워서 문장을 완성해 봅니다.
② 완성한 문장과 비슷한 경험을 한 적이 있는지, 양심에 걸려서 하지 않은 다른 일이 있는지 함께 이야기해 봅니다.

−으려다가2

하려다가 하지 못한 일

오랜만에 만난 친구와 인사를 나누어 봅시다.

① 오랜만에 만난 친구에게 예전 계획에 대해 물어봅니다.
② '−으려다가'를 활용해서 계획과는 달라진 일을 이야기합니다.

은퇴 후 계획 세우기

은퇴 후 계획을 말해 봅니다.

① 활동지에 제시된 질문에 답해 봅니다.
② 대답한 내용으로 은퇴 후 계획을 말해 봅니다.

할까 말까

망설이는 일을 말해 봅시다.

주어진 상황에서 어떤 고민을 하게 되는지 '-을까 말까 해요'를 활용해 말해 봅니다.
　[예] 마음에 드는 옷이 있는데 너무 비싸요. 옷을 살까 말까 해요.

사업 계획서

하고 싶은 사업에 대해 계획을 세워 봅시다.

① 재미있거나 필요하다고 생각되는 사업을 생각해 봅시다.
② 사무실을 어떤 곳에 만들어야 할지 생각해 봅시다.
③ 광고를 어떻게 할지 생각해 봅시다.

# 어느 날 교실에서 – 수업일지의 실제

학생들이 공부하면서 머릿속에 차곡차곡! 쌓인 여러 문법 항목들을 결합해서 복합 형식들을 쓸 수 있을 거라고 기대하는 건 어려운 일인 것 같아요. 그래서 되도록 여러 문법 항목들이 들어간 문장 표현들을 다양하게 제시하려고 하는데요. 아마 다른 선생님들도 마찬가지가 아닐까 생각해요. 그래서 말인데요, 수업에서 제시하신 복합 형식들을 서로 공유하면 어떨까 싶네요. 여러 선생님들이 함께 고민한 결과가 모이면 대단한 결과가 나오지 않을까요? 그래서 일단 오늘 수업에서 '–을까 하다'를 공부하면서 사용한 문장 표현을 올립니다.

"(시간이 있)으면 한번 –아/어 볼까 해요."
"(시험 삼아)서 한번 –아/어 볼까 해요."

이렇게도 쓸 수 있을 것 같네요. '시험 삼아'라는 표현이 조금 어려울 것 같기는 하지만 '테스트라고 생각하고'의 의미 정도로 풀이해 주면 어떨까요?

재미있는 예문, 실제적인 예문도 함께 모으면 더 좋을 것 같고요. 오늘 '–으려다가' 수업을 준비하면서 생각난 예문은 '무슨 말을 하려다가 말아요?'입니다.

다른 선생님들의 댓글

예문이나 복합 형식 표현을 모으자는 아이디어가 참 좋은데요. 확실히 수업을 해 보면 학생들이 알아서 복합 형식을 자유롭게 쓰리라는 기대를 버리게 되는 것 같아요.

그러게요. 예문이나 복합 형식을 모아서 자료화해 놓고 필요할 때마다 쓰면 정말 좋은 자료집이 될 수 있을 것 같아요.

'무슨 말을 하려다가 말아요?' 재미있는 예문입니다. 이런 예문들이 모이면 혼자 고민할 필요가 많이 줄어들 것 같아요.

2-7 출장 준비를 하다 보니 시간 가는 줄 몰랐어요

학습 문법	–다 보니(까)　　　　　　　　–은/는/을 줄 알다/모르다
수업 목표	변화를 설명할 수 있다. 변명을 할 수 있다. 예상과는 다른 일을 말할 수 있다.
수업 자료	활동지 –다 보니(까) –은/는 줄 알다/모르다1, 2 –을 줄 알다/모르다 날개 달기–선거공약

교실에 들어가기 전에

	확인할 내용	네	아니요
1	'–다 보니(까)'의 의미를 제시할 수 있다.		
2	'–은/는/을 줄 알다/모르다'의 형태와 의미를 제시할 수 있다.		
3	'–은/는 줄 알다/모르다'와 '–을 줄 알다/모르다'의 의미를 구분하여 제시할 수 있다.		

1. '-다 보니(까)'의 의미를 제시할 수 있다.

선행절의 반복적이거나 지속적인 행위로 후행절의 결과가 나타나게 되었음을 의미합니다. 후행절에는 주로 의도치 않은 결과나 새롭게 알게 된 사실이 옵니다. 이러한 이유로 선행절은 주로 '자주, 계속, 오래'와 같은 부사가 어울리며, 후행절에는 '어느새, 나도 모르게' 등의 표현이 자주 쓰입니다.

> 매운 음식을 자주 먹다 보니까 잘 먹게 되더라고요.
> 오랫동안 친하게 지내다 보니까 가족 같이 느껴져요.
> 게임을 하다 보니까 어느새 약속 시간이 지났더라고요.
> 그 사람을 자주 만나다 보니까 나도 모르게 그 사람한테 정이 들었어요.

2. '-은/는/을 줄 알다/모르다'의 형태와 의미를 제시할 수 있다.

동사	-는 줄	오늘 회식을 하는 줄 알았어요/몰랐어요.
	-(으)ㄴ 줄	벌써 밥을 먹은 줄 알았어요/몰랐어요.
	-(으)ㄹ 줄	비가 올 줄 알았어요/몰랐어요.
형용사	-(으)ㄴ 줄	그 사람이 친절한 줄 알았어요/몰랐어요.
	-(으)ㄹ 줄	시험이 어려울 줄 알았어요/몰랐어요.
(명사)이다	인 줄	그 분이 선생님인 줄 알았어요/몰랐어요.
	일 줄	친구가 결혼할 사람이 그 사람일 줄 알았어요/몰랐어요.

자신이 알고 있거나 모르고 있었던 내용을 말합니다. '오늘 회식을 하는 줄 알았어요.'는 오늘 회식을 한다고 생각했다는 것을 말합니다. 실제로 회식을 할 수도 있고 안 할 수도 있습니다. '-을 줄'과 '-일 줄'은 형태상으로는 미래를 표시하지만 의미상으로는 미래가 아니라 앞에 오는 내용이 말하는 사람이 생각한 것과는 다르다는 점을 강조하기 위해서 쓰이는 경우가 많습니다.

3. '-은/는 줄 알다/모르다'와 '-을 줄 알다/모르다'의 의미를 구분하여 제시할 수 있다.

'-은/는 줄'과 '-을 줄'은 앞에 오는 내용이 말하는 사람의 예상과 어떻게 다른지에 따라 의미를 변별할 수 있습니다.

> ① 시험이 어려운 줄 몰랐어요.
> ② 시험이 어려울 줄 몰랐어요.

①보다는 ②가 '예상과는 달리 시험이 어려웠다'는 점을 보다 강하게 전달합니다.

–다 보니(까)	**교재 115쪽**

도입 및 제시

지속적이거나 반복적인 행위의 결과로 나타나는 일에 대해서 이야기해 봅니다.

교 사　한국 사람들하고 자주(강조하면서) 이야기를 했어요. 어떻게 됐어요?
학습자　한국말을 잘하게 됐어요.
교 사　'한국 사람들하고 자주 이야기를 하다 보니까 한국말을 잘하게 됐어요.'

지속적이거나 반복적인 행위를 다시 한 번 확인합니다.

교 사　이야기를 여러 번 계속 하는 거예요. 한 번이 아니에요.

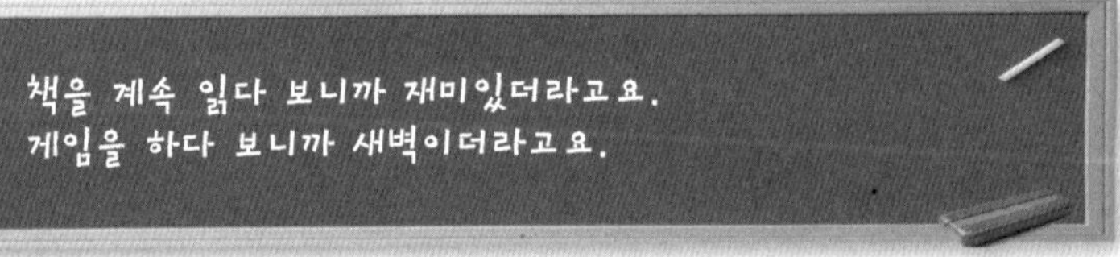

반복적이거나 지속적인 행위의 결과로 알게 된 사실에 대해서 이야기해 봅니다.

교 사　처음에는 몰랐어요. 그런데 이야기를 하다가 알았어요. 그 사람이 고등학교
　　　　　동창이었어요. '이야기를 계속 하다 보니까 그 사람이 고등학교 동창이더라고요.'

연습

① 반복적이거나 지속적인 행위의 결과를 말해 봅니다.

＿＿＿＿＿＿＿＿다 보니까 ＿＿＿＿＿＿＿＿더라고요.

책을 읽다	도착했다
일을 하다	시간이 다 됐다
이야기를 하다	같은 아파트에 사는 사람이다
여러 번 하다	쉽다
자꾸 요리를 하다	잘하게 되다
자꾸 듣다	잘 들리다

② 칭찬에 대한 응답을 말해 봅니다. **활동지 152쪽 '–다 보니(까)'**

활용

"한국에 살다 보니까~": 한국 생활을 하면서 생긴 변화를 말해 봅니다.

주의

형용사가 결합하는 경우가 있으나 이때는 후행절의 이유를 강조하는 느낌을 줍니다. ('문법 돋보기' 참고)

예정에 없었던 일에 대해서 이야기해 봅니다.

교 사　　우리 오늘 단어 시험을 봐요. 알고 있어요?
학습자　네? 몰라요.
교 사　　여러분은 오늘 시험을 보는 줄 몰랐어요.

교 사　　오늘 시험을 보는 것을 알고 있으면 어떻게 말해요?
학습자　오늘 시험을 보는 줄 알았어요.

> 매운 음식을 잘 먹는 줄 알았어요/몰랐어요.
> 영훈 씨가 저하고 같은 동네에 사는 줄 알았어요/몰랐어요.
> 두 사람이 친한 줄 알았어요/몰랐어요.
> 지하철역이 가까운 줄 알았어요/몰랐어요.
> 약속 날짜가 내일인 줄 알았어요/몰랐어요.
> 영훈 씨가 결혼한 줄 알았어요/몰랐어요.

① 그림을 보면서 생각과는 다른 일을 말해 봅니다. **활동지 153쪽 '–은/는 줄 알다/모르다1'**

② 알고 있던 사실과 다른 일을 말해 봅니다.

　_______________은/는 줄 알았는데/몰랐는데 생각보다 __________ ____네요.

　　길이 막히다
　　술을 잘 마시다
　　영화가 재미있다
　　가까운 곳에 살다
　　택시 요금이 비싸다
　　이 요리를 만들기가 쉽다
　　도서관이 늦게까지 문을 열다
　　나이가 많다
　　선생님이 무섭다

실수한 일에 대한 변명을 말해 봅니다. **활동지 154쪽 '–은/는 줄 알다/모르다2'**

도입 및 제시

예상과 다른 일에 대해서 이야기해 봅니다.

교 사　시험이 쉬울 거라고 생각했어요. 그런데 시험이 어려워요. '시험이 쉬울 줄 알았어요. 시험이 어려울 줄 몰랐어요.'라고 말해요.

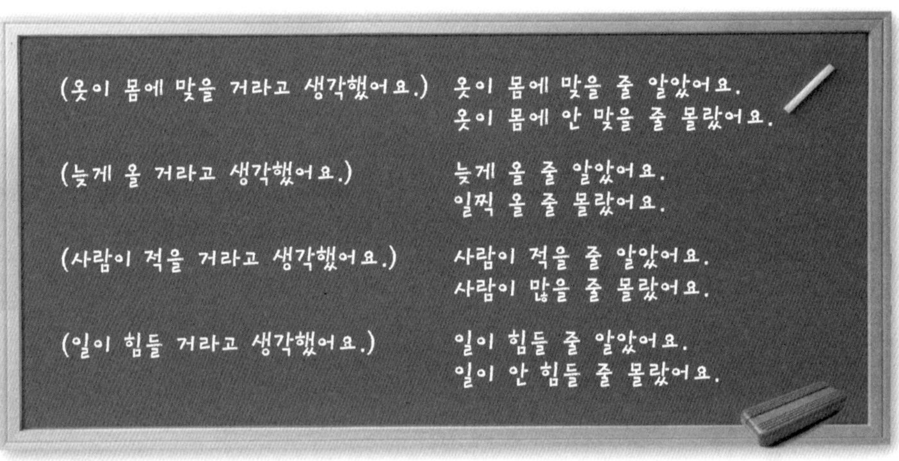

연습

① "그럴 줄 몰랐어요.": 실망한 일을 말해 봅니다. 활동지 155쪽 '–을 줄 알다/모르다'

② 후회하는 일을 말해 봅니다.

_______________(으)ㄹ 줄 알았으면 _______________았/었을 텐데

시험이 어렵다	더 열심히 공부하다
맛있는 음식을 먹다	밥을 굶다
길이 막히다	일찍 출발하다
세일을 하다	나중에 사다
친구가 일찍 떠나다	미리 인사하다
영화가 재미없다	다른 영화를 보다
옷이 안 어울리다	안 사다

③ 다행이라고 생각되는 일을 말해 봅니다.

[예] 약속 시간에 많이 늦을 줄 알았는데 생각보다 일찍 도착해서 다행이에요.
늦게 끝날 줄 알았는데 생각보다 일찍 끝나서 다행이에요.

활용

한국에 와서 새롭게 알게 된 것을 말해 봅니다. (교재 123쪽 참고)

[예] 인터넷이 이렇게 빠를 줄 몰랐어요.

'–은/는 줄 알다'와 '–을 줄 알다'

'–은/는 줄 알다'와 '–을 줄 알다'는 의미의 차이를 변별하기가 쉽지 않은 형태입니다. 두 형태가 함께 쓰일 수 있는 경우가 많기 때문입니다. 그래서 다양한 상황과 맥락을 들어 두 형태의 쓰임을 구별해 줄 필요가 있습니다. 우선 두 형태가 모두 쓰일 수 있는 상황을 보면 ①과 같습니다.

  (김치를 먹으면서)
  ① 김치가 이렇게 매운 줄 몰랐어요.
  ② 김치가 이렇게 매울 줄 몰랐어요.

①과 ②의 두 문장은 분명 '김치가 맵다는 사실을 이전에는 몰랐다'는 의미를 전달합니다. 그러나 ②에서는 김치가 맵지 않을 거라고 생각했다는 점이 더욱 강조됩니다. 이는 다음의 ②와 ③의 경우에도 마찬가지입니다.

  (늦게 들어오는 남편을 보면서)
  ③ 오늘 일찍 오는 줄 알았는데.
  ④ 오늘 일찍 올 줄 알았는데.

②와 ③의 경우에서 '–을 줄'은 시제의 의미라기보다는 '예상과는 다름'의 의미를 강조하기 위한 것으로 보입니다. 반면 두 형태의 기본적인 의미가 분명하게 다른 경우가 있습니다.

  ⑤ 그 일이 계속 생각이 날 줄 그때는 몰랐어.
     그 일이 이렇게 고맙게 느껴질 줄 몰랐어.
     두고두고 그 일에 대해서 후회하게 될 줄 몰랐어요.

⑤의 경우에는 '–는 줄 몰랐다'의 결합이 불가능한 경우입니다. '그 일'이 일어난 시점에서 '계속 생각이 나다, 고맙게 느껴지다, 두고두고 후회하다'의 판단을 하지 못했기 때문입니다. 이러한 경우에는 '–을 줄 모르다'의 형태로만 써야 합니다. 즉, 어떠한 일이 있었던 시점보다 그 일에 대한 판단이 더 나중의 일일 때는 '–을 줄 모르다'를 써야 합니다. 그러나 ①과 ②, ③과 ④는 말하는 현장에서 '맵다, 오다'의 행위에 대해서 판단하는 경우이므로 '–는 줄'과 '–을 줄'을 모두 씁니다. 그리고 그 의미의 차이는 '–을 줄'이 '예상과 다름'을 좀 더 강조하는 것이라고 볼 수 있습니다.

문법 돋보기

−다 보니(까)

선행절에 형용사가 결합하는 경우가 있는데 이때는 선행절이 후행절 내용의 이유라는 점을 보다 강조하는 느낌을 주게 됩니다.

　① 성격이 좋다 보니까 주변에 친구들이 많아요.
　② 성격이 좋아서 주변에 친구들이 많아요.
　③ 성격이 좋으니까 주변에 친구들이 많아요.

①의 문장은 ②나 ③으로 대체해도 무리가 없습니다. 다만 ②나 ③에 비해서 ①은 이유를 보다 강조한다는 느낌을 줍니다. 이와 같은 이유로 ④에서처럼 '두드러지게 아주'라는 뜻을 가지는 부사 '워낙', 필연적인 결과를 의미하는 '−을 수밖에 없다'와 잘 어울려 쓰이는 것으로 보입니다.

　④ 워낙 바쁘다 보니까 연락할 시간이 없을 수밖에 없어요.
　　 가방이 워낙 무겁다 보니까 어깨가 축 처질 수밖에 없어요.
　　 아버님이 워낙 엄한 분이시다 보니까 늘 혼이 날 수밖에 없었어요.

이처럼 형용사에 '−다 보니까'가 결합할 때는 동사에 결합할 때와 의미 차이가 있습니다. 따라서 동사에 결합하는 것으로 제한하여 문법을 제시하든지, 동사와 형용사가 쓰일 때의 의미를 각각 별도로 제시하는 것이 좋습니다.

'−을 줄 알아요' 와 '−을 줄 알았어요'

의존명사 '줄'은 방법이나 일이 되어 가는 모습 등을 의미합니다. 이러한 의미에서 '−을 줄 알아요'와 '−을 줄 알았어요'의 의미가 생겨났다고 볼 수 있습니다. '−을 줄 알아요'는 아래의 예에서 보듯 어떤 일을 할 수 있는 방법을 안다는 의미입니다.

　그 사람은 자전거를 탈 줄 모른다.
　김치를 담글 줄 알아요.

반면 '−을 줄 알았어요'에서 '줄'은 일이 되어가는 모습을 의미합니다. 즉, '−을 줄 알았어요'는 어떤 일의 실상을 '줄' 앞에 오는 내용과 같은 것으로 파악하고 있었다는 의미입니다.

활동은 이렇게

칭찬에 응답하기

칭찬에 대답해 봅시다.

칭찬을 듣고 겸손하게 응답하는 연습을 해 봅니다.

　　[예] 가: 한국말을 잘하시네요.
　　　　나: 한국 친구들이랑 자주 이야기하다 보니까 한국말을 잘하게 됐어요.

어머나!

잘못 알고 있었던 것을 말해 봅시다.

① 첫 번째 그림을 보고 '정은 씨'가 어떤 사람인지 생각해 봅니다.
② 두 번째 그림에서 정은 씨가 한 말을 보고 잘못 생각했던 것을 말해 봅니다.

　　[예] 정은 씨가 그렇게 나이가 많은 줄 몰랐어요.

미안해요!

실수에 대해서 변명을 해 봅시다.

① 주어진 상황에 맞게 역할극을 해 봅니다.
② '–을 줄 알다/모르다'를 활용해서 잘못한 일에 대해서 변명을 해 봅니다.

　　[예] 벌써 약속 시간이 다 된 줄 몰랐어요.

그럴 줄 몰랐어요.

실망한 일을 말해 봅시다.

주어진 상황에 맞게 실망을 표현해 봅니다.

[예] 약속 시간에 1시간이나 늦게 왔어요. 그 사람이 약속을 안 지킬 줄 몰랐어요.
그 사람이 약속을 잘 지킬 줄 알았어요.

날개 달기(선거공약)　　　〈활동지 156쪽〉

선거공약

시민들이 원하는 것을 파악하고 선거공약을 만들어 봅시다.

① 활동지를 읽기 자료로 제시합니다.
② 모둠별로 활동지의 내용 또는 학습자들 스스로 생각한 것을 바탕으로 선거공약을 만들어 봅니다.
③ 모둠별로 발표를 합니다.
④ 투표를 해서 당선된 모둠에게는 선물이나 상을 주세요.

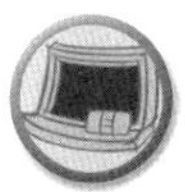

어느 날 교실에서 – 수업일지의 실제

Naver

열린한국어

페이지(P) 도구(O)

오늘 수업이 여유가 있어서 '학생들의 한국 생활'과 '한국어 공부'에 대한 이야기를 많이 들어 봤습니다. 오늘 공부한 문법이 '–다 보니까'였거든요. 그래서 자연스레(?) "한국에 살다 보니까 ~", "한국어를 공부하다 보니까 ~"를 이야기하게 됐지요. 어쩌면 '한국인' 한국어 교사로서 '외국인' 학생들이 보는 한국 사람들의 모습, 한국 사회의 모습, 이런 것들을 듣고 싶었던 건지도 모르겠습니다. 기대했던 만큼 놀라운(?) 이야기는 없었지만 이런 이야기들이 기억에 남네요.

한국에 살다 보니까 버스를 잘 타게 됐어요.

미국에서 온 학생이 한 말인데요. 두 가지 의미가 있습니다. 하나는 미국에서는 계속 승용차를 타고 다녔는데 한국에 와서 버스를 자주 타게 됐다는 의미이고요, 다른 하나는 처음에는 길을 몰라서 버스를 못 탔는데 지금은 버스를 타고 잘 다니게 됐다는 의미입니다. 또 다른 학생은

한국어를 공부하다 보니까 길에서 이야기를 많이 하게 됐어요.

라고 하네요. 이 학생은 스스로 길에서 한국 사람들하고 이야기를 하면서 한국어를 공부한다고 하는 학생이거든요. 여하튼 나름의 방식으로 새로운 생활과 세계에 적응해 가고 있는 우리 학생들이 부럽기도 하고, 대견하기도 하고 그렇다는 이야기!

다른 선생님들의 댓글

중급반에서만 가능한 이런 대화~. 갑자기 중급반에 돌아가고 싶다는 생각이 드네요.
초급은 초급 나름의 재미가 있지만 초급에서는 이런 대화를 못 하잖아요.

길에서 이야기를 많이 하게 됐다는 저 학생, 혹시 ○○○ 씨 아니에요?
우리 반에서도 저런 이야기를 했었거든요. 자기 소개할 때.

그러네요. 낯설지만, 그래서 더 재미있는 타지 생활을 하고 있는 학생들이 가끔 저도 부럽기도 해요.

완료 100%

2-8 예매해 봤자 뒷좌석밖에 없을 거예요

학습 문법	–는다면서요/다면서요?	–을 수밖에 없다	–아/어 봤자

수업 목표	알고 있는 정보를 확인할 수 있다. 다른 사람에게 경고를 말할 수 있다. 다른 사람을 위로할 수 있다.

수업 자료	활동지 –는다면서요/다면서요?1, 2 –을 수밖에 없다 –아/어 봤자

 ## 교실에 들어가기 전에

	확인할 내용	네	아니요
1	'–는다면서요/다면서요?'의 형태와 쓰임을 제시할 수 있다.		
2	'–을 수밖에 없다'의 의미를 제시할 수 있다.		
3	'–아/어 봤자'의 의미와 쓰임을 제시할 수 있다.		

1. '-는다면서요/다면서요?'의 형태와 쓰임을 제시할 수 있다.

'-는다면서요/다면서요?'는 듣거나 봐서 알고 있는 정보를 확인하려고 물어볼 때 사용합니다. 동사/형용사, 시제에 따라 형태가 달라지므로 주의합니다. 간접인용의 형태와 같으므로 간접인용의 형태를 먼저 확인해 보는 것도 좋습니다.

> 수지 씨가 상을 받는다면서요?
> 프랑스로 출장을 간다면서요?
> 어제 소연 씨가 울었다면서요?
> 다음 달에 결혼을 할 거라면서요?
> 요즘 그 영화가 인기가 많다면서요?
> 동생이 참 착하다면서요?
> 시험이 많이 어려웠다면서요?
> 지훈 씨하고 고등학교 동창이라면서요?

2. '-을 수밖에 없다'의 의미를 제시할 수 있다.

'-을 수밖에 없다'는 앞에 오는 내용이 다른 선택의 가능성이 없거나 필연적인 결과임을 말합니다. '일을 처리하는 방법' 을 의미하는 명사 '수'와 앞에 오는 명사 외에는 다른 것이 없음을 의미하는 조사 '밖에'가 결합하여 생기게 되는 의미입니다.

> 길이 너무 막혀서 늦을 수밖에 없었어요.
> 회사에서 집이 너무 멀어서 이사를 갈 수밖에 없었어요.
> 신선한 재료를 써서 요리를 하니까 음식이 맛있을 수밖에 없어요.

3. '-아/어 봤자'의 의미와 쓰임을 제시할 수 있다.

어떤 일을 시도해도 효과가 없을 거라고 생각하는 것을 말합니다. 후행절에는 '소용없다, 안 되다' 등의 표현이 자주 쓰입니다.

> 가 봤자 아무도 없을 거예요.
> 들어 봤자 이해를 못 해요.
> 말해 봤자 안 될 거예요.
> 부탁해 봤자 소용없을 텐데요.

아직 실현되지 않은 일에 대한 판단을 나타내므로 후행절에는 '-았/었-', '-더-' 등이 결합하지 않습니다.

> 시험 공부를 해 봤자 떨어졌어요. (X)
> 요리를 해 봤자 맛이 없더라고요. (X)

문법 수업은 이렇게

도입 및 제시

학습자들의 출신국에 대한 정보를 학생들에게 물어봅니다.

교 사   ○○ 씨, 영국에서는 감기에 걸렸을 때 치킨 수프를 먹는다고 해요. 맞아요?
학습자   네, 맞아요.
교 사   제가 다른 사람한테 들어서 알고 있어요. 그것을 다시 물어보고 싶을 때 '–는다면서요?' 를 말해요.

연습

들은 정보를 다시 확인해 봅니다.

가: 영훈 씨가 여자 친구가 생겼다고 해요.
나: 저도 들었어요. <u>소개팅에서 만났다면서요?</u>
가: 아, 그래요? 저는 그 이야기는 못 들었어요.

상을 받는다고 해요.
병원에 입원했다고 해요.
취직을 했다고 해요.
대학원에 갈 거라고 해요.
고향에 돌아갈 거라고 해요.
다음 달에 선생님이 결혼을 하실 거라고 해요.
생일 파티가 재미있었다고 해요.

활용

① 말 전하기, 들은 내용 다시 확인하기를 해 봅니다. **활동지 157쪽 '–는다면서요/다면서요?1'**
② 한국 문화에 대해 알고 있는 내용을 다시 확인해 봅니다. **활동지 158쪽 '–는다면서요/다면서요?2'**

주의

반말체 '–는다면서'는 '–는다며'로 줄여 쓸 수 있습니다.

이번에 출장을 간다면서/간다며?
요즘 정말 열심히 공부한다면서/한다며?

다른 방법이 불가능한 일이나 필연적인 결과에 대해 이야기해 봅니다.

교　사　보고 싶은 영화가 있어서 극장에 갔는데 영화표가 없어요. 어떻게 해요?
학습자　다른 영화를 봐요.
교　사　다른 방법이 있어요?
학습자　다음에 봐요.
교　사　"표가 없으니까 다른 영화를 보거나 다음에 볼 수밖에 없어요." 다른 방법이 없어요.

> (장사가 너무 안 되니까) 식당 문을 닫을 수밖에 없어요.
> (채소 값이 계속 오르니까) 음식 값을 올릴 수밖에 없었을 거예요.
> (음식이 맛있으니까) 식당에 손님이 많을 수밖에 없어요.
> (그 가수가 노래를 잘하니까) 인기가 있을 수밖에 없어요.
> (날씨가 더운데 에어컨을 안 틀었으니까) 교실이 더울 수밖에 없어요.

① 다른 사람의 말에 공감을 표현해 봅니다.

가: 피곤해서 늦잠을 잤어요.
나: 괜찮아요. 피곤하면 늦잠을 잘 수밖에 없지요. 너무 무리하지 말고 좀 쉬세요.

　길이 너무 막혀서 늦었어요.
　바빠서 연락을 자주 못했어요.
　아이가 아파서 빨리 집에 가야 해요.
　야근을 해야 돼서 약속을 미뤄야 할 것 같아요.

② 예상되는 상황에 대해 말해 봅니다.

　차가 또 고장이 나면 ＿＿＿＿＿＿＿＿＿＿＿＿＿＿＿
　지하철이 끊겼으면 ＿＿＿＿＿＿＿＿＿＿＿＿＿＿＿
　공연 시간에 일을 해야 해서 ＿＿＿＿＿＿＿＿＿＿＿
　새로 산 옷이 작아서 ＿＿＿＿＿＿＿＿＿＿＿＿＿＿
　일이 너무 힘들어서 ＿＿＿＿＿＿＿＿＿＿＿＿＿＿＿
　집이 오래 돼서 ＿＿＿＿＿＿＿＿＿＿＿＿＿＿＿＿＿

활용　다른 사람에게 경고하는 말을 해 봅니다. 　활동지 159쪽 '-을 수밖에 없다'

도입 및 제시

효과가 없을 거라고 생각하는 일에 대해 말해 봅니다.

교 사   청소를 해도 또 금방 더러워질 거라고 생각해서 말해요. 청소를 해 봤자 금방 더러워질 거예요.

연습

① 어떤 일을 하지 않는 이유를 말해 봅니다.

청소를 안 해요. 청소를 해 봤자 금방 더러워질 거예요.
시험 준비를 안 해요. 공부를 해 봤자 떨어질 거예요.
요리를 안 해요. 음식을 만들어 봤자 맛이 없을 거예요.
약속을 안 해요. 약속을 해 봤자 지키지 않을 거예요.
거짓말을 안 해요. 거짓말을 해 봤자 다른 사람이 금방 알게 될 거예요.

② 시도를 하다가 단념한 일에 대해 말해 봅니다.

____________아/어 봤자 ____________(으)ㄹ 것 같아서 ____________았/었어요.

뛰다	늦다	걸어가다
연습하다	안 되다	포기하다
부탁하다	안 들어주다	부탁을 안 하다
서두르다	마감 시간을 넘기다	일을 천천히 하다
다른 가게에 가다	가격이 비슷하다	그냥 사다
기다리다	안 오다	그냥 가다
입다	작다	안 입다
말하다	소용없다	말을 안 하다

활용

친구를 위로해 봅시다. **활동지 160쪽 '–아/어 봤자'**

주의

후행절에는 '–았/었–', '–더–'가 결합하지 않으므로 주의해야 합니다.

함정을 피해 가려면

–는다면서요/다면서요?

간접인용의 형태는 '동사/형용사/(명사)이다' 등의 서술어와 시제에 따라 형태가 달라집니다. 이러한 점을 잘 알고 있는 학습자들은 간접인용과 관련한 시제 문제에 대해 질문을 많이 합니다. 그중 하나가 미래 시제에 관한 것입니다. 학습자들은 미래의 일을 나타낼 때 ①의 문장들처럼 '–는다면서요/다면서요?'를 쓰는 이유를 질문하기도 합니다.

① 다음 달에 결혼을 한다면서요?
다음 달에 결혼을 할 거라면서요?

이는 시제의 일반적인 특성으로 설명할 수 있습니다. ②에서와 같이 현재 시제의 문법 항목으로 미래 시제를 표현하는 일이 드물지 않습니다. 이러한 점에서 보면 한국어에는 미래 시제를 표현하는 특정한 문법 항목이 없다고 볼 수 있습니다. '미래'라는 시간 관념은 존재하지만 이를 배타적으로 표현하는 문법 항목은 없다는 것입니다.

② 다음 달에 결혼을 해요.
우리 팀이 이번에도 반드시 이긴다.
다음 주에 시험을 봐요.

'–을 거예요'와 같은 문법 항목은 ③이나 ④와 같이 미래 시제인 것처럼 보이지만 ③은 '의지', ④는 '추측'을 표현하는 것입니다. 추측이나 의지가 아직 일어나지 않은 일이기 때문에 미래 시제처럼 보이는 것입니다.

③ 다음 달에 (제가) 결혼을 할 거예요.
④ 다음 달에 민수 씨가 결혼을 할 거예요.

이러한 특성 때문에 ①과 같은 간접인용의 형태에서도 미래의 일을 현재 시제로 대신합니다. 따라서 학습자들에게 ②와 같은 예를 보여 주면서 현재 시제로도 미래의 일을 표현할 수 있다는 설명을 할 수 있습니다.

문법 돋보기

'–아/어 봤자' 와 '–아/어 봐도'

'–아/어 봤자'와 거의 유사한 문법으로 '–아/어 봐도'가 있습니다. ①에서와 같이 두 문법 모두 어떤 일을 시도해도 그 효과가 크게 없을 것임을 의미합니다.

① 약을 먹어 봤자 감기가 빨리 낫지는 않을 거예요.
약을 먹어 봐도 감기가 빨리 낫지는 않을 거예요.

아무리 노력을 해 봤자 계속 졸릴걸요.
아무리 노력을 해 봐도 계속 졸릴걸요.

그러나 두 문법 항목이 항상 동일하게 쓰이는 것은 아닙니다. ②는 미래의 일을 말할 때는 '–아/어 봤자'와 '–아/어 봐도'가 동일하게 쓰일 수 있지만 현재나 과거의 일을 말할 때는 '–아/어 봤자'의 쓰임이 상당히 어색함을 보여 줍니다. 즉, '–아/어 봐도'는 모든 시간에 걸쳐 사용될 수 있으나 '–아/어 봤자'는 아직 일어나지 않은 미래의 일에만 사용될 수 있다는 것을 알 수 있습니다.

② 연습을 해 봐도 잘 안 되더라고요.
?연습을 해 봤자 잘 안 되더라고요.

연습을 해 봐도 잘 안 됐어요.
?연습을 해 봤자 잘 안 됐어요.

연습을 해 봐도 잘 안 돼요.
?연습을 해 봤자 잘 안 돼요.

연습을 해 봐도 안 될 거예요.
연습을 해 봤자 안 될 거예요.

'–아/어 봤자'는 상황을 가정하고 어떠한 행위의 효과가 없을 것임을 말하는 것입니다. 즉, 아직 연습을 아직 하지 않은 상태에서 연습을 한다고 가정을 했을 때 그 효과가 없다는 것을 말한다는 것입니다. 두 문법 항목의 의미를 변별할 때는 이러한 점을 잘 보여 줄 수 있어야 합니다.

활동은 이렇게

〈활동지 157쪽〉

말 전달하기

세 사람이 한 모둠이 되어 말을 전달하고 확인해 봅니다.

① 세 사람이 한 모둠이 됩니다.
② 다음과 같은 순서로 이야기를 해 봅니다.

학생 1이 학생 2에게 말합니다. "저는 사진 찍는 것을 좋아해요."
학생 2가 들은 말을 학생 3에게 전달합니다. "○○ 씨는 사진 찍는 것을 좋아한다고 해요."
학생 3은 들은 말을 학생 1에게 다시 물어봅니다. "○○ 씨, 사진 찍는 것을 좋아한다면서요?"

〈활동지 158쪽〉

한국 문화, 맞아요?

알고 있는 한국 문화에 대해서 선생님에게 질문해 봅니다.

① 학습자들이 알고 있는 한국의 문화를 학습자들끼리 자유롭게 이야기해 보도록 합니다.
② 학습자들이 이야기한 내용을 선생님에게 다시 질문합니다.

[예] 선생님, 한국에서는 어른하고 술을 마실 때 몸을 돌려서 마셔야 한다면서요?
③ 교사는 학생들의 질문에 답을 해 줍니다.

경고하기

내 말을 듣지 않는 사람에게 경고를 해 봅시다.

상황에 맞게 대화를 만들어 이야기해 봅니다.

　[예] 자꾸 그렇게 떼를 쓰면 엄마가 화를 낼 수밖에 없어.

소용없어요

친구를 위로해 봅시다.

화가 나거나 속상한 일이 있을 때 어떻게 하면 좋은지 생각해 보고 '-아/어 봤자'를 활용해서 말해 봅니다.

　[예] 화를 내 봤자 기분만 나쁘잖아요. 커피 한 잔 마시면서 잊어버리세요.

어느 날 교실에서 – 수업일지의 실제

우리 반은 오늘 '소문'으로 아주 시끌벅적했습니다. '-는다면서요/다면서요?'를 공부하면서 '소문 전하기 및 확인하기'를 했거든요. 진짜 소문을 전한 것은 아니고 소문을 만들어서 전하기를 했습니다. 먼저 각자 옆에 앉은 학생과 관련한 소문을 두 가지씩 만들어서 발표를 했습니다. 착한 우리 학생들~ 모두 좋은 소문만 만들었어요. 기억에 남는 소문으로는

> 찬 씨 여자 친구가 정말 예쁘다고 해요.
> 리나 씨가 곧 결혼을 할 거라고 해요.
> 준 씨가 시험에서 백 점을 맞았다고 해요.
> 말론 씨가 담배를 끊었다고 해요.

이런 것들이 있습니다. 반 학생들이 모두 해당 학생에 관한 소문을 들었으니까 이번 차례는 소문을 확인하기! "말론 씨, 담배를 끊었다면서요?"와 같이 말하는 것이지요. 소문을 들은 학생들의 반응은? 대부분 다 좋은 소문이라서 학생들이 좋아하고 "네, 맞아요!"라고 외쳤는데……. 문제의 '금연' 소식의 주인공은……. 무척이나 괴로워했다는 후문입니다. 하하.

다른 선생님들의 댓글

▶ 아직 '-는다고요?'를 안 배웠지요? '-는다고요?'까지 결합하면 간접인용 세트가 될 것 같습니다. 자신에 대한 소문을 들은 학생이 "제가 담배를 끊었다고요? 누가 그래요?"라고 말하면서 자신에 대한 소문을 부정하는 거지요.

▶ 곧, '-는다고요?'를 수업에서 다루어야 하는데 좋은 아이디어를 알려 주셔서 감사합니다.

3-1 연휴가 시작되는 대로 여행을 갈까 해요

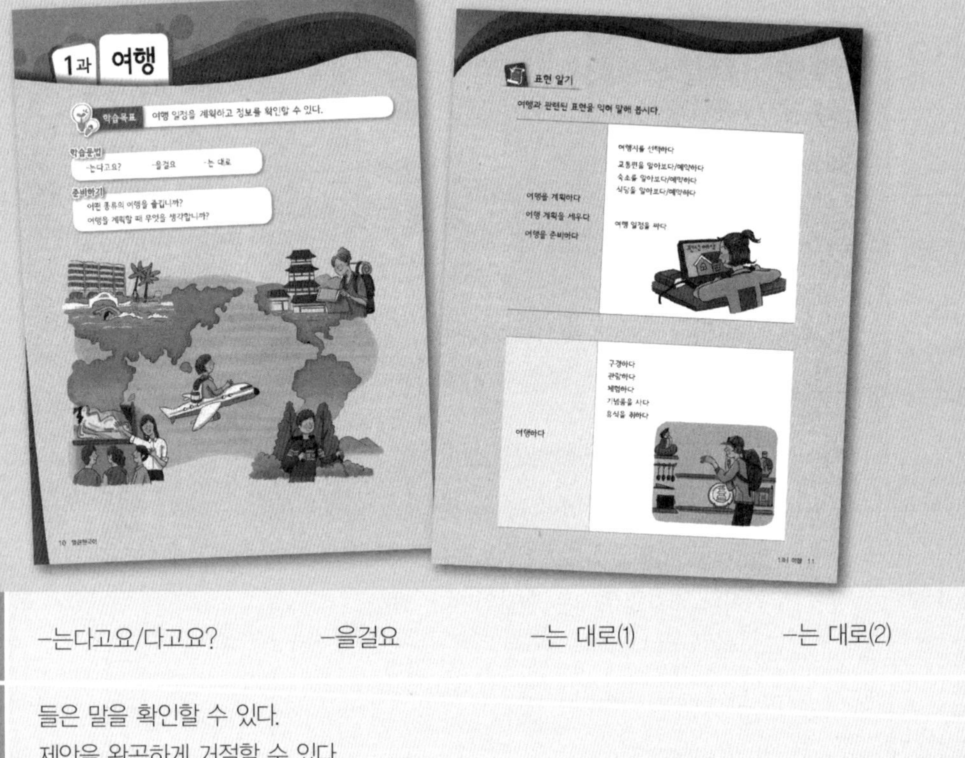

학습 문법	–는다고요/다고요?	–을걸요	–는 대로(1)	–는 대로(2)
수업 목표	들은 말을 확인할 수 있다. 제안을 완곡하게 거절할 수 있다. 요청을 할 수 있다. 위로를 표현할 수 있다.			
수업 자료	활동지 –는다고요/다고요? –을걸요 –는 대로(1) –는 대로(2)			

 ## 교실에 들어가기 전에

	확인할 내용	네	아니요
1	'–는다고요/다고요?'의 쓰임을 제시할 수 있다.		
2	'–을걸요'의 의미와 쓰임을 제시할 수 있다.		
3	'–는 대로'의 의미를 구분하여 제시할 수 있다.		

1. '-는다고요/다고요?'의 쓰임을 제시할 수 있다.

　　들은 말을 확인하기 위해서 물어볼 때 쓰입니다. 다른 사람의 말을 잘 못 들었거나 들은 말의 참 또는 거짓을 확인하고자 할 때 사용됩니다. '요' 앞의 형태는 간접화법에서 '해요' 부분을 제외한 형태와 같습니다.

　　　　가: 내일은 중요한 회의가 있으니까 7시까지 출근하세요.
　　　　나: 네? 몇 시까지 출근하라고요?

　　　　가: 어제 명동에서 연예인을 봤어요.
　　　　나: 연예인을 봤다고요? 누구요?

2. '-을걸요'의 의미와 쓰임을 제시할 수 있다.

　　말하는 사람의 추측을 나타냅니다. 대화 상대방의 기대나 생각과는 다른 내용을 표현하는 경우가 많습니다. 대화를 시작하는 부분에는 잘 사용하지 않습니다.

　　　　가: 저 영화 보러 가자.
　　　　나: 재미없을걸.

　　　　가: 말론 씨하고 같이 밥 먹을까요?
　　　　나: 벌써 먹었을걸요.

　　　　(대화를 시작하면서)
　　　　내일은 날씨가 좋을 것 같아요.
　　　　?내일은 날씨가 좋을걸요.

3. '-는 대로'의 의미를 구분하여 제시할 수 있다.

　　의존명사 '대로'는 ①'어떤 일을 하는 즉시', ②'어떤 모양이니 상태와 같이'의 두 가지 의미를 가집니다. '대로'의 의미에 따라 '-는 대로' 역시 ①과 ②의 의미를 가지게 됩니다.

　　　　① 그 사람에게서 연락이 오는 대로 저에게 알려 주세요.
　　　　　 도착하는 대로 연락 드릴게요.

　　　　② 아는 대로 써 보세요.
　　　　　 본 대로 말씀해 주십시오.
　　　　　 기대한 대로 학생들 대부분이 시험에 합격했다.

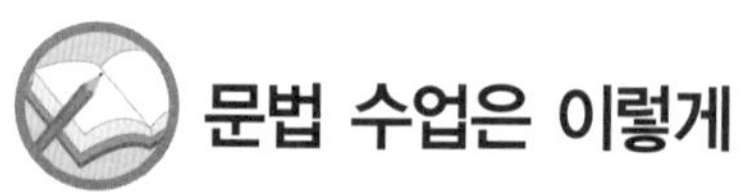

문법 수업은 이렇게

학습자들의 일상생활에 대해서 질문을 하고 대답을 다시 확인합니다.

–는다고요?

교 사	○○ 씨는 아침에 몇 시에 일어나요?
학습자	7시요.
교 사	7시에 일어난다고요?

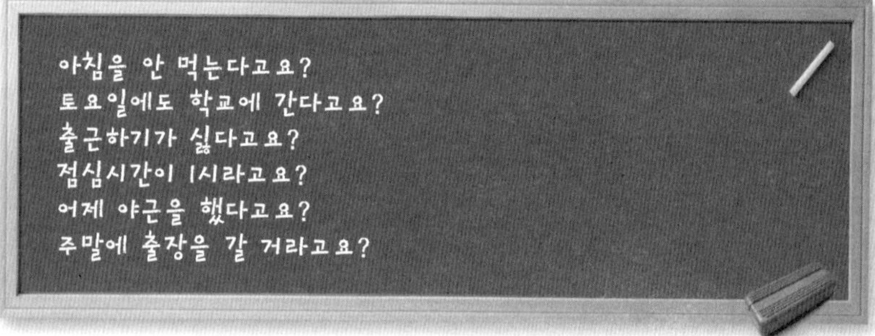

'–는다고요?'의 쓰임을 정리해 줍니다.

교 사	다른 사람의 말을 잘 못 들어서 다시 물어보고 싶어요. 그리고 '진짜예요?'라고 물어보고 싶어요. 그럴 때 '–는다고요?'를 말해요.

–냐고요?

교 사	지금 시험을 볼 거예요.
학습자	선생님, 진짜로 시험을 봐요?
교 사	진짜로 시험을 보냐고요?

–으라고요?

교 사　제가 요즘 심심해요. 뭘 하면 좋을까요?
학습자　게임을 하세요.
교 사　게임을 하라고요?

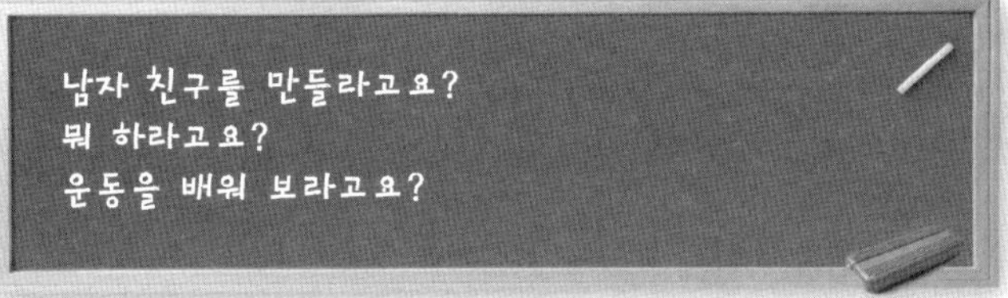

–자고요?

교 사　우리 수업 끝나고 같이 저녁을 먹어요. 뭘 먹을까요?
학습자　김밥을 먹어요.
교 사　김밥을 먹자고요?

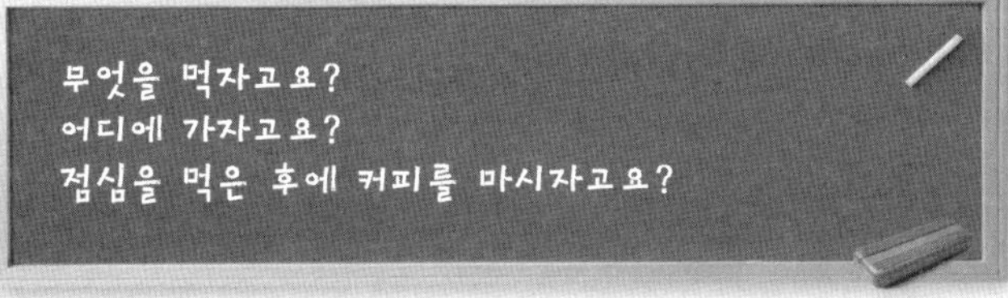

연습

① 친구의 말을 잘 못 들었을 때 어떻게 물어보는지 이야기해 봅니다.

누구/뭐/어디/언제/얼마라고요?
무슨 요일/색깔이라고요?
몇 명/시(이)라고요?

② 대화를 완성하면서 들은 말을 다시 확인합니다. (교재 18쪽)

활용

믿어요? 안 믿어요?: 믿기 어려운 이야기를 들었을 때 어떻게 물어보는지 이야기해 봅니다.
활동지 161쪽 '–는다고요/다고요?'

도입 및 제시

친한 친구의 하루 일과를 생각하면서 말해 봅니다.

교 사　○○ 씨가 지금 뭐 할까요?
학습자　회사에서 일하고 있어요.
교 사　○○ 씨가 지금 '회사에서 일한다'고 생각해요. 그래서 '회사에서 일할걸요.'라고 말해요.

> 회사에 있을걸요.
> 회사에서 일할걸요.
> 일하느라고 바쁠걸요.
> 지금 일하는 중일걸요.
> 벌써 출근했을걸요.

연습

① 우리 반 친구들에 대해서 말해 봅니다.

가: 우리 반에서 가장 ＿＿＿＿＿＿＿＿＿＿＿＿＿＿＿은/는 사람은 누구예요?

　　　부지런하다
　　　이해심이 많다
　　　운동을 잘하다
　　　여행을 좋아하다
　　　잘 웃다
　　　친구들을 잘 도와주다

나: 우리 반에서 가장 ＿＿＿＿＿＿＿＿＿＿＿＿은/는 사람은 ○○ 씨일걸요.
＿＿＿＿＿＿＿＿＿＿＿거든요.

② 친구의 생각에 대해서 완곡하게 반대 의견을 말해 봅니다.

가: ＿＿＿＿＿＿＿＿＿＿＿(으)ㄹ까 해요.　　나: ＿＿＿＿＿＿＿＿＿＿＿(으)ㄹ걸요.

　내일까지 일을 마무리하다　　　　　　시간이 부족하다
　밤을 새워서 시험공부를 하다　　　　　피곤해서 시험을 보기가 어렵다
　다이어트를 해서 점심을 안 먹다　　　　건강이 나빠지다
　지금 밥을 먹으러 가다　　　　　　　　사람이 너무 많다
　주말에 영화를 보다　　　　　　　　　재미있는 영화가 없다

활용

친구의 제안을 완곡하게 거절합니다. **활동지 162쪽 '–을걸요'**

주의

'–을걸요'는 끝을 올려서 말하므로 주의해야 합니다.

도입 및 제시

어떤 일을 마무리하는 즉시 해야 하는 일을 이야기해 봅니다.

> **교 사**   회사 일이 6시에 끝나요. 회사에서 약속 장소까지 1시간이 걸리는데 약속은 7시예요.
> 어떻게 해야 돼요? 회사 일이 끝나는 대로 출발해야 돼요. 회사일이 끝나자마자
> 출발해야 한다는 뜻이에요.

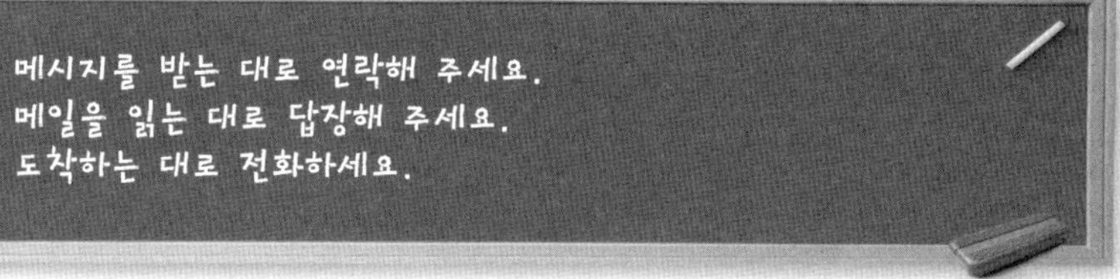

연습

① 요청을 하고 그에 대한 응답을 말해 봅니다.

가: _______________________(으)세요.

    빨리 오다
    빨리 연락을 해 주다
    자료를 빨리 보내 주다
    약속 장소와 시간을 빨리 알려 주다
    빨리 출발하다

나: 네, __________는 대로 _______________(으)ㄹ게요.

② 제안을 해 봅니다.

_______________는 대로 _______________(으)ㅂ시다/자.

    영화가 개봉하다
    책/음반이 나오다
    일/수업/시험이 끝나다
    일/수업/시험을 마치다
    퇴근하다
    휴가가/방학이 시작하다

활용

부탁해요: 회사에서 같이 일하는 사람들끼리 어떤 부탁을 할까요? 이야기해 봅니다.

활동지 163쪽 '−는 대로(1)'

주의

'−는 대로(1)'은 형용사에 결합하지 않습니다.

'마음대로, 뜻대로, 계획대로'에서 '대로'는 '−는 대로'와 같은 의미를 가진 조사입니다.

도입 및 제시

일상에서 자주 사용되는 제스처를 교사가 먼저 하고 학생 또는 보조 교사가 그것을 따라 하는 모습을 보여 줍니다. 동작을 따라 할 학생이나 보조 교사에게 미리 이야기를 해서 준비하도록 합니다.

> **교 사**   ○○ 씨가 지금 선생님이 하는 것하고 똑같이 하고 있어요. ○○ 씨가 선생님이 하는 대로 따라 해요.

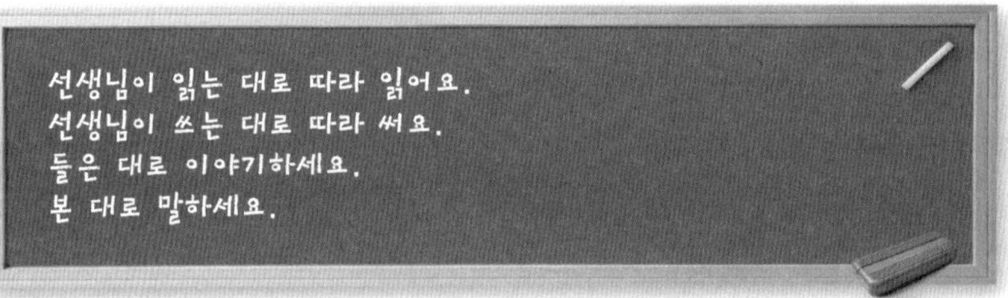

연습

① 글을 쓸 때 어떻게 할지 이야기해 봅니다.

아는 대로 말해 보세요.
생각나는 대로 써 보세요.
느끼는 대로 표현해 보세요.

② 친구가 추천한 곳을 방문한 후 어떤 말을 할지 이야기해 봅니다.

들은 대로 경치가 아름다웠어요.
○○ 씨가 말한 대로 음식이 맛있더라고요.
○○ 씨가 이야기한 대로 사람들이 친절하더라고요.

③ 운동 경기를 보고 어떤 말을 할지 이야기해 봅니다.

예상한 대로 우리 팀이 이겼어요.
기대한 대로 재미있었어요.
생각한 대로 신났어요.

활용

힘내세요: 친구를 위로해 봅니다. **활동지 164쪽 '–는 대로(2)'**

주의

동사에 결합하는 경우로 제한하여 제시하도록 합니다. ('문법 돋보기' 참고)

함정을 피해 가려면

–는다고요/다고요?

교수: 오늘 7시까지 연구실로 좀 오세요.
학생: ?몇 시까지 오라고요?

과장: 오늘 회식을 합시다.
직원: ?뭐라고요?

위의 예와 같이 '–으라고요?'와 '–자고요'는 대화 상대방이 누군가에 따라서 쓸 수 없는 경우가 있기 때문에 주의가 필요합니다. 말하는 사람보다 지위가 높은 사람에게 이러한 표현을 쓰는 경우 불손한 느낌을 주기 쉽습니다. '뭐/언제/누구라고요?' 등도 역시 말을 듣는 사람이 누군가에 따라 쓸 수 없는 경우가 있으므로 이러한 점을 주의시키도록 합니다. 이러한 경우에는 '제가 잘 못 들었는데요. –으라고/자고 하셨어요/하셨습니까?'로 말하도록 합니다.

–는 대로

'–는 대로'는 '–자마자'보다 널리 쓰이지 않으므로 그 쓰임을 제한해서 보여 줄 필요가 있습니다.

① 도둑이 경찰을 보자마자 도망갔어요.
　?도둑이 경찰을 보는 대로 도망갔어요.

② 책이 나오자마자 다 팔렸대요.
　책이 나오는 대로 다 팔렸내요.

위의 두 예는 '–는 대로'를 썼을 때 어색하거나 '–자마자'와는 다른 의미가 읽히는 경우를 제시한 것입니다. 의존 명사 '대로'가 여러 의미를 가지고 있기 때문에 다른 의미로 읽히기 쉽습니다. 같은 이유로 '어떤 일을 하는 즉시'라는 의미로 쓰이는 일이 축소되는 경향을 보이기도 합니다. 그러므로 '–는 대로(1)'의 경우에는 되도록 예시 문장을 많이 들어 주고 그 쓰임을 예시 문장의 경우로 제한할 필요가 있습니다.

※ '–는 대로'의 다른 의미는 '문법 돋보기'를 참고해 주십시오.

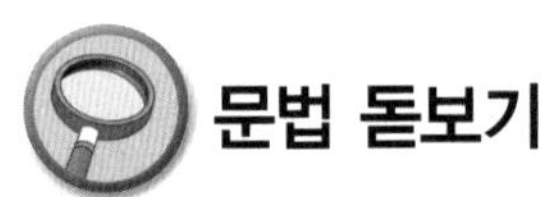

문법 돋보기

–는다고요/다고요

'–는다고요/다고요'는 간접인용의 형식이 '–고요'와 결합한 것이므로 기본적으로 평서형과 의문형 모두에 쓰일 수 있습니다.

> 가: 벌써 2시예요.
> 나: 몇 시라고요?
> 가: 두 시라고요.

–는 대로

'–는 대로(1)'은 어떤 동작이 끝나는 그 즉시를 말하기 때문에 원칙적으로 동사에만 결합합니다. '앞의 동작이나 상태와 같이'를 의미하는 '–는 대로(2)'의 경우 결합하는 서술어가 동사인지, 형용사인지에 따라 미묘한 의미 차이가 있습니다. 이러한 이유로 『열린한국어』에서는 '–는 대로(1)'과 '–는 대로(2)' 모두 동사에만 결합하는 것으로 제한하여 제시합니다.

> ① 학생이 많으면 많은 대로 재미있어요. (적으면 적은 대로도 재미있어요.)
> ② 자식이 있으면 있는 대로 걱정이 있어요. (없으면 없는 대로도 걱정이 있어요.)
> ③ 아는 대로 다 말하세요.

①과 ②의 예문은 기본적으로 '학생이 많은 상태. 자식이 있는 상태와 같이'라는 기본 의미를 유지하고 있습니다. 그러나 보통은 괄호 안의 문장과 같은 내용을 함축하게 됩니다. 이는 반대의 상황을 가정하는 의미가 없는 동사의 경우, ③과는 차이가 있습니다. 따라서 '–는 대로'가 동사에 결합하는 경우와 형용사에 결합하는 경우를 나누어 제시하는 것이 좋습니다.

'–는 대로(2)'에 결합하는 행위가 일상적이고 반복적인 것일 때는 '–던 대로'의 형태로도 자주 쓰입니다.

> ④ 지금까지 공부하던 대로 하세요.
> ⑤ 매번 만들던 대로 똑같이 만든 건데 맛이 다를 리가 있어요?
> ⑥ 특별한 음식 하느라고 고생하지 마시고 그냥 먹던 대로 주세요.

'–는 대로'는 어떤 행동을 할 때마다의 의미도 가집니다. 이러한 경우의 예는 다음과 같습니다.

> ⑦ 틈이 나는 대로 책을 보며 시험을 준비했다.
> ⑧ 먹는 대로 다 체하곤 했다.

활동은 이렇게

믿어요? 안 믿어요?

재미있는 이야기를 듣고 질문을 해 봅시다.

① 학습자 각각은 서로 다른 내용의 활동지를 받습니다.
② 학습자 〈1〉은 〈2〉에게 '–는다고 해요'의 형태로 활동지에 쓰여 있는 내용을 전해 줍니다.
③ 학습자 〈1〉의 말을 들은 〈2〉는 학습자 〈1〉에게 다시 내용을 확인합니다.

　　네? –는다고요? 저는 안 믿어요.
　　네? –는다고요? 정말일 것 같아요.

거절하기

친구의 제안을 거절해 봅시다.

다른 사람의 제안을 듣고 거절하는 이유를 말해 봅니다.

─는 대로(1)

부탁해요

직장인들이 동료에게 자주 하는 부탁을 말해 봅시다.

업무와 관련해서 직장인들이 다른 사람에게 자주 하게 되는 부탁을 연습해 봅니다.

─는 대로(2)

힘내세요!

일이 마음대로 안 되어서 힘들어하는 친구에게 위로의 뜻을 전해 봅시다.

두 명이 짝이 되어 이야기해 봅니다.
  〈가〉 일이 마음대로 안 된 것에 대한 실망을 표현합니다.
  〈나〉 친구를 위로해 주세요.

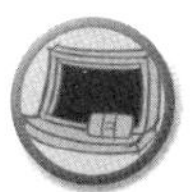

어느 날 교실에서 – 수업일지의 실제

Naver 열린한국어 페이지(P) 도구(O)

오늘 수업의 목표 문법 중에 하나가 '–는 대로'였는데요. 이것저것 질문이 많이 나와서 진땀을 뺐습니다. 첫 번째 질문은 "선생님, '–는 대로'는 부탁할 때만 써요?"였어요.

메시지를 받는 대로 연락해 주세요.
도착하는 대로 연락하세요.

문법을 도입하면서 위의 예시 문장을 제시해서 그런가 봅니다. 그래서 꼭 그런 것은 아니고 다음과 같은 예문도 가능하다고 설명을 했지요.

메시지를 받는 대로 연락할게요.
메시지를 받는 대로 연락했다.

다음 질문은 '–자마자'하고 '–는 대로'가 어떻게 다르냐는 것이었어요. '–는 대로'가 다른 뜻이 있어서 '어떤 일을 한 바로 다음에'의 의미일 때는 '–자마자'를 훨씬 많이 쓰니까 '–는 대로'는 교재에 있는 것들만 쓰는 것이 좋겠다고 했습니다. 그런데도 조금 부족한 부분이 느껴지네요. 선생님들~ 도와주세요. '–는 대로'하고 '–자마자'를 확실히 구분해 줄 수 있는 예문은 없나요?

다른 선생님들의 댓글

→ '–는 대로'의 쓰임이 '–자마자'보다 제약이 많은 건 확실한데 의미 차이를 구별하기는 쉽지가 않네요.

→ 문법서 같은 것을 찾아보면 선후행절의 관계성에서 차이를 변별하는 것 같더라고요. 선후행절이 서로 연관성이 깊은 경우에는 '–는 대로'와 '–자마자'를 모두 쓰지만 관계가 먼 경우에는 '–자마자'만 쓴다는 설명이지요. 그러고 보면 '그 사람은 결혼을 하자마자 이혼을 했다.'는 자연스러운 반면에 '결혼을 하는 대로 이혼을 했다'는 어색하네요.

완료 100%

3-2 아침에는 날씨가 좋더니 갑자기 비가 오네요

학습 문법	–더니　　　　　–는다면/다면　　　　　–기보다는　　　　　–을지도 모르다
수업 목표	변화를 말할 수 있다. 상황을 가정해서 말할 수 있다. 대안이나 차선책을 말할 수 있다. 추측을 바탕으로 자신의 의견을 말할 수 있다.
수업 자료	활동지　–더니1, 2　　–기보다는　　–을지도 모르다

 **교실에 들어가기 전에**

	확인할 내용	네	아니요
1	'–더니'의 의미와 제약을 제시할 수 있다.		
2	'–는다면/다면'의 의미와 쓰임을 제시할 수 있다.		
3	'–기보다는'의 의미와 쓰임을 제시할 수 있다.		
4	'–을지도 모르다'의 의미와 쓰임을 제시할 수 있다.		

1. '–더니'의 의미와 제약을 제시할 수 있다.

『열린한국어』 3권에서 제시하는 '–더니'는 선후행절의 내용이 서로 대조되는 경우를 표현합니다. '–더니'의 다양한 의미에 대해서는 '문법 돋보기'를 참고할 수 있습니다. 말하는 이가 과거에 지각한 것을 표현하는 '–더'의 기본적인 의미 제약 때문에 '–더니'에는 1인칭 주어가 결합할 수 없습니다. 과거의 일이라고 해도 '–었–'을 붙이지 않습니다.

아이가 방금 전까지 울더니 지금은 웃어요.
어제까지 날씨가 춥더니 오늘은 따뜻하네요.

2. '–는다면/다면'의 의미와 쓰임을 제시할 수 있다.

'–는다면/다면'은 '–는다고/다고 하면'의 줄임 꼴로 어떠한 상황을 가정하여 조건으로 제시하는 기능을 합니다. 가정되는 상황은 보통 현실적으로 불가능한 것들이 많지만 일상적인 것들도 표현할 수 있습니다.

매일 매일이 방학이라면 좋겠어요.
동물이 말을 한다면 어떤 일이 생길까?
그 사람이 나를 구해 주지 않았다면 큰일이 났을 거예요.
키가 좀 더 컸다면 농구 선수가 되었을 거예요.

3. '–기보다는'의 의미와 쓰임을 제시할 수 있다.

말하고자 하는 내용이 선행절보다 후행절에 더 가까움을 표현합니다. 대화상에서는 주로 들은 말을 가볍게 부정하거나 반박하는 기능을 합니다.

달리기보다는 빨리 걷는 게 다이어트에 더 좋아요.

가: 축의금을 얼마나 내야 되지?
나: 친한 친구니까 축의금을 내기보다는 선물을 하는 게 좋을 것 같은데.

4. '–을지도 모르다'의 의미와 쓰임을 제시할 수 있다.

말하는 사람의 추측을 나타냅니다.

오늘 좀 늦을지도 몰라요.
지금은 식당에 자리가 없을지도 몰라요.
벌써 막차가 끊겼을지도 몰라요.

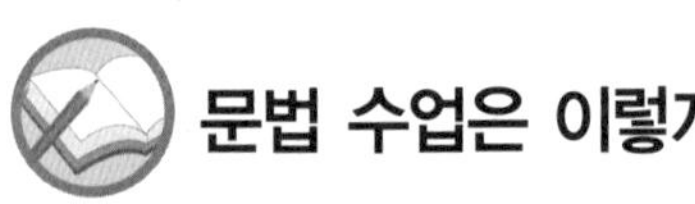

문법 수업은 이렇게

<table>
<tr><td colspan="2" align="center">**–더니**</td><td align="right">교재 33쪽</td></tr>
</table>

도입 및 제시	아이가 크면서 달라질 수 있는 점에 대해서 이야기해 봅니다. **교 사**　아이가 어렸을 때는 공부를 잘 안 했어요. 지금은 공부를 열심히 해요. 달라졌어요. 이럴 때 "아이가 어렸을 때는 공부를 잘 안 하더니 지금은 공부를 열심히 해요."라고 말해요. 제약을 명시적으로 보여 줍니다. **교 사**　내가 보거나 들은 것, 생각하고 느낀 것을 말해요. 그래서 '나'는 말할 수 없어요. 지난 일이지만 '–았/었–'을 쓰지 않아요.

연습	① 주어진 상황과 반대되는 것을 생각해서 문장을 완성해 봅니다. **활동지 165쪽 '–더니1'** ② 간접인용의 형태가 결합한 '–다고 하더니'로 문법을 확장해 봅니다. ＿＿＿＿＿＿＿＿다고 하더니 ＿＿＿＿＿＿＿＿ "담배를 끊겠어요."　　　　담배를 끊겠다고 하더니 아직 못 끊었어요? "오늘까지 일을 끝낼 거예요." "오늘 늦을 거예요." "할 말이 있어요." "결혼을 안 할 거예요." "돈을 아껴 쓸 거예요."

활용	무슨 일이?: 주변 사람의 변화에 대해서 이야기해 봅니다. **활동지 166쪽 '–더니2'**

주의	'–더니'에 '–았/었–'이 결합한 '–았/었더니'는 다른 의미를 가진 문법 형태이므로 '–았/었–'을 쓰지 않도록 주의시킵니다. '–았/었더니'는 5과 참고.

현실에서는 불가능하거나 힘든 일을 가정하고 어떻게 할지 이야기해 봅니다.

교 사　일요일이 없어요. 어떨 것 같아요?
학습자　너무 힘들 거예요.
교 사　일요일이 없다면 너무 힘들 거예요. 일요일이 있지만 일요일이 없다고 생각하고 말하는 거예요.

도입 및 제시

> 구름 위를 걷는다면 어떤 기분일까요?
> 외계인을 만난다면 너무 놀라서 기절할 것 같아요.
> 돈이 많다면 예쁜 집을 살 거예요.
> 키가 조금만 더 크다면 좋을 텐데.
> 내가 사장님이라면 월급을 더 많이 줄 거예요.

---

① 희망하는 일을 말해 봅니다.

　　________________ (이)라면 좋을 텐데/좋겠어요.
[예] 매일 일요일이라면 좋을 텐데/좋겠어요.

② 상황을 가정하고 어떻게 할지 말해 봅니다.

연습

가: ________________________________는다면/다면 어떻게 할 거예요?

　　회사 동료가 갑자기 데이트를 하자고 한다
　　친구가 큰돈을 빌려 달라고 한다
　　부인/남편이 해외 지사에서 일해야 한다
　　연예인이 될 수 있는 기회가 생긴다

나: ____________________는다면/다면 ____________________을 거예요.

　　회사 동료가 마음에 든다면 데이트를 할 거예요.
　　그 사람이 마음에 들지 않는다면 데이트 신청을 거절할 거예요.

다음 표현을 활용하여 광고문을 써 봅니다.

활용

–을/를 원하신다면
–고 싶다면
–기를 바란다면

[예] 새로운 모습으로 변신하고 싶다면 ○○○헤어숍을 이용해 보세요.
　　날씬한 몸매를 원하신다면 ○○로 매일 운동을 해 보세요. 놀라운 변화를 직접 느껴 보실 수 있습니다.

도입 및 제시

다이어트 방법에 대해 이야기해 봅니다.

교 사   다이어트를 하고 싶어요. 좋은 방법을 같이 이야기해 봅시다.
학습자   하루에 밥을 한 번만 먹어요.
교 사   밥을 한 번만 먹어요? 배가 고파서 한번에 너무 많이 먹으면 어떡해요? 밥을 안 먹으면 건강이 나빠질 수도 있어요. 그래서 '식사를 거르기보다는 조금씩 규칙적으로 먹는 게 좋겠어요.'라고 말해요.

> 굶기보다는 운동을 하는 게 좋아요.
> 너무 힘든 운동을 하기보다는 즐겁게 할 수 있는 운동을 하세요.
> 고기보다는 채소를 많이 드세요.

연습

① 좋아하는 것에 대해서 말해 봅니다.

가: 피아노 연주하는 것을 좋아하세요?
나: <u>피아노를 연주하기보다는</u> <u>연주를 듣는 것</u>을 더 좋아해요.

음식을 만들다	먹다
운동을 하다	경기를 보다
쇼핑을 하다	구경하다
여행을 하다	집에서 쉬다
달리다	산책하다

② 더 좋은 방법을 말해 봅니다.

_______________(으)니까 ____________(기)보다는 _________________는 게 좋겠어요.

출퇴근 시간이다	버스	지하철을 타다
날씨가 많이 춥다	밖에서	안에서 만나다
날씨가 안 좋다	산책하다	커피숍에 가다
비가 오다	나가서 먹다	배달을 시키다
정훈 씨가 늦을 것 같다	기다리다	먼저 저녁을 먹다
내일 일찍 출근해야 하다	술을 더 마시다	집에 일찍 들어가다

활용

대안 찾기: 기사를 읽고 더 좋은 방법을 찾아봅니다. **활동지 167쪽 '–기보다는'**

주의

동사가 반복될 때는 '(명사)보다는'의 형태를 자주 쓴다는 것을 알려 줍니다.

너무 힘든 운동을 하기보다는 즐겁게 할 수 있는 운동을 하세요.
너무 힘든 운동보다는 즐겁게 할 수 있는 운동을 하세요.

짐작하는 일을 말해 봅니다.

교 사　다음 주에 출장을 갈 것 같아요. 아직 잘 몰라요. 갈 수도 있고 안 갈 수도 있어요.
그래서 '다음 주에 출장을 갈지도 몰라요.'라고 말해요.

① 이유를 들어 조언을 해 봅니다.

______________________(으)세요. ______________________(으)ㄹ지도 몰라요.

서두르다
지하철을 타다
우산을 가져가다
영화표를 예매하다
먼저 식사를 하다
선생님을 만나고 싶으면 먼저 연락하다

② 친구에 대해서 추측을 해 봅니다.

______________________았/었을지도 몰라요.

수지 씨가 오늘 왜 안 왔지요?
수지 씨가 계속 전화를 안 받아요.
수지 씨하고 만나기로 했는데 안 왔어요.
수지 씨 표정이 안 좋아 보였어요.
수지 씨가 오늘 기분이 굉장히 좋아 보였어요.
수지 씨가 어떤 남자하고 팔짱을 끼고 갔어요.

활용　건강 체크리스트: 증상을 바탕으로 의심되는 병명을 말해 봅니다. **활동지 168쪽 '–을지도 모르다'**

함정을 피해 가려면

–는다면/다면

① 다시 태어나면 나무가 될 거예요.
다시 태어난다면 나무가 될 거예요.

② 내일도 비가 오면 행사를 취소해야 할 거예요.
내일도 비가 온다면 행사를 취소해야 할 거예요.

위의 예문과 같이 상황을 가정하는 연결어미에는 '–으면'과 '–는다면/다면'이 있습니다. 두 연결어미 모두 현실에서 있음직한 일이나 현실적으로 일어나기가 어려운 일을 가정할 수 있기 때문에 의미의 변별이 어렵습니다. 그러나 학습자의 입장에서는 보통 초급 단계에서 '–으면'을 학습하기 때문에 '–는다면/다면'과 '–으면'의 쓰임을 구분할 전략이 필요합니다. '–으면'과 '–는다면/다면'의 구분은 실제로 학습자들이 자주 하는 질문 중의 하나이기도 합니다.

'–는다면/다면'은 좀 더 불가능한 일을 가정할 때 많이 쓰입니다. 아래 ③과 ④의 예문에서 보듯이 현실에서 불가능하거나 어려운 일 모두에 '–으면'과 '–는다면/다면'을 쓸 수 있지만 '–으면'보다는 '–는다면/다면'이 더 자연스럽다는 것을 알 수 있습니다.

③ 내가 너면 그렇게는 안 한다.
내가 너라면 그렇게는 안 한다.

④ 시간을 되돌릴 수 있으면 다시 학생이 되고 싶어요.
시간을 되돌릴 수 있다면 다시 학생이 되고 싶어요.

두 문법 항목의 사용이 모두 자연스러운 경우에도 '–는다면/다면'을 쓰면 가정하는 상황이 실현되기가 더 어렵다고 생각한다는 점이 드러납니다.

⑤ 복권에 당첨되면 뭐 할 거예요?
복권에 당첨된다면 뭐 할 거예요?

그래서 현실과는 다른 반(反)사실적 가정에는 '–으면'보다 '–는다면/다면'을 더 많이 씁니다.

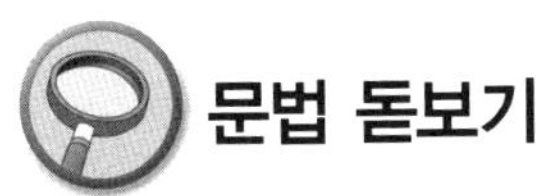

문법 돋보기

–더니

'–더니'의 의미 기능은 '①대조 ②순차 ③추가 ④결과'의 네 가지로 정리해 볼 수 있습니다. 교재에서 다루는 ①의 의미를 제외한 다른 기능의 예는 다음과 같습니다.

② 순차

모르는 사람이 나를 보더니 인사를 했다.
친구가 전화를 받더니 아무 말도 없이 집에 가 버렸다.
언니가 부엌에 들어가더니 금방 상을 차려 왔다.

②의 경우 순차를 나타내는 연결어미 '–고'나 '–아/어서'와 대치하여 쓰일 수 있습니다. 그러나 '–더니'를 쓰면 후행절의 결과가 생각지 못한 결과라는 느낌을 줍니다.

③ 추가

아이가 동생을 자꾸 괴롭히더니 이제는 때리기까지 한다.
음식이 맛도 좋더니 값도 싸네요.

③은 선행절에 이어 후행절의 상태나 행위가 덧붙여짐을 의미합니다. 후행절에는 '까지'나 '도'와 같은 조사가 주로 쓰입니다.

④ 결과

아이가 열심히 공부하더니 1등을 했어요.
무리해서 일하더니 결국 쓰러지고 말았어.
매일같이 싸우더니 헤어졌다고 하더라고요.

④는 선행절의 결과로 후행설의 내용이 나타나는 경우에 사용합니다. ④의 경우 '–았/었더니'와 비슷한 의미 기능을 가집니다. 그러나 '–더니'는 내가 지각할 수 있는 일에만 쓰기 때문에 '나의 행위'는 표현하지 못하는 반면 '–았/었더니'는 나의 행동에 대해서도 쓸 수 있습니다. 이는 과거를 의미하는 '–았/었–'이 결합되면서 나의 '과거' 행위가 지각의 대상이 될 수 있기 때문입니다.

⑤ 친구가 무리를 하더니 결국 병원에 입원을 했어요.
(내가) 무리를 했더니 결국 병원에 입원을 하게 됐어요.

활동은 이렇게

〈활동지 165쪽〉

-더니1

문장 완성하기

문장을 완성하여 말해 봅시다.

① 과거와 다르거나 반대가 되는 상황을 생각해 봅니다.
② 과거와 지금의 다른 점을 '-더니'를 사용하여 말해 봅니다.

〈활동지 166쪽〉

-더니2

무슨 일이?

친구에게 무슨 일이 있었을까요?

두 사람이 짝이 되어 말해 봅니다.
　〈가〉 주변 사람의 변화를 말하고 그 이유를 물어보세요.
　〈나〉 자신이 알고 있는 이유를 말해 주세요.

〈활동지 167쪽〉

-기보다는

대안 찾기

주어진 정보를 참고하여 다른 선택을 말해 봅시다.

활동지의 글을 읽고 원래 가지고 있었던 계획을 어떻게 바꿀지 이야기해 봅시다.

〈활동지 168쪽〉

-을지도 모르다

건강 체크리스트

건강 체크리스트를 완성해 봅시다.

건강 체크리스트를 완성하여 의심되는 병명을 말해 봅니다.

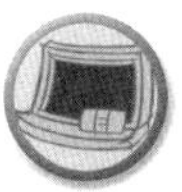

어느 날 교실에서 – 수업일지의 실제

오늘 수업에서 '-을지도 모르다'를 다루면서 나온 질문입니다.

"선생님, '-은지도 모르다'하고 '-는지도 모르다'는 안 돼요?"

의미를 제한해서 고정된 형태로 '-을지도 모르다'만 가르쳐 왔는데 처음 받는 질문이네요. 똑똑한 학생입니다. 그래서 의도치 않게 '-지도 모르다' 종합편을 제시하게 됐습니다.

동사 현재: -는지도 모르다
지금 오고 있는지도 몰라요.

형용사 현재: -은지도 모르다
바쁜지도 몰라요.

동사와 형용사 과거: -었는지도 모르다
벌써 왔는지도 몰라요.
그동안 바빴는지도 몰라요.

동사와 형용사 미래(불확정): -을지도 모르다
오늘 밤 늦게 올지도 몰라요.
다음 주부터는 계속 바쁠지도 몰라요.

이와 같은 형태를 모두 쓸 수는 있지만 '모르다'가 붙어서 추측의 기능을 하기 때문에 '아직 확실하지 않은 일에 대한 추측'을 나타내는 '-을지도 모르다'를 '-는지도 모르다'보다 많이 쓰나고 말해 주었습니다.

다른 선생님들의 댓글

지금 오고 있는지도 몰라요.
지금 오고 있을지도 몰라요.

두 문장의 의미 차이를 구분하기가 쉽지 않겠네요.

불확정의 의미를 나타내는 '-을지도'가 아무래도 더 불확실한 추측을 나타내겠지요.

3-3 계속 담배를 피우다가는 건강이 나빠지고 말 거예요

학습 문법	–다가는	–고 말다	–더라도
수업 목표	지속적, 반복적인 행위의 결과를 말할 수 있다. 다른 사람을 격려할 수 있다.		
수업 자료	활동지 –다가는 –고 말다 –더라도1, 2		

 ### 교실에 들어가기 전에

	확인할 내용	네	아니요
1	'–다가는'의 의미와 쓰임을 제시할 수 있다.		
2	'–고 말다'의 의미를 제시할 수 있다.		
3	'–더라도'의 의미와 쓰임을 제시할 수 있다.		

1. '–다가는'의 의미와 쓰임을 제시할 수 있다.

선행절에는 반복적이고 지속적인 행위가 오고, 후행절에는 선행절의 행위 때문에 나타나는 부정적인 결과가 옵니다. 선행절에는 형용사를 쓰지 않으며 과거의 일이라고 해도 '–았/었–'과 결합하지 않습니다. 반복적이고 지속적인 행위에 '–다가는'을 쓰기 때문에 '자꾸, 계속'과 같은 표현과 잘 어울립니다. 후행절은 부정적인 결과를 나타내기 때문에 '–고 말다' 와 잘 어울리고 '–겠–'이나 '–을 것이다'와 같은 추측의 표현이 주로 옵니다.

그렇게 안 먹다가는 병이 나고 말 거야.
소리를 그렇게 크게 지르다가는 목이 다 쉬겠어요.
비가 계속 오다가는 큰일이 날지도 몰라요.

2. '–고 말다'의 의미를 제시할 수 있다.

앞에 오는 내용이 결국 실현되었음을 나타냅니다. 실현된 상황이 ①아쉽거나 안타까운 것일 수도 있고 ②긍정적인 것일 때도 있습니다. ②의 경우에는 의지를 나타내는 '–겠–' 또는 '–을 것이다'와 함께 쓰여 말하는 사람의 강한 의지를 표현합니다. ①과 ②의 경우 모두 동사만 결합할 수 있습니다. 『열린한국어』에서는 ①의 의미만 다룹니다.

① 울음을 참으려고 했지만 결국 울고 말았어.
오랫동안 병을 앓다가 결국 죽고 말았다.
다시는 지각을 안 하려고 했는데 오늘도 지각을 하고 말았어요.

② 이번 시험에는 꼭 합격하고 말겠어요.
담배를 끊고 말 거야.

3. '–더라도'의 의미와 쓰임을 제시할 수 있다.

어떠한 행위나 상태를 인정하거나 가정한 상황에서도 후행절의 행위를 해야 함을 표현합니다. 상황을 가정하는 의미가 있어 '아무리' 또는 '무슨, 어떤, 누구' 등과 잘 어울려 쓰입니다.

무슨 소리를 듣더라도 화를 내면 안 돼요.
가더라도 일찍 돌아와야 한다.
아무리 화가 나더라도 참았어야지.
바쁘더라도 꼭 참석해 주시기 바랍니다.
아무리 지위가 높은 사람이더라도 지켜야 할 것은 지켜야 한다.

문법 수업은 이렇게

도입 및 제시

지속적이고 반복적인 행위의 결과로 나쁜 일이 생기게 되는 경우를 이야기해 봅니다.

교 사　시험이 있는데 계속 공부를 안 해요. 어떻게 될까요?
학습자　시험에 떨어져요.
교 사　'계속 공부를 안 하다가는 시험에 떨어질지도 몰라요.' 계속(강조하면서) 공부를 안 하는 거예요.

> 그렇게 놀다가는 일을 다 못할지도 몰라요.
> 일을 계속 미루다가는 제 시간에 마치지 못할 거예요.
> 너무 서두르다가는 실수를 하게 될 거예요.

제약을 명시적으로 설명합니다.

교 사　'–다가는' 뒤에는 앞으로 일어날 일만 써요.

> 그렇게 놀다가는 일을 다 못했어요. (×)

연습

① 부정적인 결과를 낳게 되는 원인을 이야기해 봅니다.

_________________다가는 _________________(으)ㄹ지도 몰라요.

과로를 하다	쓰러지다
커피를 많이 마시다	밤에 잠을 잘 수 없다
돈을 낭비하다	돈이 부족해지다
자꾸 장난을 치다	친구가 화를 내다
수업 시간에 떠들다	선생님한테 혼이 나다

② 계속되는 행위의 결과를 이야기해 봅니다.

이렇게 _________________다가는 _________________겠어요.

비가 많이 오다	홍수가 나다
눈이 많이 오다	큰일이 나다
비가 안 오다	가뭄이 들다
눈이 쌓이다	출근을 못 하다
바람이 세게 불다	과일이 다 떨어지다

활용

환경오염: 환경을 오염시키는 나쁜 습관들을 말해 봅니다. **활동지 169쪽 '–다가는'**

원하지 않았던 결과를 말해 봅니다.

교 사 담배를 끊고 싶었어요. 하지만 너무 힘들어요. 그래서 담배를 다시 피웠어요. '힘들어서 담배를 다시 피우고 말았어요.' 담배를 다시 피우는 것은 안 좋은 일이에요. 결국(강조하면서) 안 좋은 일이 생겼다는 뜻이에요.

도입 및 제시

연습

① 의도와는 다른 결과를 말해 봅니다.

_______________________(으)려고 했는데 _______________고 말았어요.

안 싸우다 　　　　　　　　　　　　　싸우다
늦잠을 자지 않다
약속에 늦지 않다
화를 내지 않다
야식을 안 먹다

② 나쁜 습관으로 생길 결과를 말해 봅니다.

_______________________다가는 _______________고 말 거예요.

계속 담배를 피우다
많이 먹다
운동을 안 하다
식사를 자주 거르다
술을 마시고 운전을 하다
텔레비전을 가까이에서 보다

활용

결국: 이야기를 읽고 결말을 만들어 봅니다. 활동지 170쪽 '–고 말다'

주의

단. 형용사에 쓸 경우 '–아/어지다' 형태에 결합합니다.

키가 작고 말았어요. (×)
날씨가 흐리고 말았어요. (×)

수업 중에 꼭 해야 하거나 하면 안 되는 일을 이야기해 봅니다.

도입 및 제시

교 사 수업 중에 졸려요. 자도 돼요?
학습자 아니요.
교 사 수업 중에 졸리더라도 자면 안 돼요.

> 수업에 늦더라도 꼭 와야 해요.
> 전화가 오더라도 수업시간에는 전화를 받으면 안 돼요.
> 할 일이 많더라도 숙제를 꼭 해야 해요.
> 배가 고프더라도 수업 중에 음식을 먹으면 안 돼요.
> 잘 아는 문법이더라도 선생님의 설명을 잘 들어야 해요.

연습

① 건강을 위해 하기 싫더라도 해야 하는 일을 말해 봅니다.

＿＿＿＿＿＿＿＿＿더라도 ＿＿＿＿＿＿＿＿＿아/어야지요.

바쁘다	식사를 제때 하다
피곤하다	운동을 자주 하다
힘들다	담배를 끊다
술을 마시다	조금만 마시다
야채를 안 좋아하다	많이 먹다

② 결혼 생활을 하면서 지켜야 할 일을 말해 봅니다.

＿＿＿＿＿＿＿＿＿더라도 ＿＿＿＿＿＿＿＿＿ㄴ/는다.

바쁘다	대화를 자주 하다
조금 귀찮다	서로의 부탁을 들어 주다
화가 나다	참다
싸우다	서로를 비난하지 않다
부인/남편이 잘못한 일이 있다	이해하고 용서하다

활용

① 조언하기: 한국어를 공부하는 친구에게 조언을 해 줍니다. 활동지 171쪽 '–더라도1'

② 문화 비교 활동: 문화적 차이를 어떻게 수용해야 할지 이야기해 봅니다. 활동지 172쪽 '–더라도2'

함정을 피해 가려면

'–더라도'와 '–아/어도'

　두 문법 항목 모두 앞에 오는 행위나 상태를 가정하거나 그러한 상황을 인정하면서도 그에 영향을 받지 않고 어떤 일을 해야 함을 말합니다. ①과 ②처럼 같은 내용이 두 문법 항목으로 모두 표현되는 일이 많기 때문에 학습자들이 의미 차이를 자주 질문합니다.

> ① 수업 중에는 졸려도 자면 안 돼요.
> 　수업 중에는 졸리더라도 자면 안 돼요.

> ② 궁금해도 물어보지 마세요.
> 　궁금하더라도 물어보지 마세요.

　두 문법 항목이 상당히 유사하지만 의미 차이가 있습니다. '–아/어도'보다는 '–더라도'가 상황을 가정하는 의미가 더 강합니다. 두 경우 모두 어떠한 상황이 발생할 가능성을 인정하지만 '–더라도'를 쓰게 되면 가능성이 더 적다고 생각됩니다. 그래서 다음과 같이 이미 발생한 일, 즉 과거의 상황이 오면 '–아/어도', 아직 발생하지 않은 일에는 '–더라도'가 좀 더 자연스럽게 느껴집니다.

> ③ 몸이 아파도 열심히 일을 했어요.
> 　몸이 아프더라도 열심히 일을 했어요.

> ④ 술을 먹어도 조금만 드세요.
> 　술을 먹더라도 조금만 드세요.

　그러나 '–았/었어야지요'와 같이 과거의 상황이라 하더라도 그러한 상황이 있지 않았음을 의미할 때는 '–더라도'가 자연스럽게 느껴집니다. ⑤에서와 같이 화가 나는 상황에서 참지 않았고, 배가 고픈 상황에서 다른 사람을 기다리지 않았다는 것을 의미하는 경우입니다. ⑥과 같이 '–더라도'에 '–았/었–'이 결합되어 반(反)사실적 가정을 의미하기도 합니다. 이러한 점을 보더라도 '–아/어도'보다는 '–더라도'가 가정의 의미를 더 강하게 표출한다는 것을 알 수 있습니다.

> ⑤ 화가 나더라도 참았어야지요.
> 　배가 고프더라도 다른 사람들을 기다렸어야지요.

> ⑥ 내가 너였더라도 화를 냈을 거야.
> 　키가 좀 더 컸더라면 모델이 되었을 텐데.

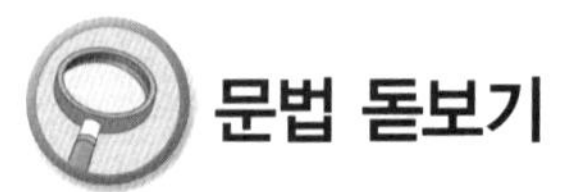

문법 돋보기

–다가는

'–다가는'은 '–다가'에 '는'이 결합한 형태입니다. 그래서 '–다가는'의 기본 의미는 '–다가'에서 비롯된다고 할 수 있습니다.

'–다가'는 ①어떤 행동이 진행되는 중에 다른 행동으로 바뀜, ②어떤 행동이 뒤 내용의 원인이나 근거가 됨의 두 가지 의미를 가지고 있습니다.

> ① 책을 읽다가 잠이 들었어요.
> 울다가 웃었어요.

> ② 운동을 하다가 허리를 다쳤어요.
> 게임을 하다가 약속 시간을 잊어버렸어요.

'–다가는'은 ②의 의미가 강조되는 경우입니다. ①의 의미가 강조되는 예는 다음과 같습니다.

> ③ 잠이 들다가는 다시 깨곤 했다.
> 일어났다가는 앉았다가는 했다.

'–다가 보면'과 '–다가 보니까' 역시 '–다가'에서 비롯된 문법 항목이라고 볼 수 있습니다. 세 문법 항목 모두 선행절의 반복적이고 지속적인 행위가 후행절의 결과를 낳는다는 점에서 유사한 측면이 있어 의미 및 쓰임의 구별이 필요합니다.

> ④ 착하게 살다가는 남한테 속기 쉽지요.
> ⑤ 착하게 살다(가) 보니까 좋은 일이 생기네요.
> ⑥ 착하게 살다(가) 보면 좋은 일이 생길 거예요.

④과 ⑤ 모두 선행절이 후행절의 원인이 되지만 ④의 '–다가는'은 주로 부정적인 결과를 낳습니다. 반면에 ⑤와 ⑥의 후행절은 의도하지 않은 결과가 생기는 것을 의미합니다.

활동은 이렇게

 〈활동지 169쪽〉

환경오염

환경오염의 원인을 말해 봅시다.

환경오염의 원인이 되는 나쁜 습관들을 이야기해 봅니다.

〈도움말〉
주제와 관련된 단어나 표현을 잘 설명하는 시각 자료를 준비하면 좋습니다.

-고 말다 〈활동지 170쪽〉

이야기의 결말 쓰기

완성되지 않은 이야기의 결말을 만들어 봅니다.

활동지의 이야기를 읽고 전체 줄거리에 어울리는 결말을 써 봅시다.

조언하기

한국어를 공부하는 친구에게 조언을 해 봅시다.

글의 빈칸을 채워 친구에게 조언하는 말을 해 봅니다.

〈도움말〉
학습자의 실제 고민을 주제로 이야기할 수 있습니다.

문화 비교 활동

알고 있는 문화 차이에 대해서 이야기해 봅시다.

문화적인 차이를 어떻게 대해야 하는지 이야기해 봅니다.

어느 날 교실에서 – 수업일지의 실제

열린한국어

중급에 와서 본동사와 보조동사의 결합으로 이루어진 여러 문법 항목들을 가르치게 되는데 비슷한 의미를 지닌 것들끼리의 의미 차이를 구별하기가 쉽지 않습니다. 오늘 배운 문법 항목도 그 중 하나입니다. '-고 말다'를 공부했는데 '-아/어 버리다'하고 의미가 상당히 유사해서 구별이 어려운 것 같아요.

오늘 '-고 말다'를 공부하면서 '-아/어 버리다'와의 차이점을 묻는 질문이 나올 것 같아서 준비를 좀 했습니다. (^^)/

'-고 말다'와 '-아/어 버리다' 모두 '-겠-'이나 '-을 것이다'와 같은 표현과 결합해서 자신의 의지를 나타내는 경우가 있습니다. 하지만 '-아/어 버리다'의 경우에는 자신의 의지를 표현하기보다는 그 일을 이제 다시 하지 않겠다는 의미가 더 강하게 읽힙니다.

오늘까지 일을 다 끝내고 말겠어요.
오늘까지 일을 다 끝내 버리겠어요.

이런 점에서 보면 '-아/어 버리다'는 일이 끝났다는 것을 표현하는 것이, '-고 말다'는 어떤 일이 실현되었다는 것을 나타내는 것이 기본 의미인 듯합니다.

다른 선생님들의 댓글

'-아/어 버리다'는 말씀하신 것처럼 '완결'이 기본 의미이기 때문에 그 일이 끝나서 '시원하다' 는 느낌을 줄 때가 있지요. '쓸모없는 물건을 다 치워 버렸어요.'가 그런 경우인 것 같아요.
이런 경우에는 '쓸모없는 물건을 치우고 말았어요.'라고 할 수는 없으니까 또 하나의 의미 구분이 이루어지는 지점이 아닌가 싶네요.

그래서 '헤어져 버렸다' 같은 경우에도 맥락에 따라 이중의 의미가 읽히는 것 같습니다. 헤어져 버려서 이제 고민이나 걱정을 하지 않아도 되니까 '속이 시원하다'의 의미도 있는가 하면 헤어져 버려서 안타깝다는 의미도 있는 것 같아요.

3-4 작년에 샀던 건데 잘 안 쓰게 돼서 버리려고 해요

학습 문법	–았/었던　　　–든지　　　–은/는데도　　　이라도
수업 목표	과거의 경험을 말할 수 있다. 조건에 관계없이 해야 할 일을 말할 수 있다. 고민하는 일을 말할 수 있다. 약속을 말할 수 있다.
수업 자료	활동지　–았/었던　–든지　–은/는데도　이라도

 ## 교실에 들어가기 전에

	확인할 내용	네	아니요
1	'–았/었던'의 의미와 쓰임을 제시할 수 있다.		
2	'–든지'의 의미를 제시할 수 있다.		
3	'–은/는데도'의 의미와 쓰임을 제시할 수 있다.		
4	'이라도'의 의미를 제시할 수 있다.		

1. '–았/었던'의 의미와 쓰임을 제시할 수 있다.

'–았/었던'은 현재에는 지속되지 않는 과거의 행위 또는 상태를 말하며 뒤에 오는 명사를 꾸미는 역할을 합니다.

예전에 가 봤던 곳인데 경치가 아름답더라고요.
한 번 만났던 사람인데 성격이 좋은 것 같아요.
가장 좋았던 기억이니까 잊어버릴 수가 없지요.

2. '–든지'의 의미를 제시할 수 있다.

'–든지 –든지'의 형태로 쓰여 앞, 뒤 행위 또는 상태의 어느 한 쪽에 해당함을 말합니다.

책을 읽든지 숙제를 하든지 해.
시간이 있을 때는 가볍게 운동을 하든지 걷든지 해요.

또는 앞, 뒤의 내용 중 어느 것에 해당하더라도 후행절의 내용에는 영향을 주지 않음을 말합니다. 이 경우 '무슨, 어떤' 등과 함께 쓰여 후행절이 어떤 상황에도 영향을 받지 않음을 나타내기도 합니다.

비싸든지 싸든지 꼭 살 거예요.
어디에 있든지 찾아내고 말 거예요.

3. '–은/는데도'의 의미와 쓰임을 제시할 수 있다.

후행절이 선행절의 내용에 의해 예상되거나 기대되는 바와 다를 경우에 사용합니다.

약을 먹는데도 감기가 낫지 않아요.
물건 값이 많이 비싼데도 잘 팔려요.
여름인데도 날씨가 별로 덥지 않아요.
하루 종일 일을 했는데도 아직 안 끝났어요.

4. '이라도'의 의미를 제시할 수 있다.

앞에 오는 내용이 아주 마음에 드는 것은 아니지만 그런대로 괜찮은 것임을 의미하는 조사입니다.

(마음에 꼭 들지는 않지만) 이거라도 가져갈게요.
(자동차가 있으면 제일 좋겠지만) 자전거라도 있어야 해요.
(더 많이 공부하면 더 좋지만) 매일 10분이라도 꼭 공부를 하세요.

문법 수업은 이렇게

도입 및 제시	현재에는 계속되지 않는 과거의 일에 대해서 이야기해 봅니다. **교 사**　지난주에 수업이 끝나고 같이 밥을 먹었지요? 우리가 밥을 먹었던 식당 이름이 뭐지요? 　　　　옛날 일이고 지금은 하지 않는 일, 한 번만 한 일에 '–았/었던'을 씁니다.

① 친구가 이야기했던 것에 대해서 다시 물어봅니다.

지난번에 ＿＿＿＿＿＿＿＿＿았/었던 ＿＿＿＿＿＿＿＿＿이/가 뭐/어디라고 했지요?

가다	식당 (이름)
옷을 사다	가게 (이름)
읽다	책
먹다	음식 (이름)
다녀오다	여행지
듣다	노래 (제목)
데이트하다	곳/장소

② 기억에 남는 사람, 장소, 물건, 일에 대해서 이야기해 봅니다.

＿＿＿＿＿＿＿＿＿았/었던 ＿＿＿＿＿＿＿＿＿

살면서	가장 고맙다	사람
여행하면서	가장 아름답다	곳/장소
살면서	가장 힘들다	때
잃어버려서	가장 속상하다	것
살면서	가장 기쁘다	일

활용　내 인생의 그래프: 인생의 좋았던, 힘들었던 순간들에 대해서 말해 봅니다. **활동지 173쪽 '–았/었던'**

주의　'–던'과 '–았/었던'의 구별은 '함정을 피해 가려면' 참고.

도입 및 제시

어떤 사항이 둘 다 가능하거나 상관없는 일에 대해 말해 봅니다.

교 사　옷을 샀는데 집에 와서 보니까 마음에 안 들어요. 어떻게 할까요?
학습자　바꿔요.
교 사　또 다른 방법도 있어요?
학습자　환불해요.
교 사　교환해도 되고 환불해도 돼요. 둘 다 돼요. 교환을 하든지 환불을 하든지 해요.

> (요리를 잘 안 해요.) 밥을 시켜서 먹든지 나가서 먹든지 해요.
> (문법을 잘 모르겠어요.) 선생님께 물어보든지 책을 찾아보든지 해요.
> 시험이 어렵든지 쉽든지 잘 볼 수 있어요.
> 학생이든지 아니든지 입장료는 똑같아요.
> 맵지 않은 음식이라면 뭐든지 좋아요.

연습

① 어떤 조건이든지 상관없는 일에 대해서 말해 봅니다.

집이 넓다　　　　　　　　集이 넓든지 좁든지 저는 상관없어요.
시험이 어렵다
음식이 맵다
돈이 많다
날씨가 맑다
친구가 오다

② 조언을 해 봅니다.

가: 내일부터 휴가인데 뭘 하면 좋을까요?
나: 여행을 하든지 집에서 쉬든지 하세요.

주말에 뭘 하면 좋을까요?
스트레스를 받을 때는 뭘 하면 좋을까요?
새로 산 옷이 마음에 안 드는데 어떻게 할까요?
저녁을 어떻게 할까요?

활용

무슨 일을 하더라도: 어떤 조건에 상관없이 꼭 지켜야 할 일에 대해서 이야기해 봅니다.

활동지 174쪽 '－든지'

주의

일상적으로 '－든지'를 '－던지'로 발음하는 일이 흔하지만 '－든지'와 '－던지'는 다른 문법이므로 발음에 주의해야 합니다. ('문법 돋보기' 참고)

도입 및 제시	쇼핑의 경험을 주제로 이야기해 봅니다. **교 사**　쇼핑을 해요. 필요하지 않아요. 그런데 세일을 해서 값이 아주 싸요. 그래서 샀어요. 　　　　필요하지 않은데도 사 버렸어요. '필요하지 않아도 사 버렸어요.'라는 뜻이에요. 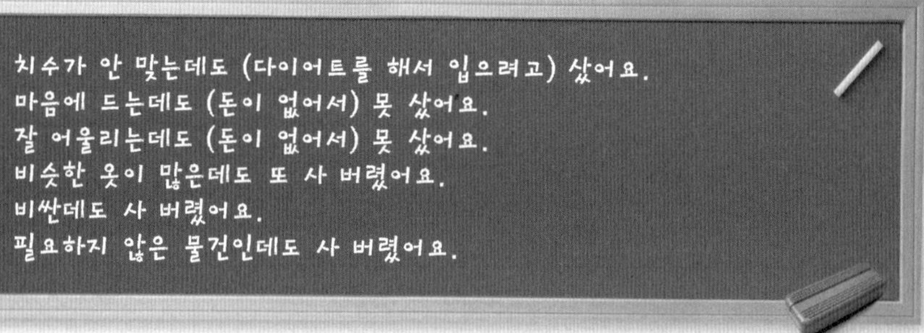

연습	① 주어진 상황에서 하면 안 되는 일을 말해 봅니다. ＿＿＿＿＿＿＿＿＿＿은/는데도 ＿＿＿＿＿＿＿＿＿아/어요. 　다음 날 시험을 보다　　　　밤늦게까지 놀다 　여자/남자 친구가 있다　　　소개팅을 하다 　금연 구역이다　　　　　　　담배를 피우다 　선생님을 만났다　　　　　　인사를 안 하다 　건강이 안 좋다　　　　　　　술을 마시다 ② '–는다고 –았/었는데도'로 문법을 확장하여 노력에 비해 결과가 좋지 않은 일에 대해 말해 봅니다. ＿＿＿＿＿＿＿는다고/다고 ＿＿＿＿＿＿았/었는데도 ＿＿＿＿＿＿＿＿았/었어요. 　서두르다　　　　　　서두르다　　　　　늦다 　준비를 하다　　　　　하다　　　　　　결과가 좋지 않다 　음식을 많이 하다　　　하다　　　　　　음식이 모자라다 　청소를 하다　　　　　하다　　　　　　집이 지저분하다 　신경을 쓰다　　　　　쓰다　　　　　　실수를 하다

활용	고민 말하기: 고민과 해결 방법을 말해 봅니다. **활동지 175쪽 '–은/는데도'**

주의	평서문, 의문문에만 쓰고 청유문, 명령문에는 쓰지 않습니다.

도입 및 제시	차선책을 이야기해 봅니다. **교 사** 친구한테 돈을 빌리고 싶어요. 만 원을 빌리고 싶어요. 친구는 5천 원밖에 빌려 줄 수 없어요. 그러면 친구한테 '5천 원이라도 빌려 주세요.'라고 말해요. 문법의 의미를 다시 확인합니다. **교 사** 처음에 5천 원을 빌리고 싶었어요? 아니요. 만 원을 빌리고 싶었어요. 친구한테 만 원이 없으니까 5천 원만 빌리는 거예요. 5천 원을 빌려도 나쁘지는 않지만 만 원을 빌리는 것보다는 안 좋아요.

커피가 없어요? 차라도 주세요.
밥이 안 되면 라면이라도 먹을게요.
잠깐이라도 좋아요. 시간 좀 내 주세요.

연습

① 차선책을 말해 봅니다.

해외여행을 할 수 없다면 ＿＿＿＿＿＿＿(이)라도 ＿＿＿＿＿＿＿＿＿＿
에어컨을 켤 수 없다면
비행기 표를 구할 수 없다면
자동차를 살 수 없다면
할 일이 없다면
오늘이 안 된다면
모든 친구들이 올 수 없다면
매일 운동을 할 수 없다면

② 의문사에 결합되어 모든 상황에 해당하는 경우를 말해 봅니다.

그 일은 누구라도 할 수 있어요.
궁금한 것이 있으면 언제라도 물어보세요.
사랑하는 사람이 있다면 어디라도 갈 수 있어요.
배가 고파서 뭐라도 맛있게 먹을 수 있을 것 같아요.
엄마는 자식을 위해서 무슨 일이라도 할 수 있어요.

활용 사랑하니까: 사랑하는 사람에게 하는 약속을 말해 봅니다. `활동지 176쪽 '이라도'`

–았/었던

'–던'은 반복적이고 지속적인 행위를 표현하는 데 비해 '–았/었던'은 일회적인 행위를 나타냅니다. 따라서 ①에서처럼 보통 일회적으로 일어나는 행위에 '–던'을 결합하면 어색합니다.

    ① ?결혼하던 곳
       결혼했던 곳

    ② ?번지점프를 해 보던 경험
       번지점프를 해 봤던 경험

'–던'과 '–았/었던' 중에 무엇이 결합하느냐에 따라서 의미 차이가 생기는 경우도 있습니다.

    ③ 예쁘게 피던 꽃
       예쁘게 피었던 꽃

    ④ 보던 책
       봤던 책

③과 ④에서처럼 '–던'이 결합하면 여러 번 반복적으로 꽃이 피고, 책을 봤다는 의미이지만 '–았/었던'을 쓰게 되면 이러한 행위가 일회적이라는 느낌을 줍니다. 그러나 이러한 의미 구분은 동사에 따라 달라집니다. ⑤와 ⑥의 경우에는 '–던'과 '–았/었던'의 의미가 잘 구분되지 않는 경우입니다.

    ⑤ 예전에 다니던 학교
       예전에 다녔던 학교

    ⑥ 사랑하던 사람
       사랑했던 사람

이는 형용사의 경우에도 마찬가지입니다.

    ⑦ 예쁘던 아이
       예뻤던 아이

'–던'과 '–았/었던'의 의미 차이는 동사에 따라 달라진다고 할 수 있지만 학습자가 이를 구분하여 사용하기는 어렵습니다. 따라서 학습 전략의 하나로 표현을 할 때는 일회적인 행위인지 아니면 반복적이거나 지속적인 행위인지를 구분해서 사용하도록 합니다. 이해 차원에서는 '–던'과 '–았/었던'의 의미 차이를 구분하지 않고 두 문법 형태의 기본적, 공통적인 의미를 이해할 수 있으면 됩니다. '–던'과 '–았/었던'은 공통으로 현재에는 계속되지 않는 과거 행위나 상태를 표현합니다.

문법 돋보기

–든지

  일상적인 언어 생활에서 '–든지'를 '–던지'로 발음하면서 '–든지'와 '–던지'를 헷갈려하는 경우가 있습니다. 그러나 '–든지'는 '–든지 –든지'로 쓰여 둘 중의 하나에 해당하거나 또는 둘 모두 상관없음을 의미하고 '–던지'는 과거의 사실을 회상하여 말할 때 씁니다. 전자의 의미로 '–던지'를 쓰거나 후자의 의미로 '–든지'를 쓰는 것 모두 허용되지 않습니다.

  아이가 얼마나 밥을 잘 먹던지 며칠 굶은 사람 같았다.
  어찌나 눈물이 나던지 참느라고 혼났다.
  그때 기분이 얼마나 좋던지 하늘이라도 날 수 있을 것 같았다.
  어머니도 속상하시던지 계속 우셨다.
  그때 제가 열 살이었던지 그랬을 거예요.

'든지' 와 '이라도'

  의문사가 특정한 대상을 지칭하지 않는 부정칭으로 쓰일 때 '든지'나 '이라도'가 쓰이면 예외 없이 모든 것을 의미하는 말이 됩니다. 이때의 '든지'는 '이라도'와 마찬가지로 조사입니다. 그러나 '어떻게'는 '이라도'와 함께 쓰지 않습니다.

  한국어를 배우고 싶다면 누구든지/누구라도 수업을 들을 수 있습니다.
  언제든지/언제라도 와도 좋습니다.
  어디서든지/어디서라도 주문을 하실 수 있습니다.
  뭐든지/뭐라도 좀 드세요.
  무슨 일이든지/무슨 일이라도 마음만 먹으면 이룰 수 있다.
  어떤 사람이든지/어떤 사람이라도 그 문제를 풀 수 있다.
  ※어떻게든지 마감 날짜를 지키세요.

 **활동은 이렇게**

내 인생의 그래프

기억에 남는 인생의 순간들을 이야기해 봅시다.

① 살면서 좋았던 때와 힘들었던 때, 그리고 그 이유를 생각해 봅니다.
② 이것을 그래프로 그린 후 이야기해 봅니다.

어떤 일을 하든지

중요한 원칙을 이야기해 봅시다.

어떠한 조건에 관계없이 살면서 꼭 지켜야 할 원칙들을 이야기해 봅니다.

고민 말하기

고민을 이야기해 봅시다.

나름대로 노력을 하지만 노력한 만큼 결과가 좋지 않은 일들을 이야기해 봅니다.

사랑하니까

사랑하기 때문에 할 수 있는 일들을 말해 봅시다.

사랑하는 사람에게 약속을 해 봅시다.

어느 날 교실에서 – 수업일지의 실제

'–든지 –든지 하다'의 표현을 공부하면서 자연스럽게(?) '–든지 하다'로 넘어갔는데요. 자연스럽다고 생각한 것은 제 생각일 뿐이었나 봐요. 명확하게 두 가지의 상황이 제시되는 '–든지 –든지 하다'는 이해도 잘하고 표현도 잘했는데 '–든지 하다'는 쉽게 이해가 안 되는 모양이에요.

> 아프면 병원에 가든지 (약을 먹든지) 하세요.
> 친구를 만나든지 (나가서 바람을 쐬든지) 해.

이러한 상황들은 두 번째의 '–든지'에 해당하는 말이 명시적으로 안 보이니까 왜 '–든지'를 쓰는지 의아해합니다. 앞의 '–든지'에 결합하는 상황과 비슷한 종류의 것이 말하는 사람의 심중에 있다는 것을 ( ) 표시를 하면서 설명했습니다. 그러고 나니까 말하는 사람이 뭔가 못마땅한 상황에서 말하는 다음과 같은 예는 꺼낼 엄두도 안 나더라고요. 이것은 그냥 제 마음 속에…….

> (아들의 복장이 마음에 안 든 엄마가 하는 말)
> 옷을 좀 깔끔하게 차려 입든지 하지, 그게 뭐야?

학습자들이 '–든지 하다'를 표현하게 하는 것은 욕심인 것 같고요. 사용되는 맥락을 잘 이해하도록 해야 할 것 같습니다.

다른 선생님들의 댓글

> '모국어 화자'로서 우리는 아주 자연스럽게 말하고 듣는 것을 학습자들은 어려워하는 경우가 많지요.

> '–든지 하다'의 맥락이 애매하기는 하네요. 수업을 하게 되면 조심해야겠습니다.

3-5 짜증을 좀 냈더니 화가 났나 봐요

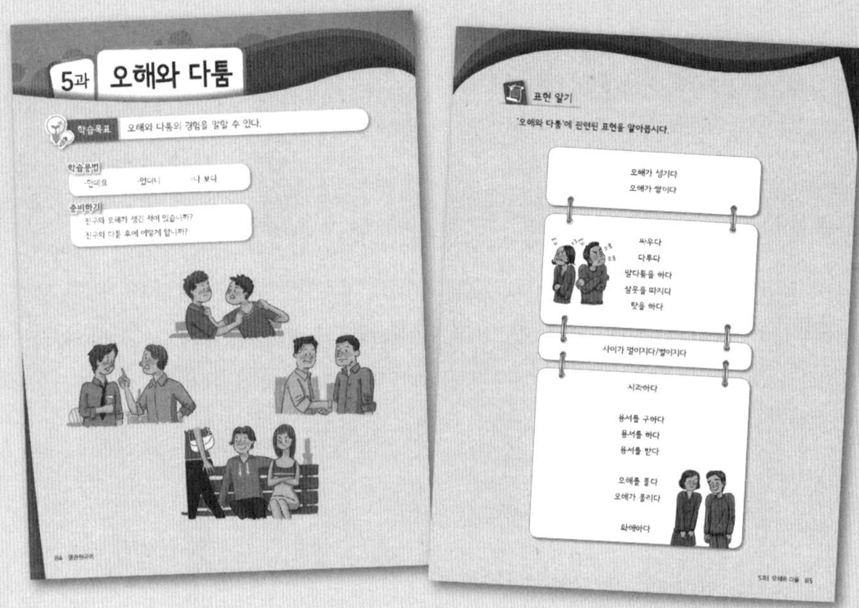

학습 문법	–던데요	–았/었더니	–나 보다/–은가 보다

수업 목표	추천을 할 수 있다. 과거의 경험을 말할 수 있다. 다른 사람의 말에 적절하게 호응할 수 있다.

수업 자료	활동지 –던데요　–았/었더니　–나 보다/–은가 보다

교실에 들어가기 전에

	확인할 내용	네	아니요
1	'–던데요'의 의미와 제약을 제시할 수 있다.		
2	'–았/었더니'의 의미와 제약을 제시할 수 있다.		
3	'–나 보다/–은가 보다'의 의미와 쓰임을 제시할 수 있다.		

1. '-던데요'의 의미와 제약을 제시할 수 있다.

과거에 자신이 보거나 들은 것, 느끼고 생각한 것을 말합니다. '-더-'와 연결어미 '-는데'가 결합되어 말하고자 하는 것의 배경을 제시하는 기능을 주로 합니다. '-더'의 의미 제약으로 인해 '나'의 행동에 대해서는 '-던데요'를 쓸 수 없습니다. 그러나 자신의 감정이나 사고처럼 자신이 지각할 수 있는 행위에는 결합할 수 있습니다.

수지 씨가 크게 웃던데요.
두 사람이 아주 잘 어울리던데요.
그 옷이 아주 비싸던데요.
그 사람이 생각보다 키가 아주 작던데요.
그 사람이 아주 유명한 배우던데요.

2. '-았/었더니'의 의미와 제약을 제시할 수 있다.

후행절이 선행절의 결과임을 말합니다. '-더니'에 '-았/었-'이 결합되어 과거의 나의 행동에도 쓸 수 있습니다. 과거의 내 행동은 지각의 대상이 될 수 있기 때문입니다. 선후행절의 주어가 같은 경우가 있고 다른 경우가 있습니다.

약속 시간보다 일찍 왔더니 아직 아무도 안 왔더라고요.
내가 아저씨라고 불렀더니 그 사람이 화를 냈어요.
(내가) 운동을 열심히 했더니 (내가) 몸이 건강해졌어요.

3. '-나 보다/-은가 보다'의 의미와 쓰임을 제시할 수 있다.

말하는 사람의 추측을 나타냅니다. 주로 추측을 할 만한 근거가 있을 때 사용합니다. 동사의 현재형과 과거형, 형용사와 '(명사)이다'의 과거형에는 '-나 보다'를 쓰고 형용사 현재형, '(명사)이다'의 현재형에는 '-은가 보다'를 씁니다.

(사람들이 우산을 쓴 걸 보니까) 지금 비가 오나 봐요.
(빨리 가는 걸 보니까) 무슨 일이 있나 봐요.
(시험 점수가 아주 좋은 걸 보니까) 공부를 아주 열심히 했나 봐요.
(밥을 급하게 먹는 걸 보니까) 배가 고팠나 보다.

(친구들이 많은 걸 보니까) 성격이 좋은가 봐요.
(비싼 차를 운전하는 걸 보니까) 부자인가 봐요.

문법 수업은 이렇게

도입 및 제시	주말에 한 일을 주제로 이야기해 봅니다. **교 사**　주말에 뭐 했어요? **학습자**　영화를 봤어요. **교 사**　어땠어요? **학습자**　재미있었어요. **교 사**　"영화를 봤는데 아주 재미있던데요." 내가 과거에 보거나 들은 것, 생각하고 느낀 것을 　　　　　말할 때 '-던데요'를 써요.

연습

① 질문의 배경을 이야기해 봅니다.

　밥을 다 먹었어요? 밥이 하나도 없던데요.
　문을 안 잠갔어요?
　불을 안 껐어요?
　오늘 수업에 안 왔어요?
　가방을 새로 샀어요?

② 친구에게 무슨 일이 있었는지 물어 봅니다.

　_______________________던데요. 무슨 일이 있었어요?

　기분이 안 좋아 보이다
　두 사람이 말을 안 하다
　운 것 같다
　화가 많이 났다
　일찍 집에 가다
　머리를 짧게 자르다

활용

사람을 찾습니다: 친구가 사람을 찾고 있습니다. 그 일을 할 수 있는 사람을 추천해 주세요.
활동지 177쪽 '-던데요'

**도입
및
제시**

학습자가 경험한 한국어 학습 방법과 그 결과를 이야기해 봅니다.

교 사　여러분은 어떻게 한국어를 공부했어요?
학습자　한국 드라마를 자주 봤어요.
교 사　드라마를 봐서 어떻게 됐어요?
학습자　듣기를 잘하게 됐어요.
교 사　한국 드라마를 자주 봤더니 듣기를 잘하게 됐어요.

> 한국 라디오를 자주 들었더니 한국말이 더 잘 들려요.
> 매일 한국어로 일기를 썼더니 작문 실력이 늘었어요.
> 드라마를 보면서 대사를 따라 했더니 발음이 좋아졌어요.

연습

① 건강을 주제로 이야기해 봅니다.

____________________았/었더니 ____________________

비를 맞았다	감기에 걸리다
술을 많이 마시다	머리가 아프다
새 구두를 신고 오래 걷다	발이 아프다
게임을 오래 하다	눈이 충혈되다
밤늦게 음식을 먹고 자다	얼굴이 붓다
계속 잠을 못 자다	어지럽다

② 나의 행동에 대한 친구의 반응을 이야기해 봅니다.

(제가) ____________________았/었더니 (친구가) ____________________

약속에 조금 늦다	화를 내더라고요.
술을 마시기 싫다고 하다	
노트를 빌려 달라고 하다	싫다고 하더라고요.
생일 파티에 오라고 하다	
정훈 씨를 좋아하냐고 물어보다	당황하더라고요.
데이트 신청을 하다	

활용

참 고마웠어요: 친구들에게 고마웠던(또는 섭섭했던) 일을 이야기해 봅니다. **활동지 178쪽 '–았/었더니'**

주의

선행절에는 1인칭 주어만, 후행절에는 과거나 현재만 쓸 수 있습니다.

(제가) 열심히 공부했더니 시험을 잘 볼 거예요. (×)

도입 및 제시

아기의 표정을 보고 엄마가 어떤 생각을 하는지 말해 봅니다.

교 사　아기가 울어요. 엄마가 무슨 생각을 할까요?
학습자　배고파요.
교 사　아기가 배가 고픈가 봐요. 아기가 우는 모습을 보고 엄마가 생각하는 거예요.

> 아기가 장난감을 보고 손뼉을 쳐요. 장난감이 마음에 드나 봐요.
> 아기가 웃어요. 기분이 좋은가 봐요.
> 아기가 울어요. 어디가 아픈가 봐요.
> 아기가 자고 있었는데 갑자기 울어요. 잠이 깼나 봐요.
> 아기가 우유를 많이 먹어요. 배가 고팠나 봐요.

연습

① 수업 중 학생들의 모습을 보고 추측을 해 봅니다.

손을 들었어요. 궁금한 게 있나 봐요.
자꾸 시계를 봐요. 급한 일이 있나 봐요.
오늘 멋진 옷을 입었어요. 중요한 일이 있나 봐요.
고개를 갸우뚱해요. 이해가 안 되나 봐요.
자꾸 하품을 해요. 졸린가 봐요.
졸아요. 피곤한가 봐요.

② 친구에 관한 이야기를 듣고 자신의 생각을 말해 봅니다.

수지 씨가 이번 시험에서 1등을 했다고 해요. 공부를 열심히 했나 봐요.
수지 씨가 소개팅을 한 사람하고 데이트를 했다고 해요. 소개팅을 한 사람이 마음에 들었나 봐요.
민재 씨하고 왕강 씨가 서로 말을 안 해요. 두 사람이 싸웠나 봐요.
왕강 씨가 말하기 시험에서 실수를 많이 했다고 해요. 긴장을 많이 했나 봐요.
마리엔 씨가 아직도 첫사랑을 못 잊었다고 했어요. 그 사람을 많이 좋아했나 봐요.

활용

공감하기: 친구의 말에 맞장구를 쳐 주세요. **활동지 179쪽 '–나 보다/–은가 보다'**

주의

선행절의 서술어가 동사인지, 형용사인지에 따라 결합하는 형태가 크게 달라지므로 형태를 주의시킵니다.

함정을 피해 가려면

–나 보다/–은가 보다

초급에서부터 추측을 표현하는 여러 어미와 표현들을 배워 온 학습자들은 추측 표현 각각의 의미 차이를 궁금해합니다. 학습자들이 알고 싶은 것은 지금까지 배운 여러 표현들을 상황에 적절하게 사용하는 것입니다.

추측 표현은 담화 상에서 자신의 의견을 완곡하게 전달하는 기능을 합니다. 자신의 의견을 불확실하게 전달하면서 상대방의 반응에 따라 자신의 의견을 수정할 여지를 갖기 위해서 추측 표현을 쓰는 것입니다. 이러한 이유 때문에 상황이 비교적 명확한 상황에서도 추측 표현을 쓰기도 합니다. 특히 거절처럼 상대방의 체면을 훼손할 수 있다고 생각되는 상황에서는 더욱 그렇습니다. 다음과 같은 예는 그러한 상황을 잘 보여 줍니다. ①은 수업이나 결혼식에 못 갈 것이 명확한 상황에서도 쓰일 수 있습니다. ①을 ②와 비교하면 추측 표현을 사용하는 이유가 분명하게 드러납니다.

① 저는 다음 주 수업에 못 갈 것 같습니다.
　내가 출장을 가야 해서 결혼식에 못 갈지도 몰라.

② 저는 다음 주 수업에 못 갑니다.
　내가 출장을 가야 해서 결혼식에 못 가.

①의 예는 '–을 것 같다'와 '–을지도 모르다'의 추측 표현이 거절의 부담을 덜기 위해 사용되는 것을 보여 줍니다. 그러나 보통 이러한 상황에서는 '–나 보다'를 사용하지 않습니다. 말하는 사람, 자신의 일에 대해서는 '–나 보다'를 쓰지 않기 때문입니다. 그러나 예외적으로 '–나 보다'를 쓰기도 하는데 이는 자신의 감정에 대해 확신이 없거나 나를 보다 객관화하여 다른 사람의 일에 대해 이야기하는 듯한 느낌으로 표현하는 경우입니다. ④의 예문은 이러한 경우를 보여 줍니다.

③ ?저는 다음 주 수업에 못 가나 봐요.
　?내가 출장을 가야 해서 결혼식에 못 가나 봐.

④ 내가 미쳤나 봐. 내가 문을 안 잠그고 나갔더라고.
　내가 그 사람을 좋아하나 봐. 자꾸 그 사람 생각이 나.

⑤의 예에서 알 수 있듯이 다른 사람의 말에 호응할 때는 '–나 보다'만 사용할 수 있습니다.

⑤ 가: 다시 또 가고 싶어요.
　나: 여행이 정말 재미있었나 봐요.
　　?여행이 정말 재미있었던 것 같아요.
　　?여행이 정말 재미있었을지도 몰라요.

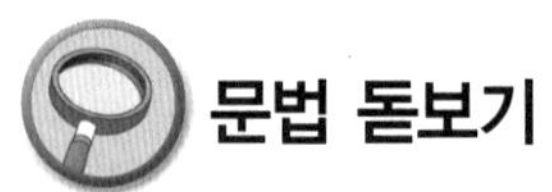

문법 돋보기

–던데요

'–던데요'는 연결어미 '–던데'가 종결형으로 쓰이는 경우입니다. 원인이나 배경을 나타내는 대부분의 연결어미가 '–던데요'와 같이 종결형처럼 쓰입니다. 다음은 그러한 연결어미의 예를 보여 줍니다.

> ① 드릴 말씀이 있는데요.
> 드릴 말씀이 있어서요.
> 오늘 비가 올 텐데요.
> 사람들이 많던데요.

이러한 형태들이 담화상에서 정말로 하고 싶은 말을 하지 않은 채 그 말을 하기 위한 배경을 제공하는 역할을 할 때가 있습니다. ①과 같은 표현으로 다음과 같은 내용을 전달하고자 할 때 그 내용을 직접적으로 말하지 않고 간접적으로 표현하는 것입니다. 이러한 기능을 하기 위해 연결형의 종결 어미가 후행절을 생략한 채 쓰이는 것이라고 할 수 있습니다.

> ① 드릴 말씀이 있는데요. (시간 좀 내 주세요.)
> 드릴 말씀이 있어서요. (시간 좀 내 주세요.)
> 오늘 비가 올 텐데요. (행사를 다음으로 미뤘으면 좋겠어요.)
> 사람들이 많던데요. (조금 이따가 가요.)

이외에도 이유를 표현하는 '–으니까'가 결합된 형태도 종결형처럼 쓰일 수 있지만 종결형으로 쓰인다고 해도 ①과 같은 연결어미처럼 자신의 의사를 간접적으로 표현하는 기능은 하기 어렵습니다. '–으니까'의 선행절이 후행절에 대한 강한 이유를 표현하기 때문에 자신의 의사를 간접적으로 전달하기가 어렵습니다. 오히려 ②와 같이 자신의 요구 사항을 강하게 표출하는 느낌을 줍니다.

> ② 드릴 말씀이 있으니까요. (시간 좀 내 주세요.)
> 오늘 비가 올 테니까요. (행사를 다음으로 미뤘으면 좋겠어요.)

『열린한국어』에서는 종결형 '–던데요'만 제시하고 있지만 연결어미 '–던데'를 함께 제시하고 연습할 수도 있습니다.

> ③ 학교 앞에 새로 문을 연 식당이 맛있다고 하던데 같이 가 볼래요?
> 비가 많이 오던데 다음에 가지 그래요?

활동은 이렇게

사람을 찾습니다

친구가 부탁하는 일을 잘 할 수 있는 사람을 추천해 주세요.

상황에 맞는 대화를 만들어 봅시다.

　〈가〉 어떤 일을 부탁할 사람을 찾고 있습니다.
　〈나〉 그 일에 적당한 사람을 추천해 봅니다.

참 고마웠어요

고마운 일, 섭섭했던 일을 말해 봅시다.

① 내가 무엇을 부탁했을 때 친구가 어떻게 말했는지 이야기해 봅니다.
② 그때 내가 어떻게 느꼈는지 말해 봅니다.
③ 위에서 말한 내용을 바탕으로 친구에 대한 고마움, 또는 섭섭함을 표현해 봅니다.

-나 보다/-은가 보다

공감하기

친구의 말에 적절하게 호응해 봅시다.

① 친구의 경험을 듣고 친구의 감정을 생각해 봅니다.
② 친구의 감정에 공감을 표현해 봅니다.

 # 어느 날 교실에서 – 수업일지의 실제

오늘 수업에서 '–던데요'를 공부하던 중에 학생 한 명이 '–던데요'가 '–는데요'하고 비슷한 거냐고 질문을 했습니다. 비슷한 거냐고 질문을 했지만 사실은 '–던데요'하고 '–는데요'가 어떤 관계인지를 묻는 질문이었던 거지요. 형태나 의미상으로 비슷해 보이니까 질문을 한 것인데 따지고 보면 학생 스스로 '–던데요'에 숨어 있는(?) '–는데'의 의미와 기능을 예리하게 잘 파악해 냈다고 봐야겠지요. 질문에 답하기 위해서 '–던데요'하고 '–는데요', 그리고 '–을 텐데요'까지 비교해서 설명해 주었습니다.

① 가: 지금 출발할까요?
② 나: 이 시간에 가면 복잡한데요. (조금 이따가 가요.)
③ 나: 이 시간에 가면 복잡하던데요. (조금 이따가 가요.)
④ 나: 이 시간에 가면 복잡할 텐데요. (조금 이따가 가요.)

②~④ 모두 조금 이따가 가자는 말을 하고 싶지만 자신의 생각을 직접적으로 말하지 않고 그 이유를 말하는 것이지요. 이처럼 '–는데'가 결합하는 문장은 어떤 것이든 하고 싶은 말을 하기 위한 배경처럼 사용됩니다. 의미 차이는 '–는데'에 결합하는 '–더'와 '–터'에서 생기는 거겠지요. '–던데요'는 자신이 과거에 직접 경험하여 알게 된 것을, '–을 텐데요'는 자신이 추측한 것을 말합니다. '–는데요'는 '–던데요'나 '–을 텐데요'처럼 그것을 어떻게 알게 되었는지에 대해서는 말하지 않는 거고요.

다른 선생님들의 댓글

> 문법 수업을 할 때는 선생님이나 학생이나 당장 그 수업 시간에 하는 것에만 집중하게 되는데, 때로는 이미 알고 있는 것과의 비교, 대조를 통해서 문법 지식을 체계화하는 것도 중요한 것 같네요.

> 중·고급 단계가 되면 학생 스스로 여러 문법을 비교, 대조하기 시작하는 거 같아요.
> 질문에 답해야 하는 선생님 입장에서는 그것 때문에 당혹스러울 때가 많지만요.

3-6 원룸을 찾는 대신 하숙집을 구하는 게 더 좋지 않을까요?

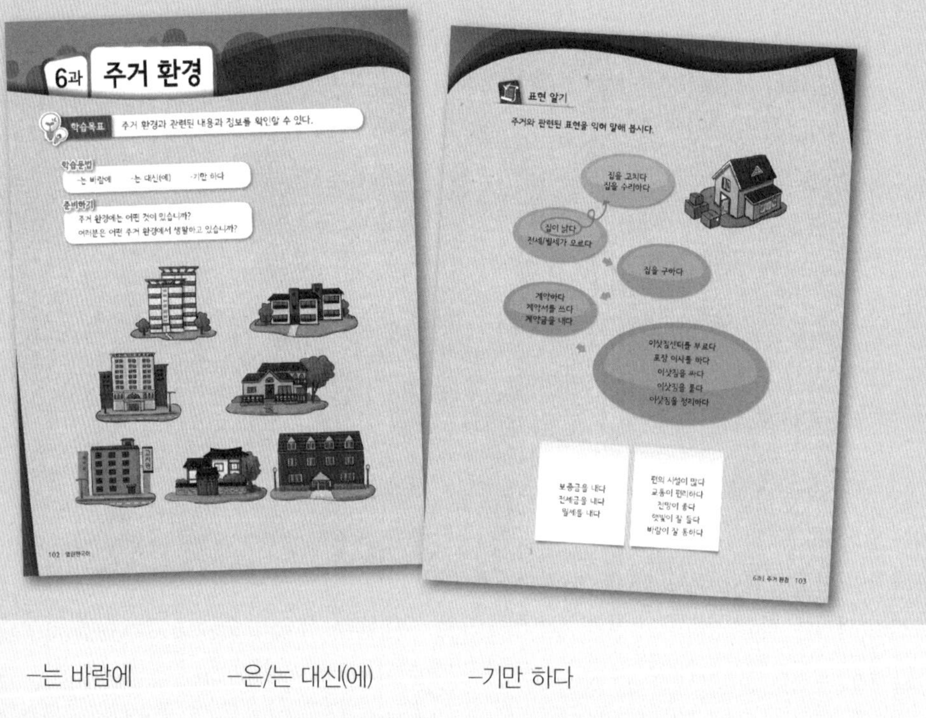

학습 문법	–는 바람에　　　　–은/는 대신(에)　　　　–기만 하다
수업 목표	잘못한 일에 대한 변명을 할 수 있다. 다른 사람을 설득할 수 있다. 칭찬에 겸손하게 응답할 수 있다.
수업 자료	활동지　–는 바람에　　–은/는 대신(에)　　–기만 하다

 ## 교실에 들어가기 전에

	확인할 내용	네	아니요
1	'–는 바람에'의 의미와 제약을 제시할 수 있다.		
2	'–은/는 대신(에)'의 의미와 쓰임을 제시할 수 있다.		
3	'–기만 하다'의 의미와 쓰임을 제시할 수 있다.		

1. '−는 바람에'의 의미와 제약을 제시할 수 있다.

선행절이 후행절 행위나 상태의 원인이 됨을 나타냅니다. 선행절의 내용에 의해 생각하지 못한 부정적인 결과가 나타났을 때 씁니다. 동사에 결합하여 쓰입니다.

음식을 잘못 먹는 바람에 배탈이 났어요.
늦잠을 자는 바람에 학교에 지각했어요.
넘어지는 바람에 무릎을 다쳤어요.

2. '−은/는 대신(에)'의 의미와 쓰임을 제시할 수 있다.

동사에 결합할 때는 ①선행절의 행위를 하지 않고 다른 행위를 하거나 ②선행절의 행위 때문에 다른 행동을 하게 될 때 사용합니다.

① 노는 대신에 내 일을 좀 도우면 어떨까 하는데.
　 그 사람은 대답을 하는 대신 그냥 웃었다.

② 일요일에 일을 하는 대신에 월요일에 쉬어요.
　 시험을 보지 않는 대신에 보고서를 제출해야 합니다.

형용사에 결합할 때는 선행절의 어떤 상태를 후행절의 상태가 보완하는 경우를 말합니다.

사과가 작은 대신에 맛이 아주 좋아요.
비싼 대신 품질이 좋아요.

명사에 '대신(에)'의 형태가 붙어 사용되기도 합니다.

밥이 없어서 밥 대신 빵을 먹었다.
돼지고기 값이 너무 비싸서 돼지고기 대신 소고기를 사는 게 쌀 정도예요.

3. '−기만 하다'의 의미와 쓰임을 제시할 수 있다.

오직 한 가지의 행동만 하거나 하나의 성질만을 지닐 때 씁니다.

얼마나 슬프면 잠도 안 자고 울기만 할까요.
시험공부는 안 하고 하루 종일 자기만 하네.
영화가 긴장감도 없이 지루하기만 했어요.
다른 사람은 다 재미있다고 하는데 저는 슬프기만 하던데요.

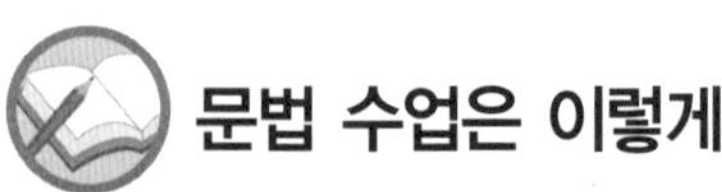

문법 수업은 이렇게

<table>
<tr><td colspan="2" style="text-align:center">–는 바람에</td><td style="text-align:right">교재 105쪽</td></tr>
</table>

도입 및 제시	어떤 일의 부정적인 결과를 이야기해 봅니다. **교 사** 날씨가 갑자기 추워져서 감기에 걸렸어요. 날씨가 갑자기 추워지는 바람에 감기에 걸렸어요. 문법을 사용하는 상황을 보다 명시적으로 설정해 줍니다. **교 사** '–는 바람에' 뒤는 보통 안 좋은 일을 말해요. 그리고 생각하지 못한 일을 말해요. 과거의 일을 말할 때만 써요.

옷에 커피를 쏟는 바람에 옷이 더러워졌어요.
시끄러운 소리가 나는 바람에 잠이 깼어요.
넘어지는 바람에 다리를 다쳤어요.

연습

① 차 사고가 나게 되는 이유를 말해 봅니다.

_________________________________ 는 바람에 사고가 났어요.

앞 차가 서다
옆 차선에 있던 차가 끼어들다
사람이 횡단보도에 뛰어들다
골목길에서 자전거가 나오다
앞에 가던 차에서 물건이 떨어지다
타이어에 구멍이 나다

② 어떤 일 때문에 힘들거나 정신이 없었던 일을 말해 봅니다.

_________________는 바람에 _________________느라고 정신이 없었어요.

회사를 옮기다	적응하다
재채기가 나오려고 하다	참다
화장실에 가고 싶어지다	참다
지갑을 잃어버리다	찾다
갑자기 유학을 가게 되다	준비하다
다리를 다치다	병원에 다녀오다

활용   변명하기. **활동지 180쪽 '–는 바람에'**

주의   제약이 많으므로 제약을 명시적으로 보여 주어야 합니다. ('함정을 피해 가려면' 참고)

도입 및 제시

어떤 행위나 상태에 대한 대안이나 보상을 이야기해 봅니다.

교 사 해외여행을 가고 싶었어요. 그런데 바빠서 해외여행을 못 갔어요. 해외여행을 못 갔기 때문에 제주도에 갔어요. 해외여행을 가는 대신에 제주도에 갔다 왔어요.

> 저녁을 조금 먹는 대신에 아침을 많이 먹어요.
> 오늘 늦게까지 일하는 대신에 내일은 오후에 출근해요.
> 월급이 많은 대신 일이 많아요.
> 가격이 비싼 대신 품질이 좋아요.
> 고추장 대신 고춧가루를 넣어요.

연습

① 친구의 제안을 거절하는 이유를 말하고 다른 제안을 말해 봅니다.

가: 술 한잔할까요?
나: 저는 술을 잘 못 마셔요. 술 대신에 차를 마시면 어때요?
                 술을 마시는 대신에 맛있는 걸 먹으러 가면 어때요?

놀이공원에 갈까요?
찜질방에 갈까요?
수영장에 갈까요?
노래방에 갈까요?
등산할까요?
낙지볶음을 먹을까요?

② 뒤에 오는 내용이 앞선 상태의 보상이 되거나 그 반대의 경우를 말해 봅니다.

________________은 대신에 ____________________아/어요.

비싸다	오래 쓰다
싸다	금방 고장이 나다
집이 좁다	햇빛이 잘 들다
학교에서 멀다	교통이 편리하다
디자인이 예쁘다	쓰기가 불편하다

활용

대안 말하기: 상품 판매원이 되어 고객을 설득해 봅니다. **활동지 181쪽 '-은/는 대신(에)'**

주의

앞 말 전체를 '그 대신에'라는 표현이 대신하기도 합니다.

가: 집이 멀어서 학교에 오려면 시간이 오래 걸리겠어요.
나: 그 대신에 집값이 싸요.

도입 및 제시	아플 때의 경험을 말해 봅니다. **교 사**　아파서 누워 있어요. 다른 일을 할 수 없어요. 누워 있기만 했어요. (병원에 가지 않고) 약을 먹기만 했어요. (다른 일을 못 하고) 잠을 자기만 했어요. (많이 아프지는 않고) 약간 불편하기만 해요.
연습	① 어떤 일의 준비 상황에 대해 이야기해 봅니다. 가: ＿＿＿＿＿＿＿＿＿ 준비 다 됐어요? 나1: 네, ＿＿＿＿＿＿＿＿＿기만 하면 돼요. 나2: 아니요, ＿＿＿＿＿＿＿＿＿기만 했어요. 저녁　　상을 차리다　　장을 보다 회의　　자료를 복사하다　　자료를 찾아보다 여행　　짐을 싸다　　여행지를 결정하다 출근　　가방을 챙기다　　씻다 파티　　케이크를 사다　　친구들을 초대하다 ② 한 가지 일만 하게 되는 경우를 말해 봅니다. 얼마나 ＿＿＿＿＿＿＿＿＿(으)면 계속 ＿＿＿＿＿＿＿＿＿기만 하겠어요. 　　좋다　　　　　　웃다 　　슬프다　　　　　울다 　　피곤하다　　　　자다 　　지루하다　　　　졸다 　　하기 싫다　　　미루다 　　배고프다　　　　먹다
활용	칭찬에 응답하기: 칭찬에 겸손하게 응대해 봅니다. **활동지 182쪽 '–기만 하다'**
주의	타동사보다는 자동사 구성이 더 자연스럽습니다. ('수업일지' 참조)

함정을 피해 가려면

–는 바람에

① 앞 차가 섰는 바람에 사고가 났어요. (X)
② 친구가 늦는 바람에 영화를 못 볼 거예요. (X)
　친구가 늦는 바람에 영화를 못 봐요. (X)

위의 예는 학습자가 '–는 바람에'의 제약을 확실하게 인지하지 못 했을 때 생기는 오류입니다. ①의 예는 '–는 바람에'에는 과거의 일이라도 '–았/었–'과 결합하지 않는다는 사실을 모르기 때문에 생길 수 있는 오류입니다. ②는 '–는 바람에'의 후행절에는 과거형만을 쓴다는 것을 알지 못해서 생긴 오류입니다. 이러한 오류를 막기 위해서는 '–는 바람에'가 과거의 일을 말하기 위해서 쓰인다는 점, 그럼에도 불구하고 '–는 바람에' 앞에는 '–았/었–'을 쓰지 않는다는 점을 미리 확실하게 설명할 필요가 있습니다.

–기만 하다

문법적인 오류는 아니지만 '–기만 하다'가 쓰이면 표현이 어색하다는 느낌을 주는 경우가 있습니다. 이는 '목적어+타동사' 구성의 경우 '(목적어)만+타동사'의 형태로 대치될 수 있기 때문입니다.

케이크를 사기만 하다
케이크만 사다

특히 '(명사)하다' 구성의 경우에는 '하다'가 반복되기 때문에 '–기만 하다'보다 '–만 하다'의 형태가 더욱 자연스럽습니다.

청소를 하기만 하다
청소만 하다

같은 이유로 타동사보다는 자동사와 형용사에 쓰는 경우 표현이 훨씬 자연스럽다는 느낌을 줍니다.

울기만 하다
놀기만 하다
웃기만 하다
크기만 하다

 문법 돋보기

–기만 하다

'–기만 하다'가 형용사에 결합하는 경우 말하는 사람의 생각이나 느낌을 강하게 표출하기도 합니다. '–기만 하다'가 한 가지 속성만을 가지고 있다는 것을 의미하기 때문에 그 속성이 더욱 강조되기 때문입니다.

① 가: 음식 맛이 왜 이래요?
　　나: 왜요? 저는 맛있기만 한데요.

② 가: 이 책이 재미있지요?
　　나: 재미있기는요. 지루하기만 한데요.

'–는 바람에'와 '–느라고'

주로 부정적인 결과를 말할 때 쓰기 때문에 두 문법 항목이 유사한 것처럼 생각되기도 하지만 두 문법 항목은 큰 차이가 있습니다. '–느라고'는 주어의 의지가 개입되는 일에 주로 쓰지만 '–는 바람에'는 그렇지 않은 경우에 주로 사용합니다. 다음의 예는 이러한 점을 잘 보여 줍니다.

① 감기에 걸리는 바람에 여행을 못 갔어요.
　감기에 걸리느라고 여행을 못 갔어요. (X)

　한밤중에 전화벨이 울리는 바람에 아기가 잠을 깼어요.
　한밤중에 전화벨이 울리느라고 아기가 잠을 깼어요. (X)

② 갑자기 재채기가 나오려고 하는 바람에 참느라고 혼이 났어요.

①과 ②의 경우 감기에 걸리거나 전화벨이 울리는 일은 나의 의지로 할 수 있는 것이 아니기 때문에 '–느라고'를 사용하면 어색합니다. 반면 '–는 바람에'는 자연스럽습니다. ③은 재채기가 나오는 것과 같이 의지와 관련이 없는 상황에서는 '–는 바람에', 참는 것처럼 나의 의지가 개입되어야만 하는 일에는 '–느라고'를 쓰는 것이 자연스럽다는 것을 잘 보여 주는 예입니다.

활동은 이렇게

–는 바람에

변명하기

길에서 사고가 나는 바람에 늦었어요.
휴대전화를 잃어버리는 바람에 연락을 못 했어요.

왜 잘못이나 실수를 하게 되었는지 그 이유를 말하면서 사과를 합니다.

–은/는 대신(에)

대안 말하기

판매원이 되어 다른 선택을 말해 봅시다.

두 사람이 짝이 되어 말합니다.

〈고객〉 물건이 마음에 들지 않는 이유를 말합니다.
〈판매원〉 고객에게 다른 물건이나 서비스를 추천합니다.

[예] 줄무늬 대신 꽃무늬 옷을 입어 보세요. 얼굴이 더 밝아 보일 거예요.
걷는 대신 이 운동기구를 이용해 보세요. 운동 효과가 더 크거든요.

-기만 하다

칭찬에 응답하기

두 사람이 짝이 되어 말해 봅니다.

〈가〉 친구가 잘한 일에 대해서 칭찬을 합니다.
〈나〉 겸손하게 칭찬에 응답합니다.

# 어느 날 교실에서 – 수업일지의 실제

　오늘 수업에서는 '-는 대신에'를 다루었습니다. 수업을 준비하면서 보니 '-는 대신에'가 만만치 않다는 생각이 들었습니다.

　학생들 중에 한국 친구하고 언어 교환을 하는 경우가 많잖아요. 그래서 이런 예가 떠올랐습니다.

　　한국 친구가 나에게 한국어를 가르쳐 주는 대신에 저는 한국 친구에게 영어를 가르쳐 줘요.

　선행절의 행위가 후행절 행위의 대가처럼 여겨지는 경우지요. '대가'와 같은 어려운 말을 쓰지 않아도 언어 교환의 예를 들면 의미가 조금 더 분명하게 전달되는 것 같습니다. 크게 보면 선행절의 행위 때문에 후행절의 행위를 하게 된다는 의미에 속하는 것으로 보면 될 것 같아요. "오늘 일찍 가는 대신에 집에 가서 일을 마무리할게요."처럼요.

　문제는 형용사인 것 같아요.

　　집이 먼 대신에 집값이 싸요.

　의미 전달이 쉽지는 않지만 '집이 멀기 때문에 집값이 싼 것처럼 생각한다'고 설명을 했습니다.

다른 선생님들의 댓글

> 그러네요. 언어 교환의 예가 있었네요.

> 저도 예전에
>
> 　집이 지하철역에서 먼 대신에 집값이 싸요.
> 　집이 지하철역에서 멀지만 집값이 싸요.
>
> 와 같은 예문이 뭐가 다른지를 질문 받은 적이 있는데, 설명을 잘 못했던 것 같아요. 지금 보니 '집이 멀지만~'은 앞과 뒤의 내용이 아무런 상관이 없는데 비해서 '집이 먼 대신에~'는 집이 멀기 때문에 집값이 싸다고 생각한다는 의미가 보이네요.

3-7 한국뿐만 아니라 해외에서도 인기가 많아요

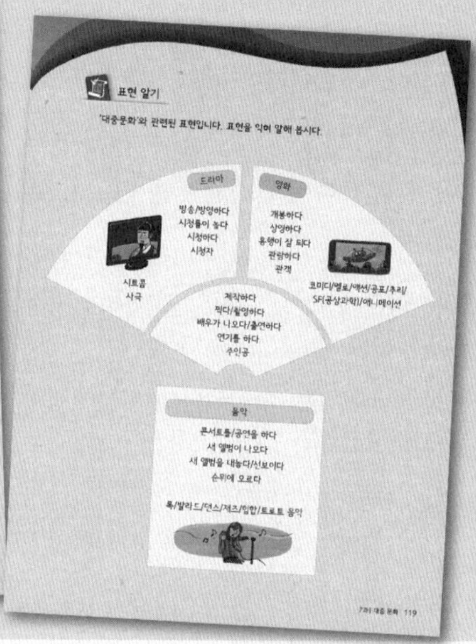

학습 문법	−을 뿐(만) 아니라　　　−을 리가 없다　　　−은/는/을 만큼
수업 목표	기본 정보에 추가되는 내용을 말할 수 있다. 다른 사람을 격려할 수 있다. 오해를 하지 않도록 말할 수 있다. 행위나 상태의 정도를 말할 수 있다.
수업 자료	활동지 −을 리가 없다1, 2　−은/는/을 만큼

 ## 교실에 들어가기 전에

	확인할 내용	네	아니요
1	'−을 뿐만 아니라'의 의미와 기능을 제시할 수 있다.		
2	'−을 리가 없다'의 의미를 제시할 수 있다.		
3	'−은/는/을 만큼'의 의미와 형태를 제시할 수 있다.		

1. '-을 뿐(만) 아니라'의 의미와 기능을 제시할 수 있다.

'오직 하나'를 의미하는 의존명사 '뿐'과 조사 '만'이 결합하여 앞에 오는 내용 외에 다른 것이 더 있음을 의미합니다. 선행절에는 말하는 사람이 생각하기에 비교적 더 일반적이고 당연하다고 생각되는 내용이 오고 후행절에는 그것에 덧붙여지는 다른 정보가 옵니다. 명사 뒤에서는 조사로 쓰이기 때문에 붙여 써야 하고 관형절 뒤에서는 의존명사로 쓰이므로 띄어 써야 합니다.

그 사람은 한국에 대해서 잘 알 뿐만 아니라 한국어도 아주 잘해요.
이 물건은 오래 쓸 수 있을 뿐 아니라 값도 쌉니다.
집이 넓을 뿐만 아니라 전망도 좋아서 마음에 들었어요.
직장 동료일 뿐 아니라 친한 친구이기도 합니다.
한국어를 전공했을 뿐만 아니라 한국에서 오래 살아서 한국말을 잘해요.
김치뿐만 아니라 다른 한국 음식도 잘 먹어요.

2. '-을 리가 없다'의 의미를 제시할 수 있다.

'까닭'이나 '이치'를 뜻하는 의존명사 '리'에 의해 앞에 오는 내용처럼 생각할 이유가 없거나 앞에 오는 내용이 이치에 맞지 않음을 뜻합니다. 말하는 사람이 현재 가지고 있는 지식이나 믿음에 비추어 볼 때 선행절의 내용이 가능하지 않다는 것을 말합니다.

자꾸 약속을 안 지키는데 마음에 들 리가 없지요.
고양이가 생선 가게를 그냥 지나칠 리가 없다.
두 사람 성격이 잘 안 맞는데 사이가 좋을 리가 없지요.
휴가를 다녀온 지가 얼마 안 됐는데 또 휴가일 리가 없어요.
그렇게 큰 소리로 말했는데 못 들었을 리가 없어요.

3. '-은/는/을 만큼'의 의미와 형태를 제시할 수 있다.

후행절의 양이나 정도가 선행절과 비슷함을 표현합니다. 명사 뒤에서는 조사로 쓰이고 관형절 뒤에서는 의존명사로 쓰입니다. 시제에 따라 '-은/는/을'의 형태가 달라지므로 주의해야 합니다.

연습하는 만큼 실력이 늘어요.
사용한 만큼 전화요금이 나와요.
쓸 만큼 가져가세요.
사람 수만큼 주세요.

| **–을 뿐(만) 아니라** | 교재 121쪽 |

도입 및 제시

유명한 가수나 배우 등에 대해서 이야기해 봅니다. 해당되는 인물의 사진을 직접 보여 주며 이야기하면 더욱 흥미를 끌 수 있습니다.

교 사 이 사람은 가수예요. 노래를 불러요. 그리고 노래를 직접 만들기도 해요. "노래를 부를 뿐만 아니라 노래를 직접 만들기도 해요."

연습

① 이야기하는 대상의 범위를 확장하며 말해 봅니다.

가: 야구를 좋아해요?
나: 야구뿐만 아니라 다른 운동도 좋아해요.

말론 씨가 오늘 늦었어요?
매운 음식을 좋아해요?
말론 씨가 시험을 잘 봤어요?
피아노를 잘 쳐요?
경주에 가 봤어요?

② 앞 말과 관련이 있는 추가적인 정보를 말해 봅니다.

시험을 잘 못 봤을 뿐만 아니라 숙제도 거의 안 해서 성적이 안 좋아요.

운동을 안 하다	술도 많이 마시다	건강이 안 좋다
비싸다	기능도 별로 없다	물건이 잘 안 팔리다
공부도 잘하다	친구들도 잘 도와주다	인기가 많다
수업을 열심히 듣다	혼자 공부도 많이 하다	한국말을 잘하다
날씨가 덥다	습하다	짜증이 나다

활용

짝 활동으로 이야기해 봅니다. 한 사람은 "–지요?"로 묻고 다른 사람은 "–을 뿐만 아니라'로 대답합니다.

[예] 가: 비가 많이 오지요?
　　　나: 비가 많이 올 뿐만 아니라 바람도 많이 불어요.

도입 및 제시

알고 있는 사실을 바탕으로 자신의 생각을 말해 봅니다.

교 사   ○○ 씨는 요리를 아주 잘해요. ○○ 씨가 한 요리는 항상 맛이 있어요. 그래서 생각해요. "○○ 씨가 한 음식이 맛이 없을 리가 없어요."

> (○○ 씨는 지각을 한 적이 없어요. 그러니까) 늦을 리가 없어요.
> (○○ 씨는 매일 약속이 있어요. 그러니까) 바쁘지 않을 리가 없어요.
> (○○ 씨는 지금 수업이 없어요. 그러니까) ○○ 씨가 지금 수업 중일 리가 없어요.
> (○○ 씨는 숙제를 안 한 적이 없어요. 그러니까) 숙제를 안 했을 리가 없어요.

연습

① 실수를 부정합니다.

가: 잊어버리고/실수로 연락을 안 한 거 아니에요?
나: 연락을 안 했을 리가 없어요. 여러 번 확인했거든요.

메일을 잘못 보내다
불을 안 끄다
문을 안 잠그다
주소를 잘못 쓰다

② 가능성이 적거나 현실에서 불가능하다고 생각되는 일을 말해 봅니다.

겨울에 꽃이 핀다고요? 날씨가 추운데 꽃이 필 리가 없어요.

그 가게가 문을 닫다	장사가 잘 되다
한국보다 러시아가 더 따뜻하다	한국이 더 남쪽에 있다
밥이 없다	방금 밥을 하다
오후에 비가 오다	날씨가 맑다

활용

① 격려하기: 걱정하는 친구를 격려해 줍니다. `활동지 183쪽 '-을 리가 없다1'`

② 오해하지 마세요: 친구에 대한 오해를 풀 수 있도록 이야기합니다. `활동지 184쪽 '-을 리가 없다2'`

주의

앞의 말 전체를 대상으로 이야기할 때 '그럴 리가 없어요.'의 형태로 쓰이기도 합니다.

행위나 상태의 정도를 이야기해 봅니다.

교 사　운동을 많이 하면 살이 많이 빠져요. 운동을 조금 하면 살이 조금 빠져요.
　　　　　운동을 하는 만큼 살이 빠져요.

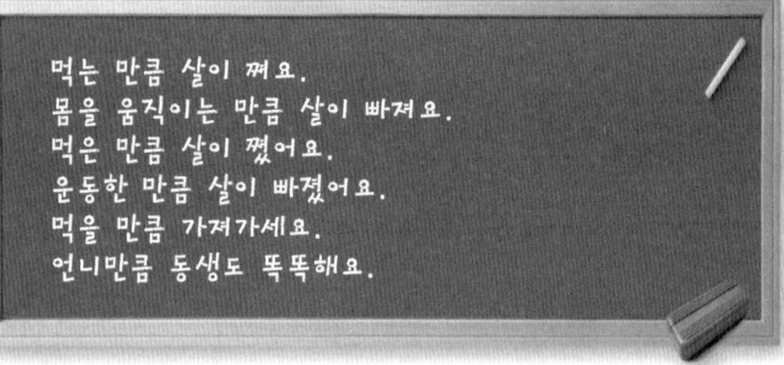

'–을 만큼'의 형태로 쓰여 과장된 표현으로 쓰이는 경우를 제시합니다.

도입 및 제시

연습

① 지금 하고 있는 일의 결과를 말해 봅니다.

______________________은/는 만큼 ____________________(으)ㄹ 거예요.

노력하다	결과가 나오다
공부하다	성적이 나오다
내가 다른 사람을 도와주다	다른 사람도 나를 도와주다
일하다	돈을 받다

② 지금까지 해 온 일의 정도를 말해 봅니다.

가: 얼마나 더 ____________________아/어야 해요?
나: 지금까지 ____________________(으)ㄴ 만큼 더 ____________________아/어야 해요.

　　기다리다, 공부하다, 오다, 읽다

③ 그 일의 정도가 충분함을 나타내는 표현을 말해 봅니다.

____________________________(으)ㄹ 만큼 ____________________았/었어요.

　　자다, 놀다, 하다, 먹다, 기다리다, 참다

활용　사랑의 정도를 고백해 봅니다. `활동지 185쪽 '–은/는/을 만큼'`

함정을 피해 가려면

–을 뿐(만) 아니라

'–을 뿐(만) 아니라'의 선행절에는 말하는 사람이 생각하기에 보다 기본적이고 당연한 내용이 옵니다. 이러한 쓰임에 익숙해지지 않으면 문법적으로는 문제가 없지만 의미적으로 어색한 문장을 만들게 됩니다.

'–을 뿐(만) 아니라'의 기본적인 의미와 쓰임을 잘 파악할 수 있도록 하기 위해서는 다음과 같이 '(명사)뿐만 아니라'를 사용해서 범위를 확장해 가는 것이 좋습니다.

수지 씨뿐만 아니라 다른 학생들도 늦었어요.

또한 대화 연습을 통해서 들은 말에 추가적인 정보를 제공하는 연습도 좋습니다.

가: 준 씨는 피아노를 잘 치지요?
나: 피아노를 잘 칠 뿐 아니라 노래도 잘해요.

가: 숙제가 더 많아진다면서요?
나: 숙제가 더 많아질 뿐만 아니라 매일 시험을 볼 거라고 해요.

–을 만큼

'–을'은 기본적으로 아직 실현되지 않음을 표시하는 문법 성분이기 때문에 주로 '미래'를 표시히는 것처럼 보입니다. 그러나 '–을'을 시제적인 의미로만 접근하면 과장의 표현에 쓰이는 '–을 만큼'의 의미를 이해하고 표현하기가 어려워집니다. 미실현의 의미를 문법적으로 설명할 필요는 없으나 미실현의 의미 때문에 생기는 과장 표현들을 함께 연습하고 제시할 필요가 있습니다.

모르는 사람이 없을 만큼 발이 넓어요.
어딘가에 숨고 싶을 만큼 창피했어요.
다른 사람들이 한국 사람으로 생각할 만큼 한국어를 잘해요.

문법 돋보기

뿐

조사 '뿐'은 '오직 하나 또는 한 가지'를 의미합니다.

내가 사랑하는 사람은 너뿐이야.
가방에 들어 있는 것은 책뿐이었다.

의존명사 '뿐'이 결합하여 만들어지는 표현은 '–을 뿐만 아니라' 외에도 '–을 뿐이다'가 있습니다. '–을 뿐이다'는 앞에 오는 행위 외에 다른 것은 하지 않음을 의미합니다. 이러한 의미로는 '–기만 하다'와 같이 사용될 수 있습니다.

그냥 조용히 웃을 뿐이었다.
그냥 조용히 웃기만 했다.

하루 종일 울 뿐이었다.
하루 종일 울기만 했다.

–는 만큼

'–는 만큼'은 ①선후행절 행위나 상태의 정도가 비슷함을 의미하는 것 외에 ②선행절이 후행절 행위의 이유가 됨을 나타내기도 합니다. 이러한 의미로 쓰이는 경우는 다음과 같습니다. ①의 경우에는 ②와 달리 '–으니까'나 '–아/어서'와 같이 원인을 나타내는 말로 바꿔 쓸 수 없다는 점에서 차이가 있습니다.

① 쓴 만큼 요금을 내야 해요.
  ≠ 썼으니까 요금을 내야 해요.

② 혼이 많이 난 만큼 다시는 그런 일을 안 하겠지요.
  = 혼이 많이 났으니까 다시는 그런 일을 안 하겠지요.
  최선을 다한 만큼 좋은 결과가 있을 거예요.
  = 최선을 다했으니까 좋은 결과가 있을 거예요.

-을 리가 없다1 〈활동지 183쪽〉

격려하기

말론 씨가 시험에 떨어졌을 리가 없어요.
말론 씨가 만든 음식이 맛이 없을 리가 없어요.

두 사람이 짝이 되어 말해 봅니다.

〈가〉 걱정을 표현해 봅니다.
〈나〉 친구에 대한 믿음을 표현하면서 친구를 격려해 주세요.

-을 리가 없다2 〈활동지 184쪽〉

오해하지 마세요

친구가 다른 사람에 대해서 오해하지 않도록 이야기해 주세요.

두 사람이 짝이 되어 말해 봅니다.

〈가〉 다른 친구 때문에 기분이 상했던 일을 말해 봅니다.
〈나〉 친구에게 오해하지 말라고 이야기합니다.

[예] 일부러 그랬을 리가 없어요.

사랑의 고백

사랑하는 정도를 말해 보세요.

가족, 친구, 연인 등 사랑하는 사람에게 사랑을 고백해 봅니다.

 # 어느 날 교실에서 – 수업일지의 실제

지난 시간에는 신체 기관과 관련한 관용 표현을 배웠고요. 오늘 수업에서는 이것을 활용해서 '–을 리가 없다'를 연습해 보았습니다. 관용 표현도 복습하면서 '–을 리가 없다'도 말할 수 있을 것 같아서 활동으로 선택했어요.

> 말론 씨는 입이 무거우니까 소문을 낼 리가 없어요.
> 수지 씨는 손이 크니까 음식을 조금만 했을 리가 없어요.
> 찬 씨는 발이 넓으니까 그 사람을 모를 리가 없어요.
> 준 씨는 마음이 넓으니까 사과를 안 받아 줄 리가 없어요.
> 애먼드 씨는 귀가 얇으니까 그 옷을 안 샀을 리가 없어요.
> 티나 씨는 눈이 높으니까 그 사람을 좋아할 리가 없어요.
> 왕한 씨는 친구에게 어려운 일이 생겼을 때 발 벗고 나서는 사람이니까 이번에도 도와줄 거예요.

신체 관련 관용 표현은 의미가 아주 어렵지도 않고 의미의 확장 과정도 재미있어서 기계적인 문법 연습을 하기 싫어하는 학생들에게 효과가 좋았던 것 같습니다.

다른 선생님들의 댓글

> 저도 예전에 신체 관용 표현을 가르쳐 줬는데 친구들끼리 서로에 대해서 눈이 높다는 둥, 귀가 얇다는 둥 장난을 치면서 재미있게 활용을 잘하더라고요.

> 관용 표현을 학습할 때는 표현을 구성하는 단어의 기본적인 뜻을 알면 의미가 쉽게 파악되는 표현을 선택하는 게 중요하지요. 한국어 실력이 늘어갈수록 어려운 관용 표현도 배울 필요가 있겠지만 처음에는 그런 표현을 제시하고 연습하는 게 쉽지 않은 것 같습니다.

3-8 이웃끼리 인사를 하기는커녕 서로 본 척도 안 해요

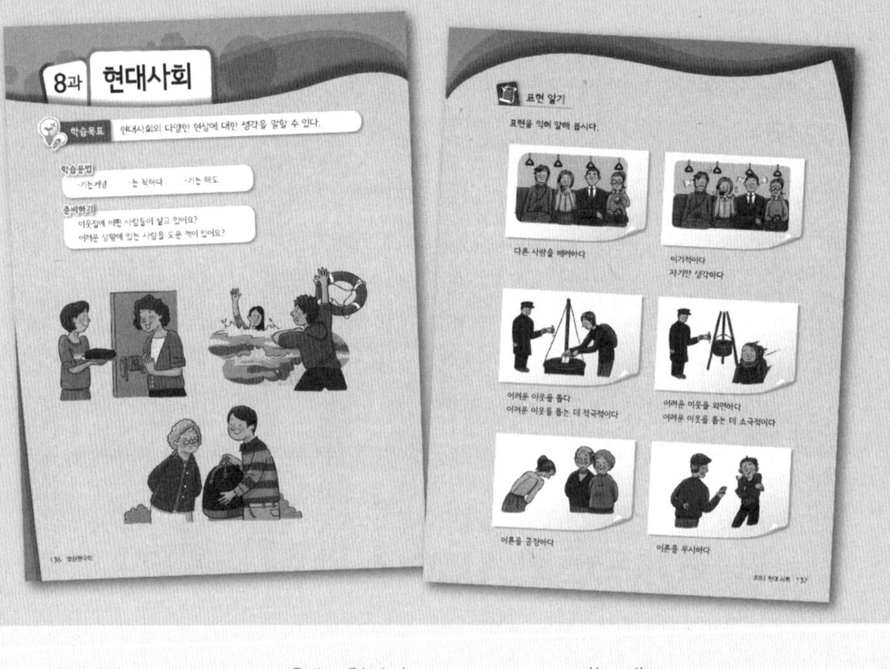

학습 문법	–기는커녕　　　–은/는 척하다　　　–기는 해도		
수업 목표	들은 말의 내용을 부정할 수 있다. 가장하여 하는 행동을 설명할 수 있다. 제안을 거절할 수 있다.		
수업 자료	활동지 –기는커녕　–은/는 척하다1, 2　–기는 해도		

교실에 들어가기 전에

	확인할 내용	네	아니요
1	'–기는커녕'의 의미를 제시할 수 있다.		
2	'–은/는 척하다'의 의미를 제시할 수 있다.		
3	'–기는 해도'의 의미와 쓰임을 제시할 수 있다.		

1. '–기는커녕'의 의미를 제시할 수 있다.

선행절의 내용을 부정하면서 그것보다 더 나쁜 상황이 있음을 표현합니다. 이러한 이유로 후행절에는 선행절보다 악화된 상황이 오게 됩니다. '(명사)은/는커녕'의 형태도 같은 의미를 전달합니다.

밥을 먹기는커녕 물도 못 마셔요.
쉬기는커녕 일만 했어요.
착하기는커녕 이기적인 행동만 해요.
천재이기는커녕 바보임에 틀림없어요.
일등은커녕 합격도 못 했어요.

2. '–은/는 척하다'의 의미를 제시할 수 있다.

실제로는 그렇지 않지만 어떤 행위나 상태를 꾸며서 보이는 것을 나타냅니다.

(진짜로는 울지 않았지만) 우는 척했어요.
(진짜로는 바쁘지 않지만) 바쁜 척해요.
(진짜로는 돈이 있지만) 돈이 없는 척해요.
(진짜로는 선생님이 아니지만) 선생님인 척해요.
(진짜로는 죽지 않았지만) 죽은 척해요.

3. '–기는 해도'의 의미와 쓰임을 제시할 수 있다.

신행절의 내용을 인정하지만 그와는 다른 사실이나 생각이 있음을 표현합니다. 그래서 들은 말의 내용을 일부 부정하거나 반박하는 기능을 합니다.

구두를 신기는 해도 운동화를 더 좋아해요.
연락을 하기는 해도 자주 만나지는 않아요.
외롭기는 해도 친구들이 있어서 괜찮아요.
학생이기는 해도 아르바이트를 해서 돈을 꽤 모아 뒀더라고요.

가: 날씨가 덥지요?
나: 덥기는 해도 참을 만해요.

가: 그 친구는 말을 심하게 해요.
나: 그렇기는 해도 나쁜 사람은 아니니까 오해하지 마세요.

문법 수업은 이렇게

도입 및 제시

기대하는 것과는 다른 상황을 이야기해 봅니다.

교 사　○○ 씨가 주말에 운동을 열심히 한다고 말했어요. 그래서 제가 물어봅니다. "○○ 씨, 운동을 열심히 했어요?"

학습자　아니요. 잤어요.

교 사　운동을 열심히 하기는커녕 잠만 잤어요. 운동을 열심히 안 해도 조금이라도 해야 돼요. 그런데 조금도 안 했어요. 잠만 잤어요. (손가락으로 뒷문장을 가리키면서) 뒤의 상황이 더 안 좋아요.

> 형제끼리 서로 돕기는커녕 매일 싸우기만 해요.
> 일찍 퇴근하기는커녕 늦게까지 일했어요.
> 서비스가 좋기는커녕 음식 맛도 별로예요.
> 책벌레이기는커녕 책 한 권도 안 읽어요.
> 만 원은커녕 백 원도 없어요.

연습

① 들은 말과는 다른 상황을 이야기해 봅니다.

가: 요즘 한가하지요?
나: 한가하기는커녕 바쁘기만 해요.

　　영화가 재미있다
　　음식이 맛있다
　　술을 잘 마시다
　　시험공부를 열심히 하다

② 싫어하는 친구에 대해서 말해 봅니다.

　　잘못을 하고 사과를 하기는커녕 화를 내요.
　　어려운 부탁을 들어줘도 밥을 사기는커녕 고맙다는 인사도 안 해요.
　　좋은 일이 있어도 한턱을 내기는커녕 알리지도 않아요.
　　비밀을 지켜주기는커녕 소문을 내고 다녀요.
　　생일 선물을 주기는커녕 생일을 기억하지도 못해요.
　　힘든 일이 있어도 도와주기는커녕 전화도 안 해요.

활용

소문 부정하기: 들은 말을 부정해 봅니다. **활동지 186쪽 '-기는커녕'**

도입 및 제시

거짓으로 하는 행동을 말해 봅니다.

교 사 모른다고 하면 창피할 것 같아요. 그래서 아는 것같이 이야기해요. 아는 척 했어요. 진짜로는 모르는 거예요.

> 자리를 양보하기 싫어서 잠이 든 척했어요.
> 엄마한테 혼이 날까 봐 공부하는 척했어요.
> 학교에 가기 싫어서 아픈 척했어요.
> 같은 학교 동창인 척했어요.
> 인사를 하기 싫어서 못 본 척했어요.

연습

① 어떤 일을 걱정해서 꾸며서 하는 일을 말해 봅니다.

____________________(으)ㄹ까 봐 ___________________은/는 척했어요.

한국어로 말을 시키다	한국어를 못하다
어머니께서 걱정하시다	아프지 않다
돈을 빌려 달라고 하다	돈이 없다
좋아하는 마음을 들키다	싫어하다
여자 친구가 실망하다	담배를 끊다

② 회사에서 다른 사람이 모르게 비밀 연애를 하고 있습니다. 어떻게 행동하는지 말해 봅니다.

서로 잘 모르는 척해요.
서로 안 좋아하는 척해요.
관심이 없는 척해요.
각자 퇴근하는 척하고 다시 만나요.
친구인 척해요.
그 사람 말고 다른 남자/여자 친구가 있는 척해요.

활용

① 잘 보이고 싶어서: 마음에 드는 사람에게 잘 보이기 위해서 하는 일들을 말해 봅니다.
> **활동지 187쪽 '–은/는 척하다1'**

② 이야기 만들기: 이야기 속 인물의 행동을 설명해 봅니다.
> **활동지 188쪽 '–은/는 척하다2'**

도입 및 제시

들은 말을 일부 부정하는 경우를 제시합니다.

교 사　○○ 씨, 게임을 좋아해요?
학습자　네.
교 사　그래서 게임을 자주 해요?
학습자　아니요. 자주 하지 않아요.
교 사　○○ 씨는 게임을 좋아하기는 해도 자주 하지는 않아요.

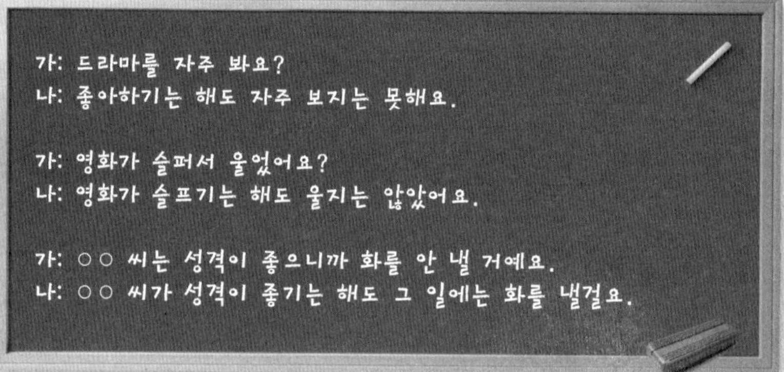

연습

① 조금 힘들지만 할 만한 일을 말해 봅니다.

조금 _________기는 해도 _________(으)ㄹ 만해요.

덥다	참다
비싸다	사다
어렵다	읽다
지루하다	보다
멀다	다니다
맵다	먹다

② 어떠한 사실을 인정하지만 그와 관련해서 어떤 행위는 하지 않는 경우를 말해 봅니다.

______________기는 해도 ______________지는 않아요/않았어요.

술을 마시다	좋아하다
다이어트를 하다	굶다
방이 좁다	불편하다
놀다	공부를 못하다
궁금하다	물어보다

활용

도움 거절하기: 친구의 도움을 거절해 봅니다. **활동지 189쪽 '–기는 해도'**

함정을 피해 가려면

-기는커녕

'-기는커녕'의 후행절에는 선행절보다 더 나쁜 상황이 옵니다. '-기는커녕'은 예상하거나 기대하는 바를 부정하면서 실은 그보다 상황이 더 좋지 않음을 표현합니다. 이러한 점을 잘 인지하지 못하면 오류가 생기기 쉽습니다. 오류를 예방하기 위해서는 문법이 쓰인 홑문장을 제시하기보다 대화를 제시하여 문법이 쓰이는 맥락을 보다 분명하게 파악할 수 있도록 해야 합니다.

  ① 가: 점심 먹었지요?
     나: 점심은커녕 아침도 못 먹었어요.

  ② 가: 월급이 올랐지요?
     나: 오르기는커녕 줄었어요.

①, ②와 같이 대화의 맥락에서 기대되거나 예상되는 바가 무엇인지 분명하게 드러나면 '-기는커녕'의 의미를 파악하기가 더 쉽습니다.

'-기는커녕'의 후행절에 선행절보다 안 좋은 상황이 제시되기 때문에 후행절에는 '도 못/안 하다'나 '-(기)만 하다'의 표현이 주로 쓰이는데 이러한 구성을 익히는 것도 오류를 예방할 수 있는 좋은 방법입니다.

  ③ 가: 친구하고 화해했어요?
     나: 화해를 하기는커녕 인사도 못 했어요.

  ④ 가: 영화가 재미있었어요?
     나: 재미있기는커녕 지루하기만 했어요.

문법을 도입하면서 다음과 같이 두 가지 상황을 주고 더 기본적인 상황이 무엇인지를 판단하게 해서 선후행절에 배치해 보는 것도 좋습니다. 더 기본적인 오른쪽의 상황이 후행절에 오게 됩니다.

밥을 먹다	죽을 먹다	밥을 먹기는커녕 죽도 못 먹어요.
찾아오다	전화를 하다	찾아오기는커녕 전화도 안 해요.
1등	합격	1등은커녕 합격도 못 했어요.

−은/는 척하다

'−은/는 척하다'와 비슷한 문법 항목에 '−은/는 체하다'가 있습니다. 표준국어대사전에서는 '척'과 '체'를 비슷한 말로 처리하고 있어 규정상으로는 의미적, 문법적 차이 없이 같이 쓸 수 있는 것으로 보입니다.

보고도 못 본 척했다.
보고도 못 본 체했다.

모임에 나가기가 싫어서 바쁜 척했다.
모임에 나가기가 싫어서 바쁜 체했다.

그러나 일상적인 언어 생활에서는 '−은/는 체하다'를 잘 쓰지 않는 경우도 있습니다. 아래의 예에서처럼 일정한 자격이 필요한 일에는 보통 '−은/는 체하다'를 잘 쓰지 않습니다.

선생님인 척했어요.
?선생님인 체했어요.

'아는 척/체하다'와 '알은척하다/알은체하다'는 다른 뜻을 가진 말이므로 구분해서 써야 합니다. '아는 척/체하다'는 모르는 것을 알고 있는 것처럼 말하거나 행동하는 것을 말합니다. 반면에 '알은척하다/알은체하다'는 어떤 일에 관심을 가지는 태도를 보이거나 사람을 보고 인사를 하는 것을 의미합니다. '알은척하다/알은체하다'는 한 단어로 굳어져 쓰이는 표현이므로 띄어쓰기에도 주의를 해야 합니다.

지난 시간에 배운 것을 모른다고 말하기가 창피해서 아는 척했다.
모르는 것을 아는 척하다가는 망신을 당하기가 쉽지.

다음에 만나면 알은척도 안 할 거야.
모르는 사람이 알은척해서 당황스러웠다.

일상적으로는 아는 사람에게 인사를 하거나 말을 건네는 등의 행동을 할 때도 '아는 척하다'를 쓰지만 이는 규정상으로는 틀린 말입니다.

활동은 이렇게

소문 부정하기

시험에서 1등을 하기는커녕 합격만 했으면 좋겠어요.
술을 잘 마시기는커녕 한 잔도 못 마셔요.

자신이나 다른 사람에 대한 소문이 사실과 크게 다를 때 어떻게 말하는지 연습해 봅니다.

잘 보이고 싶어서

같은 가수를 좋아하는 척했어요.
그 사람이 하는 이야기가 재미있는 척했어요.

마음에 드는 사람에게 잘 보이고 싶어서 거짓으로 하는 행동들을 이야기해 봅니다.

-은/는 척하다2

이야기 만들기

이야기 속 인물이 어떻게 행동했는지 말해 봅니다.

① 활동지에 쓰인 이야기를 읽어 봅니다.
② 이야기의 내용에 맞게 이야기를 완성해 봅니다.

-기는 해도

괜찮아요

친구의 도움을 어떻게 거절하면 좋을까요?

친구가 나를 도와주겠다고 말하는데 나는 그 도움을 거절하고 싶을 때 어떻게 말하면 좋을지 연습해 봅니다.

[예] 가: 제가 태워 줄까요?
　　　나: 괜찮아요. 좀 멀기는 해도 혼자 갈 수 있어요.

어느 날 교실에서 – 수업일지의 실제

열린한국어

오늘 수업에서 다룰 문법을 준비하면서 이런 생각이 들었습니다. '–기는 해도'를 수업에서 다룰 때 '–기는 –아/어도'의 형태를 같이 제시하는 건 어떨까? 그래서 예문을 몇 개 만들어 보면서 곰곰이 생각을 해 봤습니다.

고기를 먹기는 해도 좋아하지는 않아요.
고기를 먹기는 먹어도 좋아하지는 않아요.

그 사람이 멋있기는 해도 당신만큼은 아니에요.
그 사람이 멋있기는 멋있어도 당신만큼은 아니에요.

'–기는 –아/어도'의 경우에는 같은 말이 반복되어 불필요한 것처럼 생각되기도 하네요. '–기는 –아/어도'를 '–기는 해도'처럼 모든 경우에 쓸 수 있는 것도 아니어서 아무래도 '–기는 –아/어도'까지 다루는 것은 무리라는 생각을 했습니다. 자칫하면 어색한 문장들이 쏟아져 나올 수 있어서요.

그런데 '–기는 –아/어도'의 형태 중에서 표현으로 굳어져 버린 것도 있는 것 같습니다. '모르기는 몰라도'가 그런 경우인 것 같아요. '잘 모르기는 해도'의 의미겠지요?

모르기는 몰라도 값이 꽤 비쌀걸요.

다른 선생님들의 댓글

분명히 우리 학생들도 어디선가 '–기는 –아/어도'를 듣기는 할 텐데요…….

'–기는 해도'는 듣고 말할 수 있는 문법이 되어야 하지만 '–기는 –아/어도'는 나중에 '듣고 이해할 수 있는 정도의 이해 문법'이면 될 것 같다는 생각입니다.